设计形态学
研究与应用

THE RESEARCH & APPLICATION OF
DESIGN MORPHOLOGY

邱松 等 编著

中国建筑工业出版社

编辑委员会

前　言

设计的历史可追溯到距今 260 万年的石器时代，其悠久程度远超人类文明史和科技发展史。设计的核心是为人类服务，从最初只为解决人们生活中遇到的困难和需求，逐渐扩大到如何协调人与物（造物）、人与人（社会）、人与环境（生态）的关系，乃至人与未来（趋势）的关系……由于涉及的问题越来越复杂，需要的知识也越来越广阔，于是设计的重心便逐渐从"创新"转变为"整合"，其研究工作也从专注于"技"（实际解决问题的能力）的巧思与善用，上升至"道"（指导实践的理论与方法）的研修与运筹。

尽管矗立于艺术与科学之间，但设计并未因此尴尬，反而在两者间游刃有余，或许还应该庆幸，因其既可借助艺术的感知和灵性去化解人文认知上的冲突，也能依托科学的逻辑与严谨去攻克复杂事物中的问题，而这恰恰是其他学科较难平衡的。至于与其他学科的交叉与融合，设计更具有明显优势，它能与绝大多数学科建立起联系，并通过交叉融合实现以共同目标为导向的协同创新。

实际上，"设计形态学"正是基于这一背景应运而生。设计的载体是"造型"，造型的核心是"形态"，而形态的"本源"便是"设计形态学"研究的关键内容。由"设计形态学"主导的设计思维与方法，不仅延续了设计学的根脉，且融合了理工科思维与方法的精髓，并与传统设计形成了完美互补。重要的是，它为协同创新设计提供了理论依据，开拓了创新思维。而理论体系与方法论的创建，又为"设计形态学"的建设奠定了基础，开了先河。"设计形态学"的研究成果不仅给设计带来了灵感和源泉，更为原型创新带来了突破与提升，同时，也为基于未来的协同创新设计构建了学术研究平台，为学科之间的交叉融合树立了典范。

本书基于十三个"设计形态学"的典型案例，系统而深入浅出地阐述了设计形态学的研究方法和具体实施过程。通过理论与实践的探索，研究与应用的结合，力求让读者能完整、全面地了解"设计形态学"的研究思路与应用过程，并针对其学术价值进行客观研判。当然，也希望本书能为读者的设计研究与实践带来较大的帮助和提升，更期待大家也参与其中，共同建设"设计形态学"这门新学科。

目　　录

概　述

伴随着科技快速发展和社会不断进步，"设计学"的内涵和外延也在悄然发生变化。作为设计基础研究学科，"设计形态学"理应与时俱进，与设计学保持同步发展，共同迎接未来新挑战。在客观世界中，知识的总量是固定的（人类探明、了解的知识只是很小一部分），不同学科都会根据自身需求去圈定相应的知识领域，确定其学科范围。然而，在当今创新意识驱动下，众多学科都在不断调整、拓展，并相互融合，学科边界已逐渐模糊。因此，针对设计形态学这一新学科，确立其核心理念和发展目标，建构完整、科学的理论体系和方法论就变得至关重要了。

非常巧合的是，"形态"不仅是"设计形态学"研究的主体，同时也是其他学科的重要研究对象。据统计，约 60% 学科或专业研究都与"形态"相关。这也意味着，"设计形态学"只需通过"形态"这一平台，就能顺利与大多数学科进行交叉或对接，从而实现跨学科研究与融合。毫无疑问，这对"设计形态学"来说非常利好，但也促使该学科必须尽快确立其研究核心与边界。那么，"设计形态学"的研究内容、核心理念和最终目标是什么呢（图 0-1-1）？

图 0-1-1　设计形态学的研究内容与核心理念

一、"设计形态学"的定义与研究范围

"设计形态学"是专门针对设计领域"形态学"研究的学科，其内容主要是围绕形态的"现象——规律——原理"进行的实验性研究（探索与实证），涉及的范围既包含形态固有的功能、原理、结构、材料及工艺等"科学知识"，也囊括形态承载的视觉、知觉、心理、情感、习俗等"人文知识"。它以形态研究为基础，通过"造型"这一载体将诸多相关知识整合起来，运用"设计思维与方法"系统、科学地进行形态研究、创新与应用。"设计形态学"也是"设计学"重要的学术研究平台，它不仅关注以"造型"为核心的设计基础研究，也十分重视基于"造型"研究成果上的设计应用研究。此外，"设计形态学"还十分注重造型的过程研究，强调在过程中认识和理解材料、结构及工艺对造型的影响和制约，系统学习和掌握相关的理论知识和技能，并将"设计思维与方法"贯穿于整个研究过程中。通过该过程的研究与实践，既是对设计方法的灵活运用和检验，也是对生产方式的深入理解和认识。基于思维与实践并行的"设计形态学"研究，不仅有利于设计学的理论研究水平提升，更能为设计者提供源源不断的创新源泉，并为原创设计奠定坚实的基础（图 0-1-2、图 0-1-3）。

通过近十年的探索、研究和反复验证，课题组在"设计形态学"的研究过程中，逐渐形成了自己独特的思维方法和研究模式，并较完善地总结出了适宜"设计形态学"研究与应用的"方法论"。该方法论与传统的设计方法论有较大差异，它不是从目标用户的"需求"或"问题"着手的，而是始于典型对象（原形态）的探索研究。通

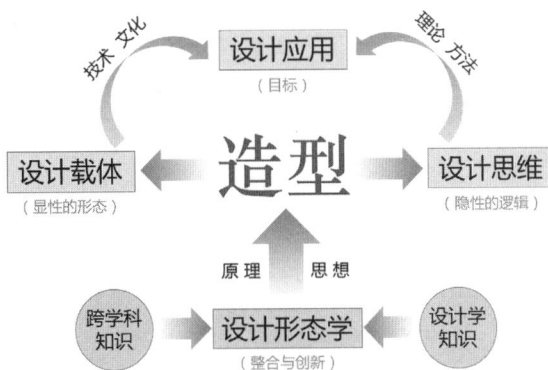

图 0-1-2　设计形态学研究方法

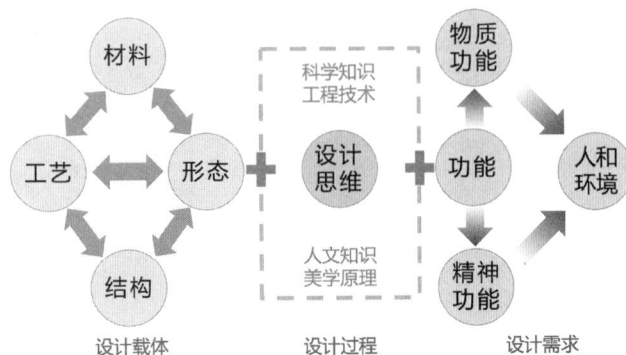

图 0-1-3　设计形态学研究体系

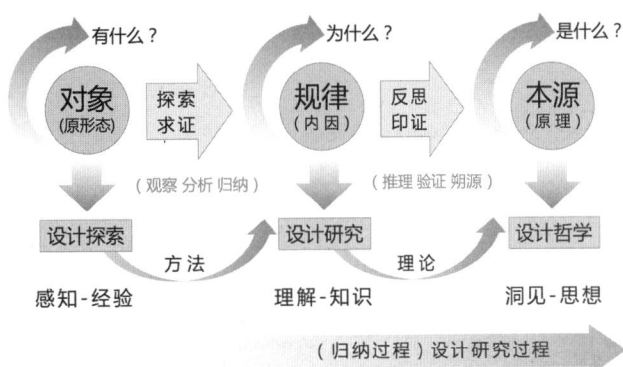

图 0-1-4　设计研究过程（归纳过程）

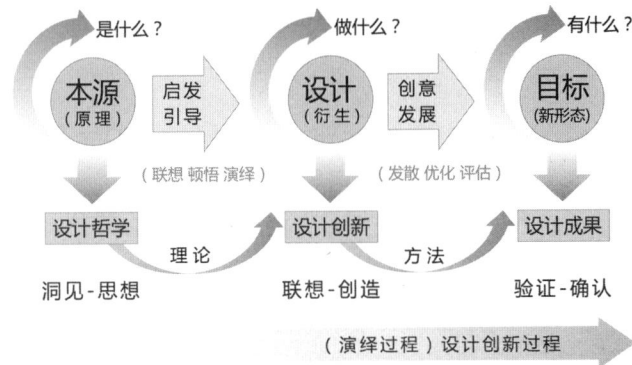

图 0-1-5　设计创新过程（演绎过程）

过对"原形态"的探索、求证，发现其内在规律，再经过反思、印证揭示其形态的"本源"。这一研究过程与理工科的研究模式十分相似，它是"设计形态学"研究的归纳过程，也是产生研究成果的重要环节，课题组把它称之为"设计研究过程"。接下来，在"形态本源"（研究成果）的基础上经过启发和引导，进行设计的发散、衍生、优化和评估（创意和发展），最终创造出能够很好服务于人类的原创设计（新形态），而这一过程则是理工科不太熟悉的，它是"设计形态学"研究的演绎过程，把它称之为"设计创新过程"。该设计创新模式与传统设计创新模式不同之处在于："设计形态学"所倡导设计创新依托的是其"研究成果"（形态本源），进而通过联想与创新来找到最佳的"设计机会"并予以应用，而传统设计创新则是依托用户调研所获得的"信息和数据"，然后有针对性地进行设计创新，服务于用户。两种设计创新模式不是对立的，而是互补的关系。因此，设计形态学研究与应用的"方法论"由两部分构成：设计研究过程和设计应用过程，两者缺一不可（图 0-1-4、图 0-1-5）。

　　近年来，课题组围绕"设计形态学"展开了多种形式的学术研究和教学实践，并取得了可喜的研究成果，有力地促进了"设计形态学"的建设与发展。尽管"设计形态学"还未形成完整的理论体系，研究内容和范围也在探索之中。但是，基于对国际设计研究前沿成果的了解，以及设计同行和其他学科专家对该研究方向的肯定和期望，相信"设计形态学"会成为设计学与多学科交叉的重要研究方向。在"设计形态学"的引领下，研究工作的重心也在由"已知形态"的研究逐渐转向"未知形态"的探索，设计应用也由关注"当下设计"，转向聚焦"未来设计"。令人欣慰的是，在大家的共同努力下，已完成了众多具有前瞻性的设计课题，并屡屡获奖。特别是根据当今的科技发展趋势，在"第一自然"（以自然形态为核心）和"第二自然"（以人造形态为核心）的基础上，课题组率先提出了以"智慧形态"为核心的"第三自然"概念，并得到了国内外专家和学者的认同。"第三自然"不仅为"设计形态学"勾画出了未来的研究领域，还为其梳理出了未来的发展方向。

二、"设计形态学"与"第一自然"

"第一自然"是指我们非常熟悉，但未被人类改造的天然生态系统，俗称大自然。该系统以"自然形态"为主体，借助其内在的生态、生命之规律，周而复始地运行、调配和繁衍生息。"自然形态"不仅种类繁多，而且构成也十分复杂。为了便于研究，通常会把它分为两类：有生命自然形态（生物形态）和无生命自然形态（非生物形态）。不管哪种形态，即使外部的影响再大，它们仍会严格地遵循其内在的生命规律去生长、演化。"有物混成，先天地生。寂兮寥兮，独立而不改，周行而不殆，可以为天下母"（老子《道德经》）。

"生物形态"是最亲近人类的形态，更是人类的朋友。"生物形态"都有自己固有的形态特征，并按照既有的生长规律繁衍、生长和消亡。一般认为：生物的"形态"是与它们的习性和生长环境密切相关的，并在进化过程中不断完善。然而，《未来简史》作者尤瓦尔·赫拉利却提出了完全不同的观点，他认为"生物都是算法，生命则是进行数据处理"。此观点也得到了生命科学专家的肯定，并给予了实例佐证。因此，"生物形态"之所以能呈现千姿百态的形态特征，其背后的原因（本质规律）非常值得研究。几年来，课题组针对动植物进行了多项课题研究，通过与其他学科的交叉与合作，取得了令人鼓舞的成果。

与生物形态相对应的是"非生物形态"，尽管它不像"生物形态"那样有确定的寿命和不断生长、变化的姿态，但其存在形式也同样千变万化、多姿多彩，而且在一定条件下还能相互转化。实际上，人们所见的高山大海、沙漠平川不是一成不变的，皆会随着地球运转和地壳运动，以及日照风雨的侵蚀随时发生变化。这些数量众多、形态各异的"非生物形态"是以十多种（已探明）不同状态存在的。通常条件下，可呈现固态、液态、气态、非晶态、液晶态这五类状态；特殊条件下，还可观察到等离子态、超离子态、超固态、中子态、超流态、超导态、凝聚态、辐射场态、量子场态、暗物质态等状态。这些非常态物质并非只呈现于实验室里，其实它们早已广泛地存在于宇宙中。当然，非生物形态也有其"生存之道"，甚至有科学家认为"非生物"也具有生命特征，只是其生命运动的速度非常缓慢，以致难以被人类察觉。

那么，如何能将"非生物形态"的"生存之道"揭示出来，为人类造福呢？在这方面课题组也作了不少探索，并取得了一些成绩。由于条件所限，人类对"自然形态"的认知只是极其小的一部分，而绝大多数仍未被发现、了解。宇宙中的"自然形态"可谓浩如烟海，因此，人类的科学探索之路还十分漫长，"设计形态学"研究也任重而道远。

三、"设计形态学"与"第二自然"

人类之所以能从众多生物中脱颖而出，是因为拥有其他生物所欠缺的优秀品质——创造才能。人类并不甘于只顺应大自然，"听天由命"，而是在探索和研究"自然形态"的同时，也在不断模仿和创造与大自然不同的"人造形态"。这些"人造形态"有的是借助生物材料制作的，有的则是采用全新人造材料制造的，甚至还有用多种混合材料制造的……庞大数量的"人造形态"，逐渐构成了一个新的"生态"系统——第二自然，它为人类的生存和发展作出了巨大贡献。

"第二自然"的主角转换成了"人造形态"，它的上位历经了模仿自然、消化吸收、创新发展等阶段。人类从诞生伊始就学会了创造"人造形态"，该过程不仅从未间断过，而且还在加速发展。"人造形态"的创新与发展得益于科技、设计创新。"设计创新"的历史几乎与人类发展的历史同步，因为"设计创新"是为了解决人类生活中遇到的各种问题和需求，从考古发掘人类早期使用的石器、陶器、工具、洞穴等就足以证明。尽管人类早在250万年前就学会了制作石器，但"科技创新"的开启却十分滞后，而且其发展历史也较为短暂。然而，从当今社会发展的趋势来看，"科技创新"却对人类社会发展起到了巨大作用，特别是在当今人工智能、量子工程和生物工程等先进技术激励下，"人造形态"不管是在数量上还是品质上均达到了空前的高度。但更理想的方式是将"设计创新"与"科技创新"整合为一体，形成更强大、更紧密的"协同创新"。

从"第一自然"过渡到"第二自然"的进程中，人类经历了两次重大的变革，一次是发生在 12000 年前的"农业革命"，另一次是发生在距今仅 200 年的"工业革命"。经过两次产业革命后，特别是工业革命后，"人造形态"如雨后春笋，数量激增。"人造形态"也是"设计形态学"的重要研究和学习对象。通过研究发现，"人造形态"不仅帮助人类解决基本生存问题，改善和提升人类有限的能力，实现健康长寿，同时还促进人类进行社会交往和有序地管理社会，并且引导人类探索未知世界。由此可见，"人造形态"几乎涵盖了人类生活的各方面，目的就是服务人类。这里需要注意："自然形态"和"人造形态"虽然分属第一、二自然，但又从属同一个空间（限于地球及周边）。一方面，人类的需求欲望与日俱增；另一方面，自然生态需要平衡发展，因此，两者将不可避免地产生激烈冲突。我国古代智者很早就发现了这一严峻问题，并非常智慧地提出了"天人合一"的哲学思想，这无疑为"人造形态"的发展指明了正确方向。近年来，课题组的许多研究已开始关注"第一自然"与"第二自然"的和谐发展，如：沙漠人居改造、海洋生态建设、都市空气净化、清洁能源回收等。在该理念引导下，研究课题不仅取得了良好的社会效果，还获得了专家们的好评，作品也频频获奖。

研究"人造形态"不同于"自然形态"，其重点应该放在创造者的构思和理念上，否则，

研究工作只能停留于事物表面，而不能抓住其实质。针对第一、二自然的研究，如同"设计形态学"的两条腿，不仅需要彼此借鉴、学习，更需要相互协调、促进。暂且不谈"第一自然"中还有数量庞大的"自然形态"未发掘，由于人类科技的快速发展，"第二自然"中的"人造形态"正如火山喷涌，势不可挡。

四、"设计形态学"与"第三自然"

当 AlphaGo 相继战胜世界顶尖围棋高手李世石、柯洁，并一举击败五名为柯洁"复仇"的九段国手，他们被集体"围剿"后，世人受到了巨大的震撼并思考：人工智能（AI）将会全面超越人类，并导致人类大量失业吗？此外，据科学家推测，尽管人类能看到数量非常庞大的物质（可视形态），但这只是整个宇宙世界的 5%，而绝大多数物质在常规条件下无法或难以看到（非可视形态），如：红外线和紫外线，暗物质和暗能量，宇宙黑洞等，这似乎又颠覆了人类的基本认知——原来世界上还有那么多未知的东西。凯文·凯利在其热销的著作《失控》中明确提出了人造物与自然生命的两种趋势：一、人造物越来越像生命体；二、生命变得越来越工程化。这是关于第一、二自然的未来发展趋势的观点：其主体将会由"已知形态"向"未知形态"转变。那么什么是"未知形态"呢？目前还难以界定，大概是基于先进科技创造的新形态，以及原本存在，但未探明的形态，这里暂把它们统称为"智慧形态"。这样一来，由"智慧形态"构筑的、新的生态系统便逐渐浮出了水面——第三自然。

"第三自然"不同于第一、二自然，其主体"智慧形态"可能都是大家感到陌生和未知的形态，然而，它们却是"设计形态学"未来研究的主要对象。作为设计研究人员，工作重点不应只停留于"已知形态"的研究与应用，更应关注"未知形态"的探索与创新。因此，未来的研究方向必将聚焦"智慧形态"。"智慧形态"大体被分为两类：一类是已经存在于"第一自然"中，但人们并不了解的形态，如：暗物质、暗能量等；另一类则是源于"第二自然"，借助人工智能、生物工程、量子工程等先进技术创造的新形态，如：新的物种、量子产品等。

也许有人认为："人类对'第一自然'已经非常熟悉了。其实不然，从宏观看，面对茫茫的宇宙，人类的足迹才刚刚涉足月球，更别奢谈冲出太阳系，拥抱大宇宙了"。宇宙中的物质形态和存在形式，可能是人类难以想象的，

如：黑洞可以轻易改变光的方向（最近天文学家通过国际大合作，联合全球 8 台射电望远镜成功拍摄到首张黑洞照片就是例证）；中子星的密度可达到 10 亿吨 / 立方厘米；超高温等离子云气包裹着星球表面；暗物质、暗能量到处充斥……更不可思议的是，如此庞大的宇宙，却能以非常复杂、高效而有序的系统运转着，仿佛有双隐形的巨手在操控这一切。不仅如此，科学家还发现，宇宙并非处于相对静止状态，而是在加速膨胀。那么，让宇宙产生加速运动的动能从何而来呢？这也令人匪夷所思。即使把视野缩小到地球范围，人类认知的事物仍然十分有限，如：海洋深处、地球内部，甚至物质最小的组成单位和形态都还知之甚少。我们至今还未找到确凿的证据，并用科学的逻辑来解释宇宙、地球、生物和人类的起源，况且它们还在不断地发展、变异和进化着。将来的"智慧形态"可能与现在的"自然形态"、"人造形态"差异极大，因此，在研究"第三自然"时，需要用发展的眼光去看待事物和问题。

有现代"钢铁侠"之称的特斯拉总裁马斯克，曾与"互联网少帅"FACEBOOK 创始人扎克伯格针对 AI 隔空打起了"嘴仗"，从而拉开了 AI "末日论"与"光明论"的争论序幕。尤瓦尔·赫拉利在《未来简史》中曾预言：智能正在与意识脱钩，无意识但具备高智能的算法，将会比我们更了解我们自己。他甚至还认为"正如第一次工业革命使得城市无产阶级出现，人工智能的出现会出现一个新的阶层，就是无用阶层……随着 AI 变得越来越好，有可能 AI 会把人从就业市场中挤出去，对于整个社会的经济和政治都产生革命性的影响"。此外，"生命科学"发展也十分迅猛，当科学家解开基因的奥秘后，基因克隆、重组、编程等将不再是天方夜谭，而新物种、新形态的诞生也不会遥遥无期。其实，"形态学"一词是源于生物学的，而生物学也是与"设计形态学"联系最紧密的学科之一。有生物专家认为：现代"生物学"的工作几乎都是基于"形态学"展开的，生物研究者的工作则是揭示"形态"之下的基因秘密。其实，"智慧形态"还不局限于此，近来，另一个被热议话题是"量子信息技术"，它的诞生标志着"第四次工业革命"的到来。"第四次工业革命"是继蒸汽技术革命（第一次工业革命）、电力技术革命（第二次工业革命），信息技术革命（第三次工业革命）的又一次全新技术革命。"量子"是能表现出某物质或物理量特性的最小单元。绝大多数物理学家将"量子力学"视为理解和描述自然的基本理论。量子理论的提出为课题组研究纷繁复杂的形态打开了思路，也为形态本质规律的研究提供了重要依据（图 0-1-6）。

近年来，在"设计形态学"的引领下，课题组的工作重心也在由"已知形态"的研究逐渐转向"未知形态"的研究，设计应用方面也在由关注"当下设计"，转向了聚焦"未来设计"。令人欣慰的是，在大家的共同努力下，已完成了众多具有前瞻性的设计课题，并屡获大奖。"第三自然"概念的提出，不仅为"设计形态学"清晰地勾画出了未来的研究对象，而且还帮助梳理出了未来发展的脉络，并让设计研究能始终走在时代发展的前列。在先进科学技术的强有力支持下，在充满智慧的设计同仁共同努力下，相信"第三自然"将会成为"设计者乐园"和"人间的天堂"。

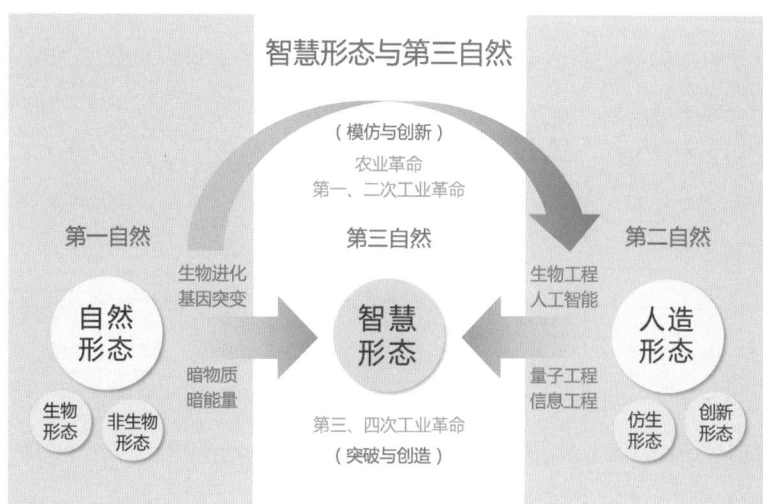

图 0-1-6 智慧形态与第三自然

第一章

第一自然

作为"第一自然"的主体,"自然形态"与人类息息相关,其由生物形态和非生物形态构成。"生物形态"具备固有形态特征,并按既定规律繁殖、生长和消亡。而"非生物形态"虽无笃定的寿命和不断滋长、变化的姿态,但其存在形式却变幻莫测、多姿多彩。

其实,针对"自然形态"的设计研究早已出现。譬如中国古代劳动人民模仿鱼类外观制造船体;鲁班运用"有刺叶子"发明锯齿;莱特兄弟借鉴"鸟类飞行原理"设计并制造飞机等,这些早已耳熟能详的故事无不彰示着古往今来"自然形态"的设计研究与应用。

当代自然形态的设计与应用于 20 世纪 60~70 年代初露锋芒。著名德国设计师卢吉·克拉尼(Luigi Colani)最为典型,他以 C-Form 形态为标志,在造型上大量借鉴鲨鱼、昆虫、鸟类等自然形态,研发诸多交通工具、家具和小产品,比如外形酷似昆虫且具有空气动力学造型驾驶舱的克拉尼隐形飞机(Colani Stealth Plane)借助德国工程师、飞行创始人亚历山大·马丁·利皮施(Alexander Lippisch)"槽形机翼(Channel Wing)"原理设计而成的重型空中运输机——"翼形飞机"等。

时移势易,随着科学水平的不断进步及信息时代的到来,"自然形态"的设计研究与应用展现出新的风貌。波士顿动力(Boston Dynamics)研发的四足机器狗(Spot)和双足机器人(Atlas)(图 1-0-1),不仅可以精确模仿并完成狗和人的行为,如开门、搬运物体、多机协同工作等,而且还可以较好地完成部分高难度、大幅度动作,如后空翻、原地 360° 转体等,其流畅和准确程度已经达到前所未有的高度。与此类似的

还有德国费斯托自动化公司(Festo)设计的蝙蝠机器人(BionicFlyingFox)、蜘蛛机器人(BionicWheelBot)、仿生袋鼠(BionicKangaroo)、3D 打印仿生蚂蚁(BionicANT)(图 1-0-2),瑞士苏黎世联邦理工学院(Swiss Federal Institute of Technology Zurich)基于跳羚跳跃步态研发的可在月球或小行星等低重力体上行走的四足机器人(SpaceBok)等。这些新时期"自然形态"的研究成果把生物系统中可能应用的优越形态结构、物理学特性和智能控制结合使用,从而得到在某些性能上比自然界形成的体系更加完善的设计应用,不断满足当前及未来社会发展的需要。

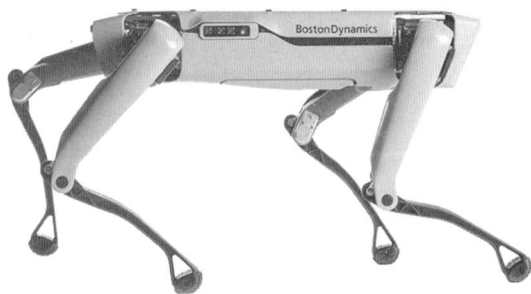

图 1-0-1 波士顿动力仿生机器人[①]

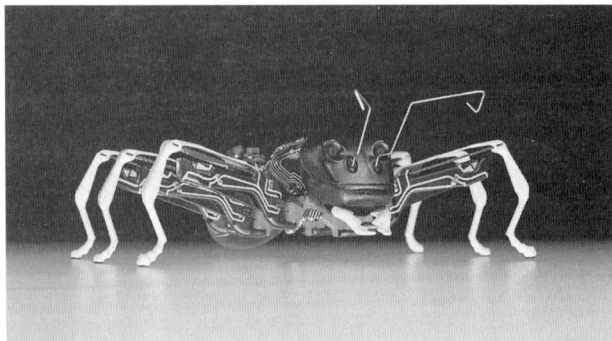

图 1-0-2 3D 打印仿生蚂蚁(BionicANT)[②]

① 图片来源:http://www.okmart.com/News/Info_159_0_0_3.html
② 图片来源:https://www.festo.com/group/en/cms/10157.htm

除此之外，在传统"自然形态"研究与应用不断深入发展的同时，新"自然形态"如微观自然形态、生物体运作规律、生物材料等相关设计研究也正在开展。哈佛大学（Harvard University）的仿章鱼软体机器人（Octobot），自带运动燃料且可通过调控内部气体实现自主运动（图1-0-3）。还有布里斯托大学（University of Bristol）乔纳森·罗西特（Jonathan Rossiter）教授研发的基于生物血液循环系统的壁虎形软机器人。加利福尼亚大学伯克利分校（University of California, Berkeley）研发的1mm世界最小"果蝇"机器人。英国诺丁汉大学和美国康奈尔大学基于细胞机制及特性研发的网络安全系统设计、"电子皮肤（eSkin）（图1-0-4）"等。这些成果无不揭示着"自然形态"研究不再是单纯的形态模仿，而正向着微观、多维度和多要素结合的方向迈进。

然而，"自然形态"并非局限于此，地球上有许多"自然形态"并未被人类发掘，宇宙中更有大量"未知形态"等待着人类去探秘，如：暗物质、暗能量等。此外，自然形态的生长规律、自身运作模式以及人类研究的维度等方面也有待深入探索与拓宽。由此可见，基于"自然形态"的未来设计，将会给人类的未来生活带来难以估量的变化。

近几年，课题组基于大量实验、论证，从原理层面着手，立足于设计学科，协同机械工程、生物工程和材料科学等其他学科进行长期合作，探索、研究并创新，进而总结出了一套基于"自然形态"研究与应用的设计方法。即：综合运用观察法、实验法、模型归纳法以及

图 1-0-3　哈佛大学仿章鱼软体机器人（Octobot）[①]

图 1-0-4　电子皮肤（eSkin）[②]

跨学科研究等方法，从原型（自然形态）中观察、总结、提取与验证规律，再通过设计思维寻找与设计的结合点，最终获得突破性创新设计成果。值得注意的是，"自然形态"研究是探索适合于设计师的逻辑思维与研究方法，并在该思维方法指导下，使设计不仅具有靓丽的外观造型，更内含深奥的形态原理，从而高调服务于用户。

本章将以水生植物、猫科动物、节肢动物、沙丘形态、菌丝等典型项目研究案例，详细介绍课题组不同成员的研究成果，借此深入剖析和探讨针对"第一自然"的研究方法和设计模式。

---

① 图片来源：https://www.nature.com/articles/nature19100
② 图片来源：https://actu.epfl.ch/news/artificial-skin-could-help-rehabilitation-and-en-3/

第一节　节肢动物外骨骼形态研究与设计应用

动物外骨骼的出现已有 5 亿年之久，其自身形态不断进化，不竭地适应外界环境需要，在自然界的物竞天择中变得愈加精妙。因此，外骨骼所具有不可枚举的优越生物学特性，为我们解决社会生活中诸多问题提供了良好的借鉴。例如，它质轻、纤薄，又具有很好的强度和韧性，为制作高强度复合材料提供了仿生的灵感来源。再者，部分甲壳类昆虫外骨骼具有自动变色和集水的功能，是表面处理的榜样。甚至，外骨骼还具有自愈合能力，可为未来智能材料发展提供有力的借鉴。

本节将利用设计形态学研究方法，对节肢动物（以昆虫为主）的生活习性和外骨骼形态、结构进行研究，经过解剖、观察、计算机与实物测试，提炼出了一系列形态规律，发现飞行类昆虫外骨骼具有很好的强度，并在此基础上对比选取"飞行器机体抗坠毁结构"作为设计应用对象，最终落脚点为抗坠毁结构无人直升机设计。

一、节肢动物外骨骼研究的现状简析

广义地说，外骨骼动物除节肢动物外，还有一些软体动物，如具有外壳的鹦鹉螺、蛞蝓等。但是这些动物的"外骨骼"和节肢动物的外骨骼相去甚远，不具通性，严格来说，不能算是真正意义上的外骨骼，故本节只简要介绍狭义上所指的，即节肢动物的外骨骼。

节肢动物是地球上最老的居民之一，也是世界上种群数量最大的类别，包括一百多万种无脊椎动物，几乎占全部动物种数的 84%，成员多样。节肢动物是两侧对称的无脊椎动物，体外部分覆盖着由几丁质组成的表皮，即外骨骼，能定期脱落，是保护装置，为肌肉提供附着面，同时肌序复杂，有的特化以操纵飞行和发声。

为适应环境，节肢动物在长期的演化过程中展现出了诸多神奇的特性，很多特性与其外骨骼息息相关。科学家们早已注意到了这些神奇的物种，并展开了大量研究，许多研究成果已经转化为产品，成为人类生活中不可或缺的优良工具。

（一）节肢动物的运动行为

节肢动物的运动行为极其复杂，包括定位、移动、通信、觅食、社交等。其研究成果也相对较多，以蟑螂为例，蟑螂是逃生高手，其非凡的逃逸技能得益于其扁平的体型和非凡的后肢，其每秒行走距离可达自身体长的 50 倍，遇到崎岖地面也不会减速。研究发现，蟑螂只用三只脚同时着地，即一侧的前、后足与另一侧的中足，另外三只脚呈提起的状态准备轮换，这种运动方式被称作"交替三脚架"步态。电生理记录分析还发现，蟑螂转节和腿节部有钟形和毛板器可感受腿外骨骼行走时接触地面和承受体重的张力变化，从而使腿随时调整运动顺序。

基于对蟑螂的前、中、后各个肢体和关节的运动力学方向的研究成果也较为丰富，如斯坦福大学、加利福尼亚大学伯克利分校、哈佛大学和约翰·霍普金斯大学的科学家共同研制的仿腿部及关节结构的 Hexapeda 移动机器人等。

（二）外骨骼的微观结构

随着电子显微镜的诞生，我们可以看到以前不为人知的"隐形世界"。节肢动物的外骨骼所展现出来的优良特性，很大程度上要归功于那些肉眼不可分辨的微小结构。例如，借助电子显微镜可以看到，甲虫的黏附主要来自跗节的刚毛群，这些毛面结构中包含不等长的密毛和疏毛，从几微米至数毫米不等，这些刚毛分层有序的排列优化了它们的接触能力，密度越高，接触面积越大。这个神奇的结构不仅可以增强黏附力，同时也可以让其跗节轻易脱附。基于此，科学家戈尔（Gorb）认为，人类可以模拟其特性制备仿生轮胎，这样可以更好地处理与地面的接触和摩擦。[①]

（三）外骨骼的受力结构

外骨骼不但起着保护生命体的作用，也起到了良好的受力支撑作用，帮助昆虫维持自身形态，并完成一系列复杂的生命活动。节肢动物最早发现于古生代（距今 5.7 亿年 ~2.5 亿年），在漫长的时间里，外骨骼呈现了最优的状态，如：超轻的自重、精妙的结构等。借助于高清晰度的蜻蜓翅膀数码图片，我们已经可以了解节肢动物的翅脉结构特征和一些细部构造。

二、外骨骼动物的定义、分类及研究对象范围的界定

（一）生物学分类标准

节肢动物可分为甲壳纲、三叶虫纲、肢口纲、蛛形纲、原气管纲、多足纲、昆虫纲，在诸多门类当中，种群及数量最大的是昆虫纲。人类已知的昆虫约有 100 万种，每年还陆续发现约 0.5 万 ~ 1 万新种。昆虫种类繁多，分布广泛，仅仅昆虫一纲，就占据了整个动物界种数的 80%。由此可见，节肢动物门当中的昆虫纲，是最为重要的一个群体。[②]

昆虫纲包含两个亚纲，有翅亚纲和无翅亚纲，以及 33 个目。其中无翅亚纲种类稀少，在进化过程中已被淘汰了许多，而有翅亚纲的昆虫得益于翅膀所带来的优势，在进化过程中不断完善，现已占据了昆虫纲的绝大多数，几乎达到 90% 甚至更多。显然，有翅亚纲的昆虫之于本研究有着重要的意义。

鞘翅目（Coleoptera）是昆虫纲中的第一大目，有 330000 种以上，约占昆虫总数的 40%[③]，包含各种叶甲、花金龟。蜻蜓目、膜翅目种类众多，分布广泛，例如蜻蜓、蜜蜂。同样种类繁多的还有同翅目的蝉、半翅目的"蝽"等。

（二）针对外骨骼形态规律的筛选标准

借鉴生物学的分类标准来缩小研究范围是非常有效的方法，此外，还要建立起针对设计研究的筛选办法。建立的原则是研究对象具有外骨骼的典型特征以及种群数量和分布具有一定规模，这是其适应性强的一种体现。此外，还应具有足够的体量，外骨骼的表面积较大，具有可操作性，易于开展研究。最后，外骨骼表面肌理不应过于奇特，极其特殊的外骨骼形态会对提炼其一般形态规律造成干扰。基于设计及生物学方法融合的筛选过程，最终确定研究对象为内生翅类的鞘翅目和半翅目，以及外生翅类的膜翅目和蜻蜓目（图 1-1-1）。

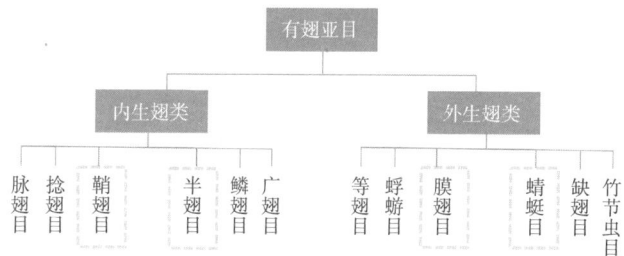

图 1-1-1　确定研究对象

三、节肢动物外骨骼形态规律

通过对几种具有代表性的动物的对比，本小节着重总结了节肢动物外骨骼的一般形态规律。所谓形态规律，指动物通过某种形态特征来满足其某种环境适应性需求，是形态特征和形态功能间的客观、内在、必然的联系。下表 1-1-1 仅展示独角仙分析结果。

① 孙久荣.动物行为仿生学 [M].北京：科学出版社，2013.
② 蒋燮治，堵南山.中国动物志：节肢动物门，甲壳纲，淡水枝角类 [J].中科院水生所知识产出：2009 年前，1979.
③ Tachet H，Richoux P，Bournaud M，等.淡水无脊椎动物系统分类、生物及生态学.刘威，王旭涛，黄少峰译.北京：中国水利水电出版社，2015.

以独角仙为例的节肢动物外骨骼形态分析　　　表 1-1-1

	图片	形态特征
角	 图 1-1-2　头部截面观察 图 1-1-3　头与胸部连接的膜结构	■ 角与头部连接的部位，由截面观察，连接通道近似椭圆形，外形为双三角形支撑。 ■ 角中空。 ■ 角和头部的连接为近似铰接，解剖发现其肌肉呈粗大的束状，牵拉动作强劲有力。 ■ 角与头部连接的部位由韧性较好的膜状结构连接，且膜上附着有外骨骼。比较奇特的是，这一段外骨骼不与其他外骨骼部分相连接，仅仅是单独的一段，如同贴在巨大的膜上。因其是在独角仙的头部后方，起到加强颈部肌肉和膜强度的作用，使得独角仙的角抬起和下垂更加有力，也防止头部转动过度
头	 图 1-1-4　头腔	■ 头部外骨骼形态非常完整，没有任何沟脊与分缝，抗冲击能力非常强。 ■ 头部与胸部连接部位的截面依然和角与头部的连接相似，圆与双三角形的组合。由解剖可以清晰地看到食管与瓣状内骨骼
胸	 图 1-1-5　胸腔	■ 胸腔的结构最为复杂，外骨骼与内骨骼相连，解剖难度非常大。 ■ 与头部相连的三角形结构可以活动，主要靠膜状结构连接，并有两根纤细的骨骼相连，可以在一定角度内合开，腿部外骨骼很好地与腹部嵌合，切断肌肉连接后，还可以再安置回去
腹	 图 1-1-6　腹腔及内部骨骼	■ 腹腔内部较空，腹部分为 7 节，靠膜状结构相连接，无任何支撑物，故而易变形。解剖发现其内部为各种软组织，例如胃、肠道与结缔组织。易变形，但是灵活性较好，可以小幅度弯曲。 ■ 腹腔内部有中肠，还有部分骨骼包裹的部位，根据资料对照，应为中肠或滤室
足	 图 1-1-7　腿部外骨骼	■ 腿节与胫节之间的连接处，结构十分精妙，没有单独的关节，而是靠两节腿部外骨骼之间的凹凸关系实现了转动的功能，如同榫卯一样。 ■ 腿部骨骼形状限制了腿节与胫节的活动范围
翅	 图 1-1-8　展翅及翅鞘窝示意图	■ 甲虫翅膜纹路分布单一，翅脉结构复杂，且规律性很强，翅脉前缘粗壮，向后变细。 ■ 翅基部关节较多，折叠动作复杂。 ■ 翅鞘窝刚好与翅膀肩部凸起相吻合，在爬行时，翅膀收纳，翅鞘合拢，翅鞘窝用来保持合拢状态，防止误开合。 ■ 翅膀在飞行时展开，肩片锁合，保持伸展状态

四、昆虫外骨骼形态规律提取

（一）拱形曲面边界形状对受力的影响

选取外骨骼形态规律可进一步深入验证，发现昆虫外骨骼在拱形曲面的边缘处均有近似 120° 的角，整体结构的外框并非四边形，而是在两侧均有斜向下方的延伸，如图 1-1-9 所示。

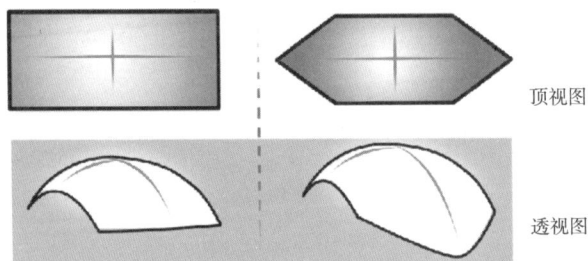

顶视图

透视图

图 1-1-9　观察结果抽象示意（左：对照组，右：观察结果）

将对照组与观察结果（图 1-1-10）进行对比测试，实验内容为跌落实验，目的为验证曲面边界形状是否对受力有影响。

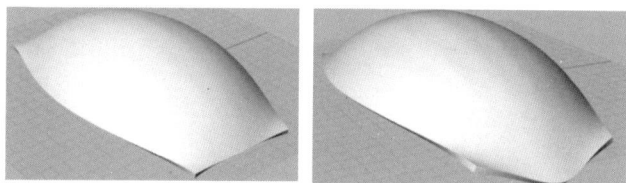

图 1-1-10　对照组边界矩形（左）与观察结果边界凸起（右）

图 1-1-11 为有限元测试的结果，可以看出，边界有凸起（拐点）的拱形，其受力较边界平直的拱形分布更均匀，并且承受的压力更大。为进一步验证其规律，采用激光切割的方法，将 2mm 厚椴木板拼接为实验的造型，并构建对照组进行测试。

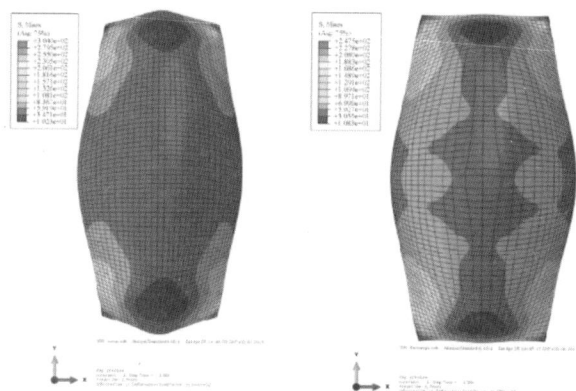

图 1-1-11　标准边界形态拱形（左）与边界无拐点拱形（右）

测试结果与预计结果基本相同，将对照组在损坏的临界压力值加到标准组（拱形边界有突起）的时候，标准组较安全，无损坏迹象（图 1-1-12，图 1-1-13）。

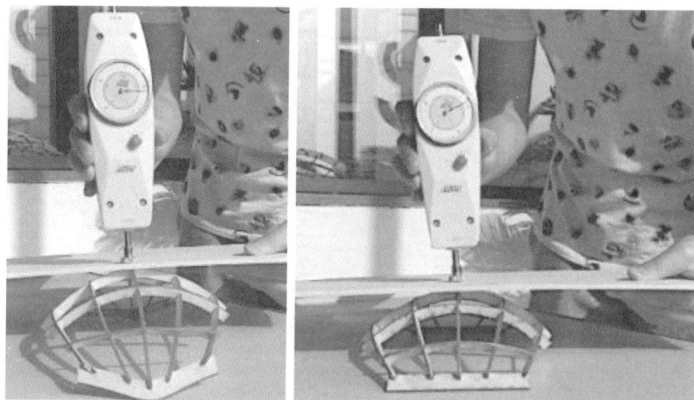

此外，通过对外骨骼的观察，发现其连接与支撑的部分截面为"T"字形居多，并且截面形状具有渐变的趋势，将其形态抽象并提炼如图 1-1-14。

图 1-1-14　锹甲外骨骼支撑与连接部分抽象示意

针对其形式，课题组提出了其抗弯折性能较好的猜测。基于此，构建实验予以验证。实验对照组为圆柱形和棱柱形连接件。为保证其结果具有对比意义，设定测试对象的体积相同，长度相同，材质相同。测试结果如图 1-1-15（注：右侧为固定端）。

由实验结果可以看出，截面为"T"字形，且截面形状呈渐变趋势的造型，在同样的应力下发生的形变最小，抗弯折能力（刚性）要明显优于圆柱或棱柱，课题组的猜想得到了证实。

（二）外骨骼腔体形态规律提取与验证

在观察的所有实验对象当中，几乎所有的昆虫外骨骼的头部和胸部内外径形状都不同，课题组认为这是为了增加强度。其中内外径的形状之差恰好形成三角形区域，三角形稳定而不易变形，这无疑增加了抗压的能力，如图 1-1-16 所示，其中外骨骼还具有一定的弹

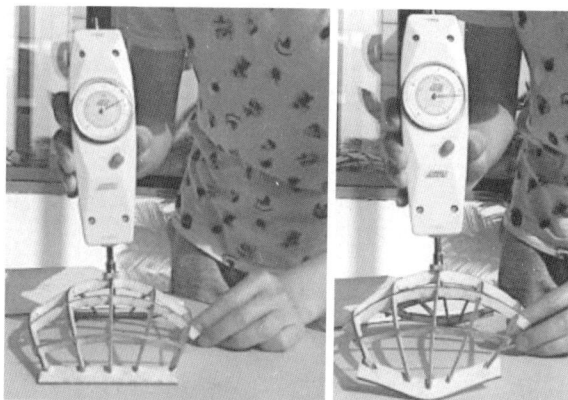

图 1-1-12　面压力测试

图 1-1-13　点压力测试

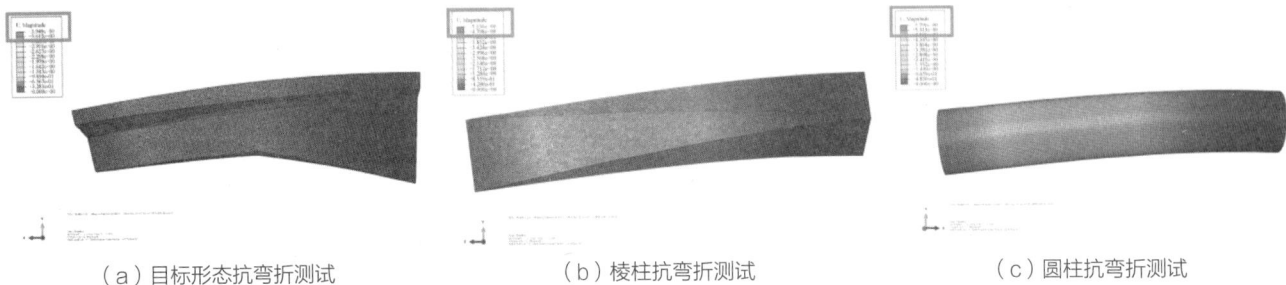

（a）目标形态抗弯折测试　　　　　（b）棱柱抗弯折测试　　　　　（c）圆柱抗弯折测试

图 1-1-15　抗弯折测试

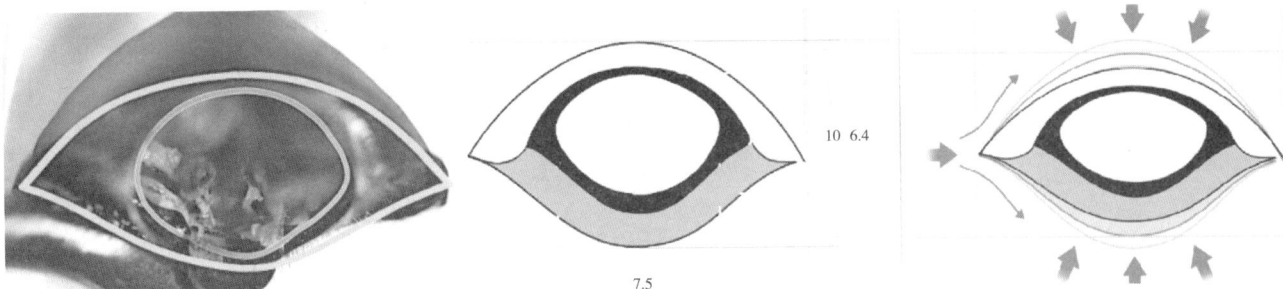

图 1-1-16　昆虫外骨骼横截面及抗压变形示意

性形变的余地，内部又有肌肉，其中最外层的肌肉层与外骨骼内壁紧密相连，肌肉自身就具有很好的缓震效果，在受到冲击时，可以很好地保护内部的核心部位（图 1-1-16）。

构建对比实验从而进一步证实猜测。实验对象如图 1-1-17 所示，所设定的编辑条件为两组内径形状、尺寸一致，横截面面积一致，整体长度一致，顶部弧度一致，以精确测试结果。

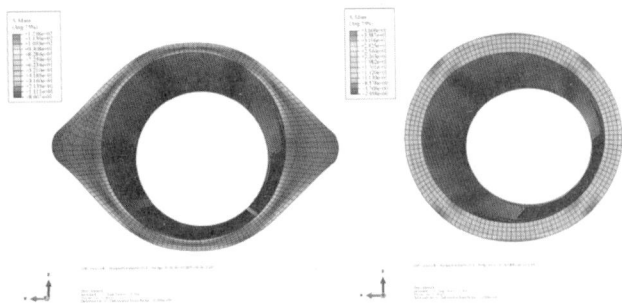

图 1-1-17　实验对象测试结果（左）与对照组测试结果（右）

由实验结果图可以看出，在相同横截面面积时，在同样的压力之下，截面形状为内径和外径不同的形状，较对照组，即内径外径形状相同，局部应力更小，且受力更为均匀。由此可以验证结论，即其抗压效果更好。

为进一步验证其规律，采用激光切割的方法，将2mm 厚椴木板拼接为实验的造型，并构建对照组进行测试（图 1-1-18、图 1-1-19）。

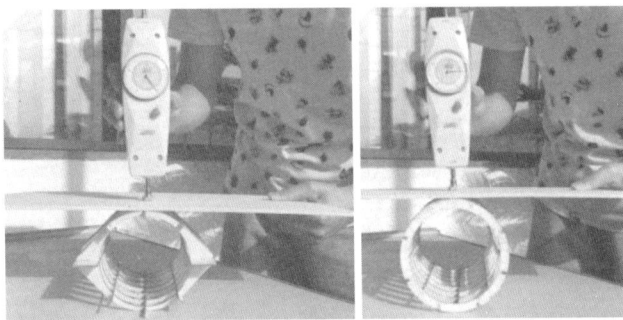

图 1-1-18　面压力测试

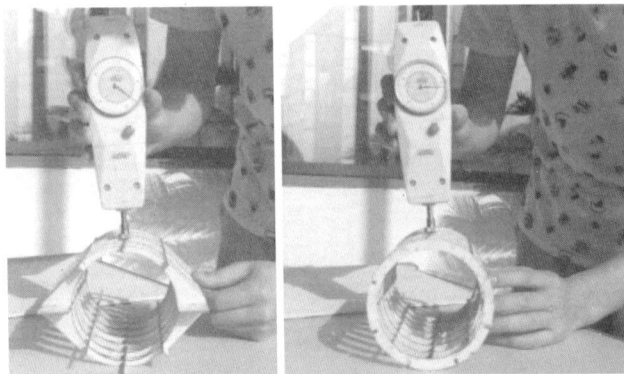

图 1-1-19　点压力测试

相同截面内外径形状的对照组在形变损坏，并发出"噼啪"声的时候，记录其承受的压力，将同样大小的压力加到截面内外径形状不同的标准形态上，并未出现损坏的现象，并且其损坏的临界压力值要比对照组更大，由此进一步验证了课题组的猜想。

五、基于昆虫外骨骼形态规律的无人机抗坠毁设计

（一）机型与布局设定

对于有人驾驶的飞行器，其结构复杂，在人机方面需考虑的因素众多，并且大多数飞行器属于军用或工程器械，非专业人士难以接触。基于此，笔者将目光转向结构相对简单的无人机。本设计并非针对小型（20kg以下）无人机，而是定位于用于科研、农业、勘探、救灾等专业用途的大型无人机。同时形态规律一经提出，不仅是无人机，甚至航模也能适用。

（二）具体设计结合点解析

1. 外骨骼截面形状同飞机机体抗坠毁截面形状设计

由前面的形态分析可知，在截面面积相同的情况下，内外径形状的变化可以优化整体的单向受力。所以在设计时，使飞机机体的骨架形状遵循图 1-1-20 的形式，以增加其纵向的抗压和抗冲击能力。

2. 外骨骼边界形状同飞机机体抗坠毁形状设计

通过实验已经证实，边界有凸起（拐点）的拱形，其受力较边界平直的拱形分布更均匀，并且承受的压力更大。因此在设计时，考虑到无人机有几处最核心的部件，例如飞行控制部分、航电部分、旋翼发动机部分、雷达以及内置天线等，为重点保护部件，布局设计上应将这几处集中放置在拱形之下，使得布局更加紧凑，在构建外表皮与骨架时，也更利于保护。

在设计时，参考上述形态规律，构建拱形基准面（图 1-1-21）。

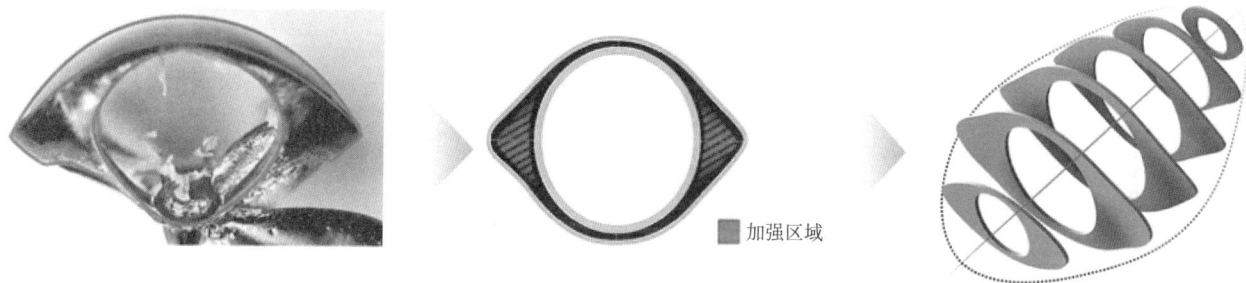

■ 加强区域

图 1-1-20　飞行器骨架（部分）设计

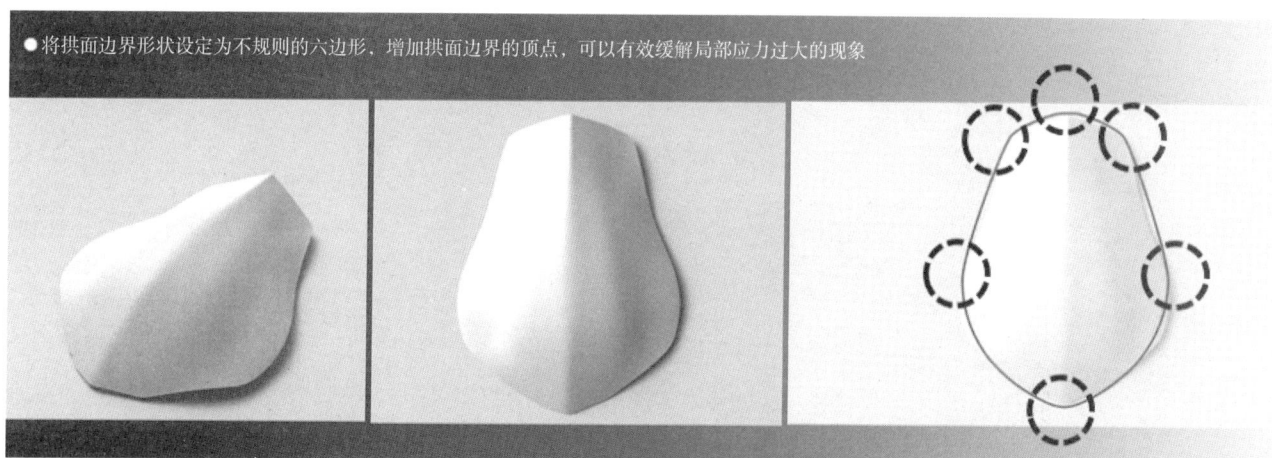

● 将拱面边界形状设定为不规则的六边形，增加拱面边界的顶点，可以有效缓解局部应力过大的现象

图 1-1-21　拱形基准面

3. 甲虫类外骨骼表面与飞机抗坠毁表面设计

根据分析甲虫的拱形表面形态，尤其是拱形表面的曲率变化、拱形外框变化和拱形截面变化，得出了如下几点规律：

1）拱形表面的曲率有变化，比拱形表面曲率无变化（半球形）的拱形受力更好；

2）当拱形曲面的纵向曲率波动大于横向曲率波动时，受力更优；

3）当拱形曲面的曲率波动有规律，遵循正弦曲线变化形式时，其受力更优；

4）当拱形曲面的曲率变化有负值时，其受力更优。

在设计呈现方面，将曲率的变化规律，同参数化的表现形式相结合，应用于机身主体表面，以增强抗压和抗冲击能力。与此同时，飞行器表皮的拱面最高点为最容易发生碰撞的部位，其曲率变化应较为剧烈并且较为密集；泰森多边形是自然界中分布最为广泛的分形方式，因其刚性较好，受力分布较为平均，所以将其形式作为肌理应用于表皮之上（图1-1-22）。

4. 外骨骼支撑部分截面形状与飞机连接件截面形状设计

由形态分析可知，昆虫外骨骼的截面形状是逐渐变化、非均匀的"T"字形截面，所以将该规律应用于飞机的尾梁、旋翼支撑臂、摄像头与主体的连接等零散的部位，以增加其强度和刚性（图1-1-23）。

5. 外骨骼内附肌肉层与膜结构规律应用

将外骨骼内附保护层肌肉与膜结构抽象为框架结构，附着于核心设备外层，可以有效保护内部设备，如同肌肉一样起到缓震的效果。

内部橄榄形区域为设备区域，是重点保护对象；外部薄层为框架层，间隙可以填充微孔柔性材料，以抗冲击（图1-1-24）。

（三）总体设计

考虑到环保需求和愈发成熟的电动技术，飞机采用混合动力设计，主要依靠航空煤油为涡轴发动机提供动力，并且在机身主要部件上有砷化镓太阳能涂料（或太阳能薄膜），可以为提供太阳能转化率做辅助。随着太阳能转化效率逐步提高，将来还可以实现完全自供能，以节省能源，将"绿色设计"的精神和人文关怀在飞机设计上体现。

气动面依然是靠旋翼的桨叶提供。三组旋翼均采用静音旋翼，俗称无声螺旋桨。三组旋翼中，前两组

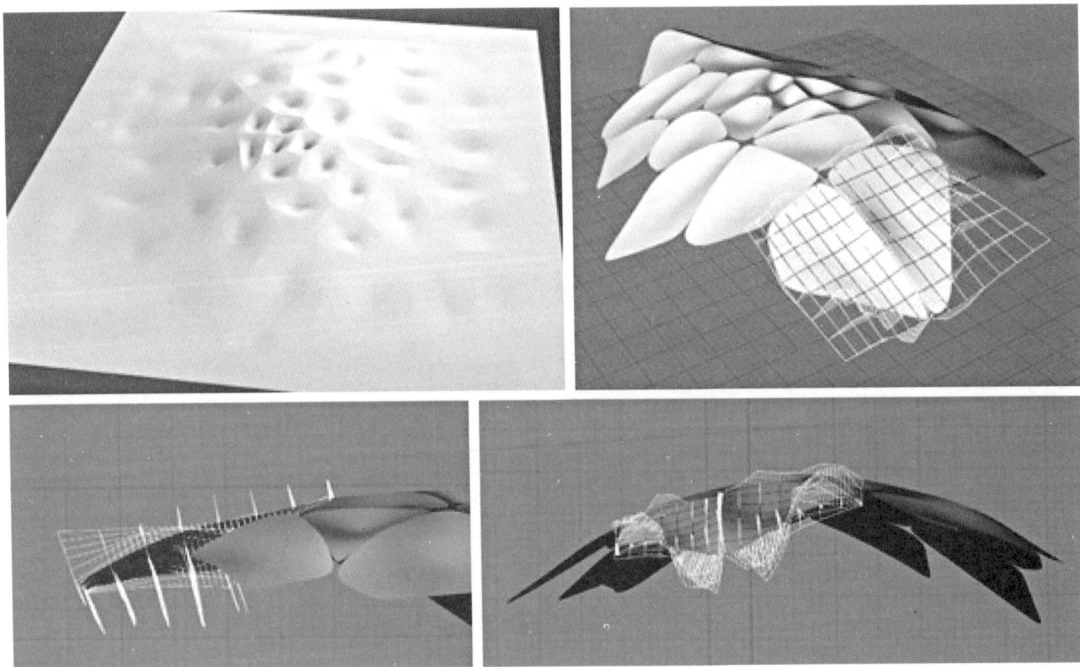

图1-1-22 利用参数化设计对表面肌理进行探讨

尾梁截面形状

支撑臂截面形状渐变

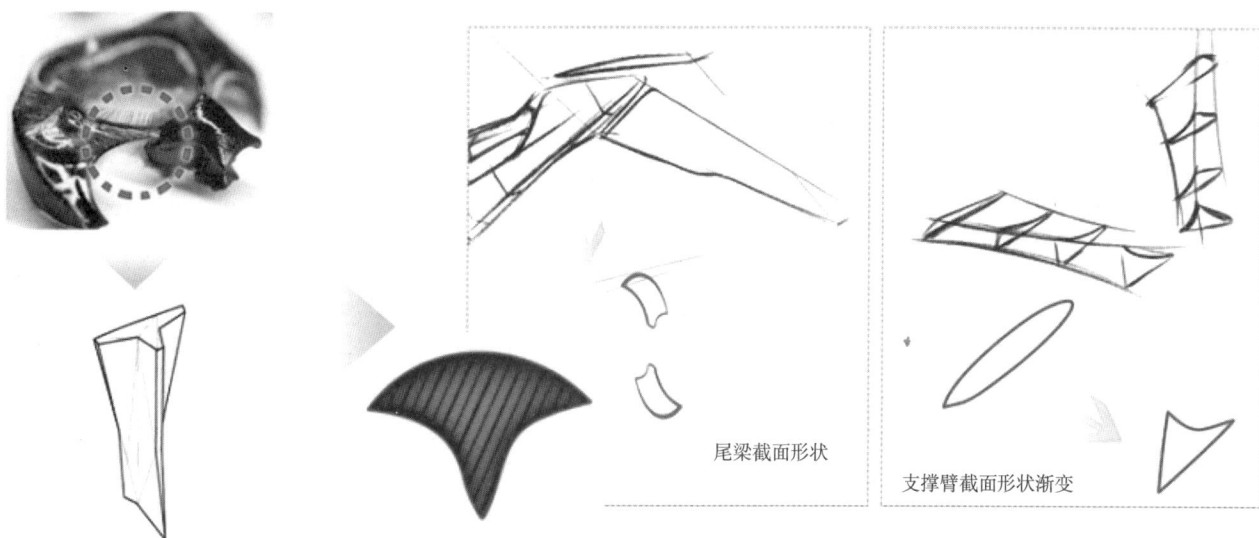

图 1-1-23　尾梁、旋翼发动机与主体连接臂截面形状

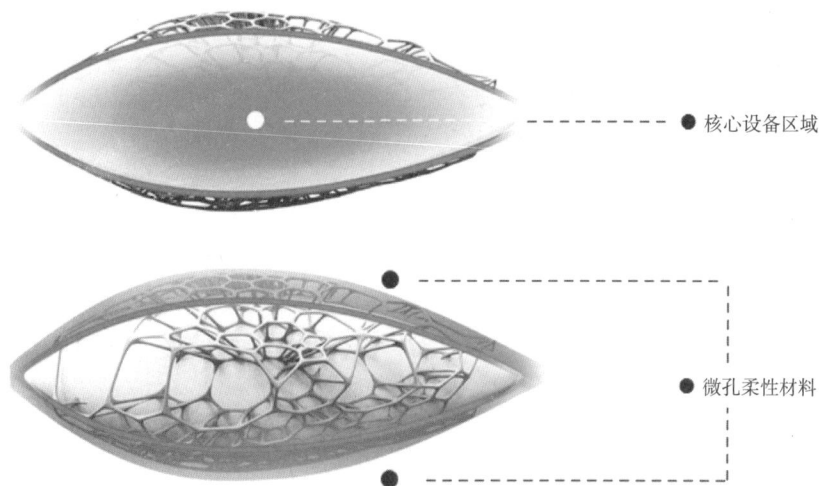

核心设备区域

微孔柔性材料

图 1-1-24　机体核心部位与保护层关系示意图

直径较大，并带有自倾斜式旋翼头，可以调节飞行的方向；最后一组旋翼为共轴双旋翼，相互抵消旋转带来的扭矩。

起落架方面，改进了传统的跪式起落架，同时增加减震器数量，将起落架分别放置于前面两个发动机和尾翼下方（三点支撑）。因为起落架位于发动机垂直下方，或略有偏离而位于发动机的侧方，所以减震系统的能力需增强，以保护发动机和其他关键部位。

关键部位如图 1-1-25 所示。飞机内部设备模块，参照中国自主研发的"绝影 8"无人直升机。根据不同任务，可通过更换内部设备以及旋翼等部件来满足不同的需求，例如军事用途、科考用途、农业用途等。

六、小结

本节以节肢动物外骨骼为研究对象，以设计形态学研究为出发点，一方面探索仿生设计和跨学科研究的方法；另一方面，以外骨骼的研究成果为基点，寻找设计应用的结合。本研究过程在大量文献研究的基础上，通过由浅入深、由粗略至精微的观察方法，深入剖析了外骨骼形态的结构特征，进而对其形态规律进行归纳总结，再通过计算机进行有限元分析以及实物模型受力分析实验，对研究成果进行反复验证，最后凝练出具有普遍意义的节肢动物外骨骼形态规律，并将本研究成果应用于设计实践之中。

1 薄膜太阳能发电
Solar film/paint

2 空速管 | Pitot

3 摄像头 | Camera

4 前旋翼发动机位置
Front engine

● 无人机结构总成

5 6 "T" 字形截面尾梁与前臂 | Rear beam

7 尾翼发动机 | Rear engine

8 共轴双旋翼结构 | Coaxial twin-rotor

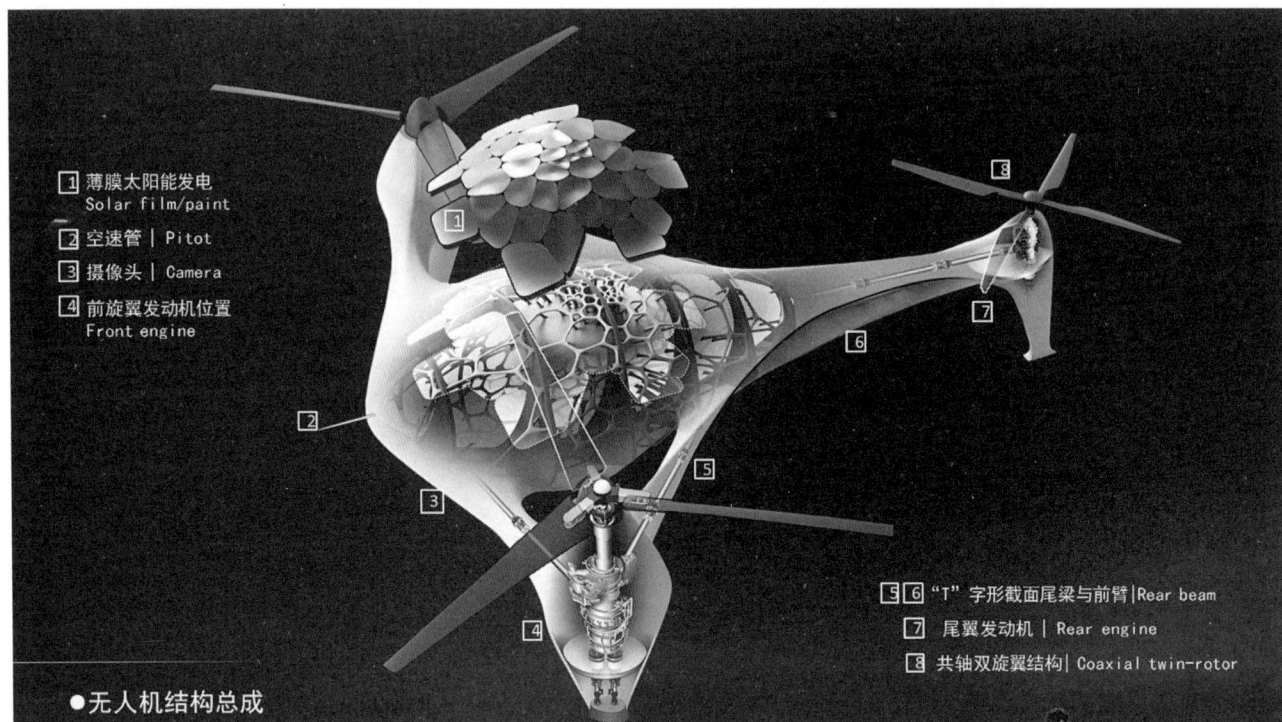

图 1-1-25 "绝影 -X" 结构总成及效果图

第二节　水环境中植物形态研究与设计应用

在地球自然环境中，水环境占有相当广阔的面积，海洋、内陆水域、地下水等占据了地球大约71%的面积。一部分植物为了适应水环境中的生活，演化出不同于陆生植物[①]的某些独特适应性结构，成为"水生植物"，其形态结构与功能作用之间存在着某些必然联系以支撑其在水环境中生存。"水生植物"在水环境影响下形成的形态结构，在应对水流的机械应力、提高气体运输效率以及表面材质的透水、疏水特性等诸多方面都具备广阔的研究空间和设计应用的可能性。

本节将利用设计形态学研究方法，通过对以沉水植物、浮水植物为代表的水生植物的外部形态、内部结构的研究，分析形态特征与功能间的关联性，提取形态规律，并在此基础上选取"水上建筑"作为设计应用的研究对象，完成具有一定探索性和实验性的设计方案。

一、水生植物的定义、分类及选取标准

本节研究的水环境中的植物，指主要依附水环境为生的水生植物。中国科学院水生生物研究对大型水生植物定义为"生理上依附水环境，至少部分繁殖周期发生在水中或水表面的植物类群。"根据水生植物的生活类型不同，可分为沉水、浮水、挺水和湿生植物。不同生活类型的水生植物，在不同水深深度、光照强度、水体环境上体现出不同的适应程度。完全浸于水下的沉水植物和叶片露出水面的浮水植物，其形态和生活习性体现出的环境适应性相对其他类别较为显著。

（一）以研究高等植物中的蕨类植物、种子植物和低等藻类为主

从植物分类学的角度看，植物按照其形态、结构、繁殖方式上的简单与复杂程度，可分为较复杂的高等植物[②]和较简单的低等植物[③]。高等植物中的种子植物、蕨类植物一般形态较复杂、水生特性也较明显。藻类是主要的低等植物，在海洋和淡水中都广泛生长。本研究中的植物类别都是与水环境关系极为密切的，主要包括：以水生环境为主的低等植物藻类，以及高等植物中与水环境相关的蕨类植物和种子植物。

（二）以研究沉水、浮水植物和大型藻类为主

水环境中植物的生活类型不同，可分为长期在水面下生活的沉水植物、叶片浮在水面生长的浮水植物、茎叶挺出水面生长的挺水植物以及在潮湿环境下生长的沼生植物、湿生植物等。为了更好地研究水生植物形态在水环境中的适应性变化，将观察重点放在沉水植物与浮水植物上，观察的植物种类覆盖了这两类中的大部分范围。在低等植物藻类中，主要观察形态较高级的褐藻门的大型藻类，以及形态较丰富的绿藻门中的部分藻类。

（三）以研究根、茎、叶的外部形态和内部结构为主

从植物解剖学角度看，植物外部形态上由各器官构成，其中根、茎、叶等营养器官的形态体现出独特的

---

① 形态结构和适应性均介于湿生植物和旱生植物之间，是种类最多、分布最广、数量最大的陆生植物。不能忍受严重干旱或长期水涝，只能在水分条件适中的环境中生活，陆地上绝大部分植物皆属此类。资料来源于：百度百科。

② 高等植物一般有根、茎、叶的分化和各种组织器官的分化，且在植物体生长发育过程中具备"胚"的构造。高等植物中从低级到高级又可分为苔藓植物门、蕨类植物门和种子植物门。

③ 低等植物没有根茎叶的分化，通常呈现丝状、片状或是只有单个细胞形成的植物体。

水生特性，作为本文研究重点。内部结构上，植物由细胞、组织和组织系统构成。植物的细胞在漫长的演化过程中形成具备不同功能的细胞形态，同一类别的细胞又聚集在一起形成不同功能组织。具体包括：完成细胞分裂活动的分生组织，完成同化、吸收、通气、贮藏功能的薄壁组织，在植物表面防止水分过分蒸腾、抵抗外界侵害的保护组织，在植物体内运输物质的输导组织，巩固和支持植物体的机械组织，产生、贮藏和输出特殊物质的分泌组织。植物对水环境的适应很大程度表现在内部结构的特性上。

（四）水生植物空间格局、分支方式

植物的单体排布关系也是影响植物对自然物质、能源利用的重要因素。如：植物叶子的序列关系，分支的方式，以及在三维方向上的空间格局等等，也是本节研究关注的范畴。

二、水生植物形态规律研究

以两类水生植物——沉水植物、浮水植物为例进行归纳、提取，得到植物形态规律及具有设计应用价值的人工形态规律。

（一）沉水植物形态分析

沉水植物指整个植物体全部在水下完成正常生命活动的植物，植物器官全部沉没于水下，没有与大气直接接触的部分。由于长期生活在光照弱、氧气含量低以及水流应力作用下的水环境中，沉水植物的形态结构较陆生植物发生了很大变化，其外部形态、内部结构形态分析见表1-2-1、表1-2-2。

通过对沉水植物外部形态和内部结构的分析，得到其形态和功能间的对应关系，如表1-2-3所示。

沉水植物外部形态   表 1-2-1

	图片	形态特征
根	 图 1-2-1　枯草的根	■ 底下横走匍匐根。 ■ 圆柱形。 ■ 表面光滑，多须根
茎	 图 1-2-2　褐藻的茎	■ 细弱，柔软。 ■ 多绿色。 ■ 茎匍匐延展，茎上的芽向上生长成新的茎。若茎较长，常盘旋扭转着生长
叶	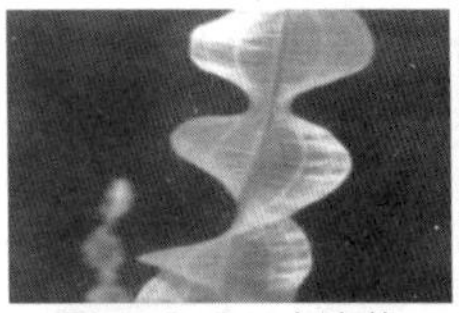 图 1-2-3　大浪草 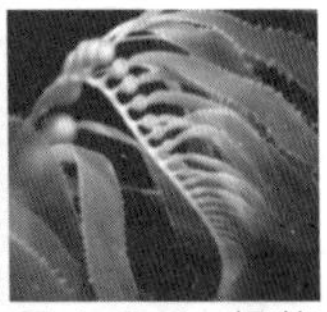　图 1-2-4　褐藻  图 1-2-5　金鱼藻 　图 1-2-6　网草	■ 轮廓多为长条形、带状、狭长形，有的细裂成丝。 ■ 叶脉主脉和侧脉常平行，其间的细脉与主脉垂直。 ■ 叶缘常大、小波浪状和螺旋状，随水流起伏波动。有时叶面上有褶皱。 ■ 叶片薄，较透明。 ■ 通常叶脉有通气组织，大型藻类的叶基有气囊

沉水植物内部结构   表 1-2-2

	图片	形态特征	形态功能
根	 图 1-2-7 水鳖 - 根横切	■ 皮层的细胞间隙扩大成气道或气腔圆柱形。 ■ 次生构造缺乏或不发达。 ■ 机械组织和木质部退化	■ 表皮细胞可直接从水中吸收水分、无机盐及气体。 ■ 贮存大气以保证根的呼吸作用所需氧的供给
茎	 （a）　　　　（b） 图 1-2-8 （a）沟繁缕 - 茎横切 （b）眼子菜 - 茎横切	■ 皮层中有大量通气组织。茎中央的胞间通道较大。 ■ 维管束部分较集中。 ■ 机械组织退化明显	■ 水分、气体等可直接通过表皮从水体中吸取。 ■ 水环境下增加茎的弹性来抵抗机械损伤，无机械支撑
叶	 图 1-2-9 伊乐藻 - 叶横切 图 1-2-10 菹草 - 叶横切	■ 叶肉组织疏松，纤维素的薄壁组成细胞壁，使得二氧化碳和氧气容易进入或渗出。 ■ 等面叶，栅栏组织退化。 ■ 叶有发达通气组织和气腔。 ■ 无气孔	■ 增大气体吸收面积。 ■ 增加受光面积。 ■ 使水中二氧化碳和无机盐容易进入细胞。 ■ 便于气体输送和贮藏

沉水植物形态规律小结   表 1-2-3

	形态特征	形态功能
根	■ 根的形态构造比陆生植物退化，体现为吸收作用降低、构造更简单。 ■ 根内部有发达的贮气组织	■ 固定作用
茎	■ 柔软纤细，茎的中央有集中的维管束，易于弯曲。茎的形态随水流而波动。 ■ 茎内有大而多的气室，由间隙发达的薄壁细胞构成	■ 弹性增强，刚性减弱，顺应水中水流的波动。 ■ 在水中氧气不足的情况下可便于内部细胞间气体交换及储藏。 ■ 气室利于漂浮
叶	■ 薄，易透水、透光。 ■ 叶外轮廓形态有两种趋势：一是叶片细裂成丝状、带状，二是较大面积的薄膜状。 ■ 叶脉结构上，侧脉与主脉平行，细脉与主脉垂直，常使得叶缘呈波浪状。 ■ 细胞壁极薄，可吸收水中溶解的气体	■ 加大叶片与水的接触面积，从而获得更多光照，加大吸收水中空气、无机盐的表面积。 ■ 叶支撑结构使叶片随水流波动，抵抗水压下机械应力

（二）浮水植物形态分析

浮水植物指叶片能够漂浮在水面的植物。其中有的植物完全漂浮，根茎不与水底相连，有的与水底相连固定。与沉水植物不同，浮水植物的叶片浮在水面上，光合作用的条件有利得多，浮水叶片也会形成利于自身漂浮的形态特征，其外部形态、内部结构的形态分析见表 1-2-4、表 1-2-5。

通过对浮水植物外部形态和内部结构的分析，得到其形态和功能间的对应关系，如表 1-2-6 所示。

浮水植物外部形态特征 表 1-2-4

	图片	形态特征
根	 图 1-2-11　水葫芦的根	■ 匍匐根状茎，横走。 ■ 多须根。 ■ 与水底相连植物的根茎主要起固定作用，而完全漂浮植物的根起平衡作用
茎	 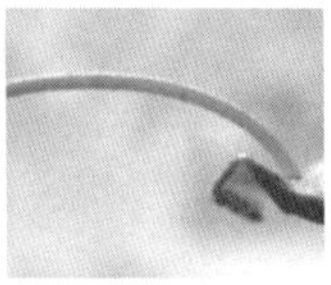 图 1-2-12　菱　图 1-2-13　碗莲	■ 匍匐茎，横交于水中。 ■ 圆柱形，较细长
叶	  图 1-2-14　水葫芦　图 1-2-15　王莲 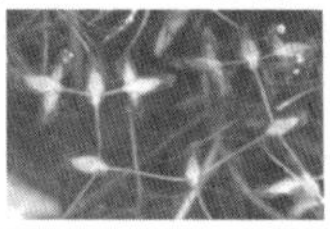  图 1-2-16　品萍　图 1-2-17　芡实	■ 贮气组织发达。有的在叶远轴面有蜂窝状贮气组织，有的叶柄下部有膨胀如葫芦的气囊。 ■ 叶片大多较宽大，轮廓为圆形、心形、卵圆形。 ■ 叶脉呈放射状、掌状网脉结构，分叉靠近叶缘处渐细小，整体结构十分坚固。 ■ 多呈莲座状分布。 ■ 叶上表面常有绒毛

浮水植物内部结构 表 1-2-5

	图片	形态特征	形态功能
根	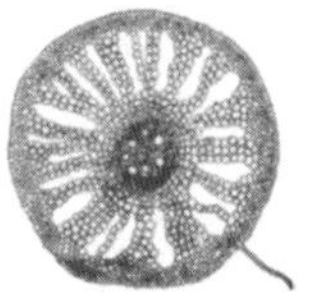 图 1-2-18　水葫芦根横切	■ 富有气腔。 ■ 机械组织和木质部退化。 ■ 次生构造缺乏或不发达	■ 通气作用。 ■ 固定作用
茎	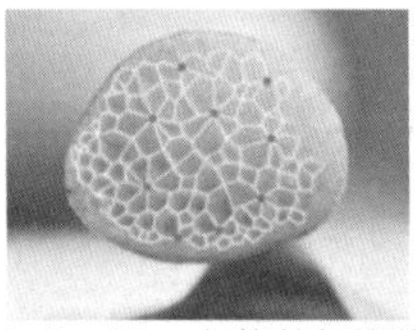 图 1-2-19　水葫芦气囊横切 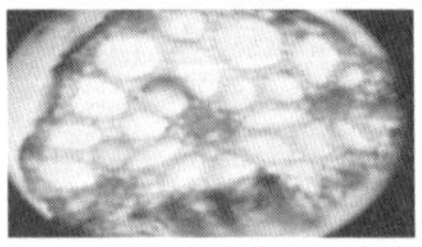 图 1-2-20　水鳖 - 茎横切	■ 短节间，且稠密。 ■ 茎由通气组织构成，中柱小且皮层厚。 ■ 有贮藏大量空气的气腔和四通八达的气道，彼此沟通。 ■ 越靠近茎秆边缘处的组织越密集	■ 有助于通气。 ■ 有助于漂浮。 ■ 通气组织可增强机械应力。 ■ 增强茎的韧性
叶	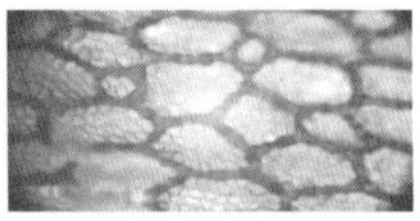 图 1-2-21　水鳖 - 叶背气囊 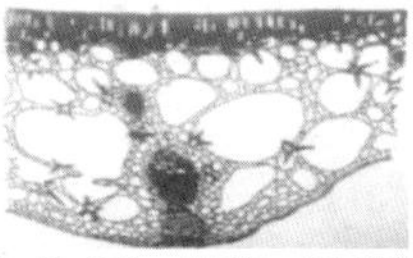 图 1-2-22　睡莲 - 叶柄切面	■ 叶肉中的海绵组织中有发达的通气组织。 ■ 星状石细胞是叶肉中一种特殊的机械组织。形状有的呈 Y 形。 ■ 叶上表皮外的角质膜较厚。 ■ 叶片上的气孔仅存在于上表皮	■ 通气组织帮助植物叶片稳定地漂浮在水面。且有利于植物内部气体流通和储藏。 ■ 星状石细胞有利于机械支持作用。 ■ 叶片上表面通过气孔进行呼吸及光合作用

浮水植物形态规律小结 表 1-2-6

	形态特征	形态功能
根	■ 通气组织十分发达。 ■ 浮叶植物多须根	■ 通气作用。 ■ 水面平衡、水下固定
茎	■ 植物内部有发达的气腔、气道相贯通。 ■ 膨大的内部网状结构气囊可为叶片增加浮力、支撑力和贮藏气体。 ■ 水中的茎截面为圆形	■ 为叶片增强浮力。 ■ 抵抗水流应力。 ■ 贮藏气体
叶	■ 叶构造较复杂，叶柄上常形成纺锤形气囊。叶片下表面有的有片状气囊。 ■ 叶脉多为放射状、掌状网脉。 ■ 叶上表面有角质层和气孔，有的有细小的绒毛结构。 ■ 浮水叶片细胞内常有结晶体的石细胞。许多水生植物大而垂直的气隙中，有星状石细胞分布	■ 增强叶片浮力。 ■ 叶脉结构对巨大的叶片起支撑作用。 ■ 避免过多水分进入。 ■ 石细胞使叶柄强度增强，抵抗外界应力

三、水生植物形态规律提取

基于之前的研究及分析，水生植物气囊内部结构看似复杂、随机，但其形态的生成遵循了几何学原理，因此，课题组着重提取水生植物气囊内部结构规律进行重点研究。

（一）内部结构几何规律

通过对水葫芦气囊横剖面、纵剖面形态的一系列分析验证，得出其横、纵截面形态符合泰森多边形几何原理的结记。

泰森多边形（又称维洛诺伊图 Voronoi Diagram）是一种空间分割算法。对于平面空间中任意随机点，将点与点之间连接，再作每条连线的垂直平分线，就构成了泰森多边形（图 1-2-23）。所以，泰森多边形每条边上任意一点，到该边两侧的随机点距离是相同的，且到相应离散点距离最近的点落在该泰森多边形的内部。

对于在三维空间中的随机点，将点之间进行连线，与每条连线分别相垂直的面就构成立体的泰森多边形。

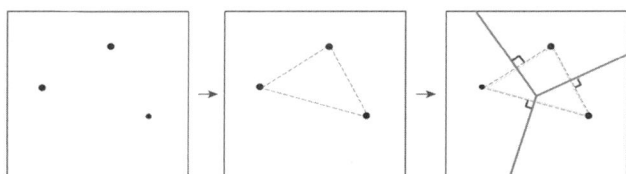

图 1-2-23 泰森多边形的生成原理

浮水植物气囊内部结构虽然看起来复杂随机，但实际上遵循了相同的几何原理，是纵横交错的立体泰森多边形薄膜网格结构。但是，同样遵循泰森多边形法则生成的形态，由于随机点位置不同，其形态差异可能很大。水生植物气囊的立体泰森多边形结构有独特的形态特点，其横剖面呈现相对均匀、随机的网格，而纵剖面呈现上下交错的六边形网格。

泰森多边形法则可看作一种对空间和资源进行最合理分配的方法，它通过数理描述的方式，表达了生物体造物的最大效用法则。

（二）气囊形态在水环境中的作用

生物的生成模式都会让生物体达到最大的生存能力。可以说，这些模式是最小、最合乎生态规律而使生物体得以维生的。分析所得水生植物气囊形态结构特征，推断其形态对植物可能具有的功能作用，如下表（表 1-2-7）所示。

（三）计算机模拟实验

为了验证水葫芦气囊结构在横剖面、纵剖面的形态是否具有良好的抗应力效果，借鉴力学分析中的有限元分析方法[1]，模拟物体受力情况，辅助分析水葫芦形态结构的抗应力性。由于本文并非专业的科学实验分析，对形态抗应力效果的判断以定性分析为主，

---

① 有限元分析（FEA，Finite Element Analysis）利用数学近似的方法对真实物理系统（几何和载荷工况）进行模拟。利用简单而又相互作用的元素，即单元，就可以用有限数量的未知量去逼近无限未知量的真实系统。资料来源：百度百科。

水生植物气囊形态特征与形态功能的对应关系 表 1-2-7

形态特征	形态作用
■ 内部结构符合泰森多边形几何原理。横切面为较均匀的五边形、六边形网格，纵切面呈上下交错的六边形网格	■ 轻质且坚固的抗应力结构 ■ 纵向排布方式有利于植物体的延伸生长，隔膜方向与水压方向垂直有利于抵抗水中应力
■ 水下气囊个体小、数量多，随水深加深更趋近于球形	■ 有利于浮力的调节 ■ 多个小个体可分散压力 ■ 球体形态抗水压效果好
■ 气囊内由中心向边缘单体逐渐密集。逐渐过渡到平滑的边缘曲线	■ 使气囊外壳更加坚固
■ 气囊内部彼此独立的许多小气室	■ 封闭性强，利于储存气体
■ 半透的薄膜材质	■ 质轻，降低密度，韧性好
■ 气囊与叶片或茎中轴对称	■ 利于在水中保持平衡

不做过多定量数据的精确研究，故实验过程中选取更易于设计师操作的、相对简化的分析工具，本文中使用了 Solidworks Simulation Xpress 软件进行有限元分析。

通过计算机建模软件构建出水葫芦气囊横剖面与纵剖面框架模型，并构建与该框架总长度相同的矩形框架模型作为对照组，比较两者在相同材质、相同受力方向、受力大小条件下的弹性形变大小和形变方式的差异，分析形态的抗应力效果，得出结论如下：

1）相同应力条件下，水葫芦气囊原始横剖面形态较矩形框架结构的弹性形变比例小 18 倍，其形态结构在抗应力能力上有明显优势，稳定性更好。

2）相同应力条件下，水葫芦气囊原始纵剖面形态较矩形框架结构的弹性形变比例小 5 倍，其形态结构抗应力能力较强。

综上所述，水葫芦气囊结构的横、纵剖面的形态结构比较常见的矩形结构有更好的抗应力能力，在外界应力作用下受力更加均衡，形变程度小，稳定性更强。

四、浮水植物与水上建筑具体设计结合点分析

（一）浮水气囊结构与水上建筑空间结构设计

浮水气囊形态规律与建筑空间分割形式的转化 表 1-2-8

形态规律		优势
■ 气囊内部交织、立体的薄膜泰森多边形堆叠结构实现浮力、贮气和有效支撑形态的功能	 图 1-2-24　浮水气囊形态规律	■ 抗应力能力强，无浪费，无空隙，无重叠冗余，稳定性好 ■ 对空间的合理、高效划分
建筑形式		
■ 以立体多边形框架形成建筑内部支撑，并以轻质膜材料或面材作为内部空间的分割	 图 1-2-25　建筑内部空间设计	■ 质轻、强度大、空间丰富多变、无浪费、稳定性强 ■ 单一模块受损不会对整体造成损害

（二）浮水植物气腔、气孔调节与建筑气体循环系统

浮水气腔、气道形态规律与建筑形式的转化　　　　　　　　　表 1-2-9

形态规律		优势
■ 多孔气腔连接到叶片，利用水面与水下的温差实现内部空气循环 ■ 叶片气孔根据植物内部气体存储情况自动开闭，控制体内的气体流通	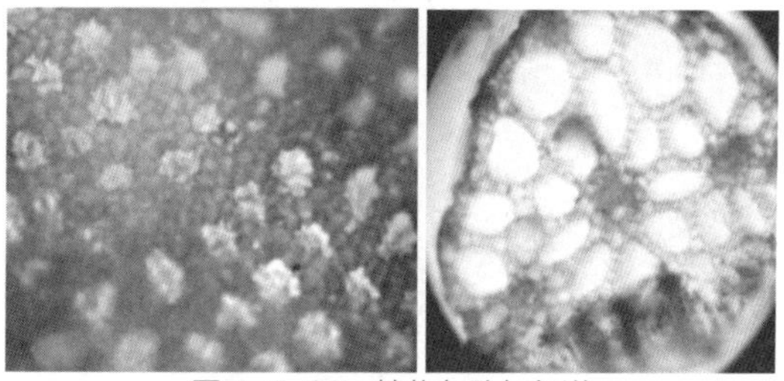 图 1-2-26　植物气孔与气道	■ 循环可持续 ■ 自调节
建筑形式		
■ 基于热压通风效应，通过建筑内部的气体流通通道，以及建筑顶部表面的可自动控制的"气孔"，使水下、水面、水上的内部空间中的空气得以循环流通	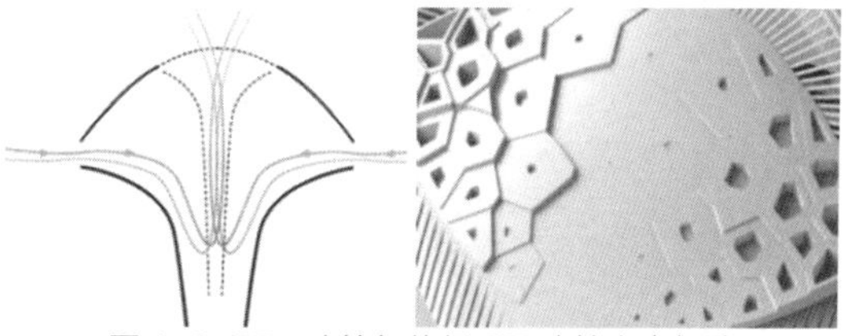 图 1-2-27　建筑气体循环及建筑表皮气孔	

（三）防水表皮结构与建筑表皮

防水表皮结构与建筑形式的转化　　　　　　　　　　　　　表 1-2-10

形态规律		优势
■ 浮水叶表面微小绒毛、突起的疏水结构肌理	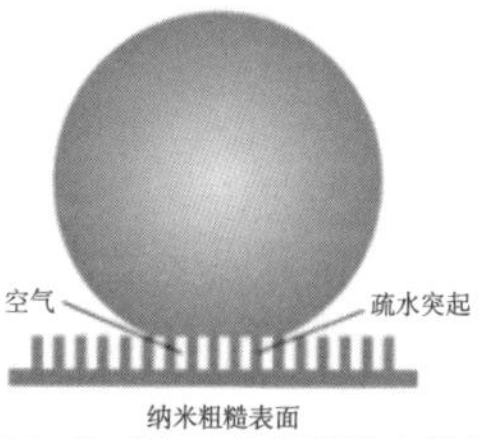 空气　　　　　疏水突起 纳米粗糙表面 图 1-2-28　表皮毛疏水结构	■ 防水，自清洁
建筑形式		
■ 长期浸在水中或离水面较近的建筑表皮可应用这种疏水结构肌理，形成自身保护层，使表皮不会由于长期接触水面而腐烂损坏		

五、水生植物形态的设计应用

依据设计结合点的设定，以及设计草图对形式感的探讨，通过计算机辅助建模将二维平面草图方案形成三维立体模型，最终实现方案（图 1-2-29）。

整个建筑由三部分围合的主体建筑空间和中心中枢平台构成。主体建筑空间包括侧围和底面流线型的建筑外壳、仿气囊结构内部空间以及顶面透气表皮结构。中枢平台包括连接三部分主体建筑空间的公共平台、底部起平衡作用的柔性软管"根基"以及建筑间彼此连通的分支通道。

建筑内部空间分割运用了浮水气囊内部形态规律，使建筑结构在水中复杂的应力环境下实现轻质、坚固、稳定的形态。与此同时，通过对内部空间区域的划分，形成丰富、美观的视觉感受。

图 1-2-29　建筑效果图

根据水生植物在水体平面分形的分生方式以及匍匐茎连接的形态规律，将建筑群落间的关系设计成基于三角的分形形态，使建筑彼此间在水面连接形成网状群落。建筑表皮设计结合浮水植物叶片上表面气孔的形态规律，在建筑表面形成可控制开闭的通风口，根据建筑内部空气的温度湿度自动调节通风口的状态。此外，依据水生植物在叶片边缘处细胞排列渐密以加强支撑的形态规律，将靠近建筑外围边缘处的框设计得渐粗，气孔减小，有利于坚固的支撑。

六、小结

本节通过对水生植物的外部形态、内部结构进行系统化观察，分析其形态功能与适应性需求之间的关联性。从形态适应性角度梳理提取形态规律，主要包括：发达的通气组织结构、叶脉支撑结构、表面疏水肌理、空间拓展方式等。进而对水生植物气囊的形态特征和功能特性做了深入剖析和相应的抗应力能力验证，发现气囊结构具有轻质、抗应力能力强、利于漂浮等优势。此外，还对表面疏水机制及分形生长模式做了相应论述。最后，以水上建筑空间设计作为具体设计对象，将获得的水生植物形态规律相关结论应用其中，以浮水气囊内部结构作为建筑内部空间设计的主要结合点，此外还结合了植物分形生长模式、表皮肌理与根基的平衡作用等方面的形态规律，形成具有探索性和实验性的设计方案，体现出本研究的价值。

第三节　猫科动物的肢体形态研究与应用

经过数千万年的生物进化和演变，猫科动物的足迹几乎遍布世界。提及猫科动物，人们通常会想到家猫、老虎、狮子、豹子等。其实，这些仅是猫科动物家族部分成员，还有诸如善于跳跃捕猎的薮猫、狞猫，袖珍可爱的锈斑猫……甚至还有在极地环境生活的"大猫"，能在陡峭悬崖上攀爬跳跃、捕食岩羊且生活在喜马拉雅高原地区的雪豹等。这些神秘的猫科动物，总能激发人们去探索、研究的好奇心。

本节从猫科动物的肢体研究入手，以"设计形态学"为指导，针对猫科动物的肢体形态特征、肢体部分的比例以及骨骼与运动系统三个方面由表及里、循序渐进地对典型猫科动物进行研究分析，通过归纳整合，总结出猫科动物肢体形态的一般规律。研究最终聚焦在猫科动物肢体的"吸震特性"提取，并据此推导和创建吸振结构的原理模型，再通过系列实验论证该模型的合理性和变化性。最终，在设计应用层面，通过发散思维，将吸震的结构模型通过设计应用到跑鞋的缓振功能设计上，从而获得突破性创新和令人满意的功效。

一、猫科动物的研究范围的界定

（一）研究对象筛选标准的确立

1. 根据运动特点筛选

本题研究内容为猫科动物的肢体，具有较强的针对性，故而所选的研究对象应该具有较为突出的运动能力，可根据动物的行为特点进行筛选，比如本课题所界定的落脚点，即猫科动物的奔跑能力、攀爬能力、跳跃能力、稳定能力等。依据这些特点，从猫科动物中选取代表性较强的样本进行研究。

2. 根据典型的生活环境筛选

根据猫科动物的生存环境，外部因素等做筛选要

素，以求得出的研究样本尽量来源于不同的环境，可以展现环境和个体的多样性，凸显研究样本的差异。

3. 根据体态外观进行筛选

猫科动物由于长期的进化，体型体态产生了很大的区别。因此，在做研究样本筛选的时候，尽可能涉及不同体型的猫科动物，"大猫"和"小猫"兼顾，满足研究样本的个性。

4. 其他筛选因素

从生物进化的角度来说，世系的跨度代表基因的差异，反映到外在最为直观的就是体态和习性的差异，研究样本应覆盖多个世系，有利于凸显猫科动物不同种类之间的差异。此外，还要考虑研究样本资料的全面性、易得性，所选取的样本是否濒危，是否有人工饲养等。图1-3-1为筛选标准的示意图，而标准的重要性以图示面积为体现。

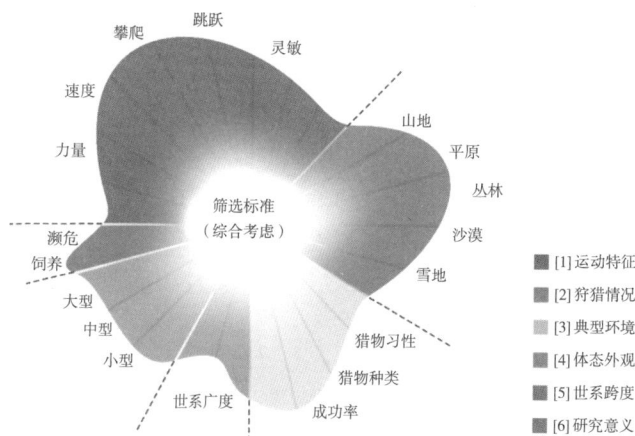

图1-3-1　筛选标准示意图

（二）研究对象的基本信息

基于上述筛选标准课题组选取两种猫科动物——猎豹和长尾虎猫，既满足了肢体运动特点的差异性，又

满足了世系跨度条件。在资料完整度方面，相关研究内容比较丰富。综合来看，基本达到了研究对象筛选的目的。从研究相关性角度考虑，下文对研究对象的基本信息作了一些介绍，主要包括一些基本的数据信息、运动特点和生活环境等。

1. 猎豹（美洲狮族 - 猎豹属）

选取猎豹的主要原因在于其突出的运动特性以及高速奔跑能力。猎豹躯干长 113~140cm，尾长 63~84cm，体重 24~65kg。猎豹可以在两秒内达到 75km/h 的速度，猎豹主要栖息在温、热带草原，以及沙漠和有稀疏树木的大草原，猎豹的栖息环境不存在繁茂的植被或其他障碍物，这也为它的高速奔跑提供了得天独厚的空间。

2. 长尾虎猫（虎猫族 - 虎猫属）

长尾虎猫是猫科动物中最善攀爬的物种之一，大部分长尾虎猫重约 6.6~16kg，其体长约 69~110cm，尾长约 22.5~43cm，虎猫是高度树栖性的物种，经常在树木上休息和狩猎。虎猫主要在夜里活动，捕食兔子和一些鼠类如负鼠。

二、猫科动物的肢体运动研究

（一）猎豹肢体研究

1. 静态观察

猎豹的静态观察 　　　　　　　　　　　　　　　　　　　　表 1-3-1

静态观察		
部位	图片	特点
整体	 图 1-3-2 猎豹整体形态	体态纤瘦轻盈，较为健壮，肢体修长，无赘肉及臃肿态。周身遍布黑色斑纹，眼下有两道泪痕（吸收太阳光，保持良好的视力）
头颈	 图 1-3-3 猎豹头颈部	头部较小，短吻，耳小，宽鼻颈长，颈的头部连接呈楔形
躯干	 图 1-3-4 猎豹躯干部	胸腔宽阔，腹腔纤细，前后差距明显
四肢 前肢	 图 1-3-5 猎豹前肢	修长匀称，肱部（相当于人的上臂）肌肉发达
后肢	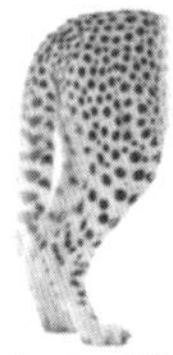 图 1-3-6 猎豹后肢	后肢健壮有力，主要体现为股部明显（相当于人的大腿）体量较大

续表

		静态观察	
四肢	脚掌	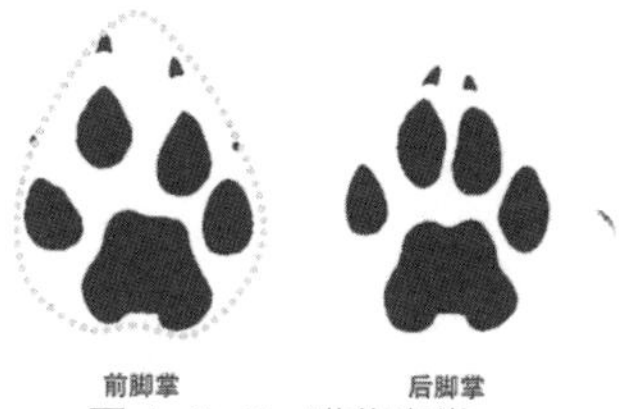 前脚掌　　后脚掌 图 1-3-7　猎豹脚掌	猎豹的前脚掌分为五趾,后脚掌分为四趾,脚掌成桃形,底部有厚厚的肉垫,爪子不能完全伸缩,爪尖较其他猫科动物稍钝,更类似于犬科动物
	尾	 图 1-3-8　猎豹尾部	尾巴很长,毛发分布匀称,形似圆柱,由根部到端部呈现斑点到圆环的纹路渐变

2. 动态观察

猎豹典型运动状态观察分析 [①]　　　　　　　　　　表 1-3-2

	Gallop 跳跃式奔跑
图示	 图 1-3-9　猎豹运动图示
现象	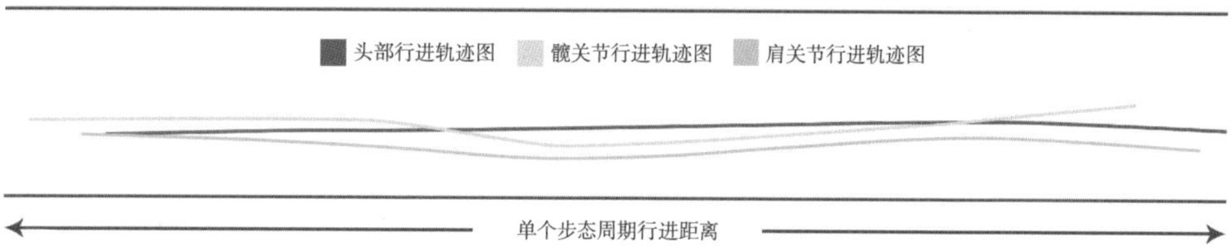 ■ 头部行进轨迹图　□ 髋关节行进轨迹图　■ 肩关节行进轨迹图 ←　单个步态周期行进距离　→ 图 1-3-10　猎豹运动轨迹示意图
分析	以一个步态周期行进距离为阶段,分别绘制出猎豹的头(眼睛为参照)、肩关节和髋关节的轨迹示意图(如图 1-3-9 所示),可以观察到猎豹的头部运动轨迹基本与水平线保持平行,而肩、髋关节点的运动轨迹产生了明显的起伏,这表明猎豹的肢体运动存在更高效的向前作用力,而垂直作用力通过肢体得到完美的化解,作为身体支撑,产生了较小的垂直方向的位移

猎豹的典型运动　　　　　　　　　　表 1-3-3

	肢体特点
部位	特点
躯干	猎豹的躯干在奔跑中的变化幅度很大,最为直观的是弹簧一般的脊椎,十分柔软,跑动时收缩弯曲,然后迅速随身体伸张,将后肢快速地弹出去,使整个身体形成最大程度的舒展
	功能:增大步幅、增大后肢作用力
前肢	猎豹的前肢呈"Z"字形,跑动时,做类似钟摆的动作,摆动过程中每个肢体存在折叠情况,在其蜷缩的最大态时,与后肢有交叉
	功能:缓振作用、支撑身体、向前发力
后肢	猎豹的后肢做类似钟摆的动作,末端的运动轨迹呈圆弧状,摆动过程中每个肢体存在折叠情况,在其蜷缩的最大态时,与前肢有交叉。落地状态肢体会产生抖动
	功能:向前发力、支撑身体、缓振作用

---

① 资料来源:https://www.youtube.com/watch?v=l31wvVGjZUc,作者改绘。

（二）长尾虎猫的肢体研究

1. 静态观察

长尾虎猫是典型的树栖性动物，其攀爬能力是猫科动物中的佼佼者，可以完成头向下爬下树干的动作，也可以灵活地在树枝间穿梭跳跃。因此，对长尾虎猫的研究主要集中在攀爬稳定性的特点上。首先是对长尾虎猫的静态观察（表1-3-4）。

2. 动态观察

长尾虎猫的典型运动状态一般分为两种情况：

一是攀爬，二是跳跃。根据这两点，对长尾虎猫进行动态观察（表1-3-5、表1-3-6）。

三、猫科动物运动系统分析

猫科动物在生理组成上具有共性，其骨骼和肌肉具有相同的组成原理，且肌肉的研究内容非常庞杂，因此，课题组将肌肉的研究带入到运动系统中进行整合研究。

本小节主要对猫科动物的运动机制进行展示，从

长尾虎猫的静态观察　　　　　　　　　　　　　　　　　表1-3-4

静态观察		
部位	图片	特点
整体	 图1-3-11　长尾虎猫整体形态	研究对象中体型最小的猫科动物，形似家猫，体型较家猫大
头颈	 图1-3-12　长尾虎猫头颈部	头部小，吻短，耳小，颈细长
躯干	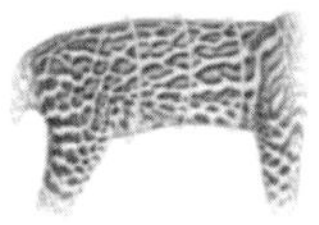 图1-3-13　长尾虎猫躯干部	腹部下垂，视觉上与胸腔接近，前后无明显差距
四肢	 前肢 图1-3-14　长尾虎猫前肢	均匀细致，肱部（相当于人的上臂）和桡部（相当于人的小臂）承接流畅，无明显转折，前脚掌厚实、宽大，与肢体相比体量感很强，肌肉发达
	 后肢 图1-3-15　长尾虎猫后肢	整体较为粗壮，股部（相当于人的大腿）和胫部（相当于人的小腿），后脚掌厚实、肌肉发达，形状宽大
尾	 图1-3-16　长尾虎猫尾部	尾巴较长，上覆块状斑纹，视觉粗细均匀

长尾虎猫的动态观察　　　　　　　　　　　　　　　　　　　　　表 1-3-5

典型运动特点	
	攀爬/跳跃
图示和现象	图 1-3-17　长尾虎猫的动态[①]
分析	长尾虎猫的两种运动状态使其在复杂多变的多木环境中穿行自如，可以在树枝上行走，也可以在垂直的树干上攀爬，还可以在不同的树枝之间跳跃。虎猫在垂直攀爬时，四肢屈度较大，腹部贴近树干，前后肢同步有节律的交替移动；跳跃时，前肢触地弯曲，伴随着脊椎的收缩，后肢紧随到达触地点

长尾虎猫的典型运动　　　　　　　　　　　　　　　　　　　　　表 1-3-6

肢体特点	
特点	
身体部位：虎猫的身体非常柔软，可随着行走状况的变化任意调整姿态，甚至可以在垂直前进方向的平面内实现顺畅扭曲	
功能部位：调节肢体位置	图 1-3-18　长尾虎猫身体的调节
前肢部位：长尾虎猫的前肢可以在垂直攀爬时发力和变换方向；倒挂时可以抓取猎物；跳跃后前掌率先张开触地，前肢折叠缓冲	
功能部位：变换方向、提供支撑、产生动力、保持稳定	
后肢部位：长尾虎猫的脚踝部位可以转动 180°，能够完成多种高难度动作，比如倒挂、像前肢一样的搂抱，其垂直攀爬时与行走时不同，前肢和后肢分别同步，交替抓紧树表面	
功能部位：支撑身体、产生动力	图 1-3-19　长尾虎猫肢体运动

运动系统的角度来揭示猫科动物的肢体运动特点。猫科动物的肢体运动机理与人相同，都是由运动系统支配。运动系统是由骨、骨连结和骨骼肌三部分组成。[②]骨表面附着有肌肉，并通过肌腱与骨相连，当骨骼肌收到来自神经系统的信号刺激时会产生收缩，从而牵动所附着的骨，并以骨连结为枢纽实现杠杆运动，产生不同的肢体动作。[③④]（具体分析见表 1-3-7）

基于以上所述，可以对猫科动物的肢体进行原理简化，主要在于四肢和脊椎的体现，简化后的模型需要体现肢体的运动原理（表 1-3-8）。

①　资料来源：http://www.arkive.org/margay/leopardus-wiedii/video-00.html，作者改绘。
②　吕传真，洪震，董强．神经病学 [M] 第 3 版．上海：上海科学技术出版社，2015.
　　柏树令．中华医学百科全书 基础医学 人体解剖学 [M]．北京：中国协和医科大学出版社，2015，10.
③　Taylor G，Triantafyllou G，Tropea M & Tropea Cameron. Animal Locomotion[M].Oxford：Oxford University，2010.
④　孙汉超，叶成万，郑宝田．运动生物力学 [M]．武汉：武汉体育学院期刊社，1996，6.

肢体的运动系统的组成及功能　　　　　　　　　　　　　表 1-3-7

		成分和运作原理	运动中的作用
运动系统	肌肉（骨骼肌）	肌肉由肌肉纤维组成，每个纤维束由肌束膜捆绑在一起形成肌束；这些束聚集在一起然后形成肌肉。肌肉收到神经信号的刺激产生收缩，拉动肌腱从而牵动骨骼，产生肢体运动。	力的产生机构 弹性缓冲
	骨骼 骨	由有机物和无机物（碳酸钙等）组成，具有刚性的同时又有一定的韧性。在受到骨骼肌牵引的时候，骨会以骨连结为枢纽产生杠杆运动，驱动肢体	支撑躯体 保护器官 缓解冲击
	软骨	由软骨细胞、纤维和基质组成，可以分泌滑液，并具有微弹性	转移扩散关节荷载，避免局部应力过大 润滑关节，减少磨损

猫科动物的肢体运动原理　　　表 1-3-8

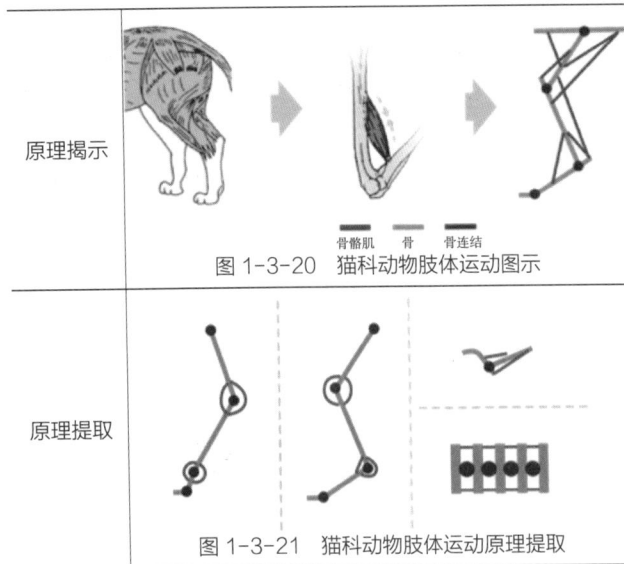

原理揭示	

骨骼肌　　骨　　骨连结

图 1-3-20　猫科动物肢体运动图示

原理提取

图 1-3-21　猫科动物肢体运动原理提取

字形结构弯折部位采用弧形设计，目的是利用材料的韧性产生弹力，模拟骨骼肌与骨骼的关系及吸振方式。模块的其余部位加入加强筋结构或加粗，确保弹性变化集中发生在弯折处，体现骨骼的刚性（图 1-3-22）。同时设置无 "Z" 字形结构的对照组，中间以圆柱连接，其余各尺寸与细节等均与 "Z" 字形结构保持一致。

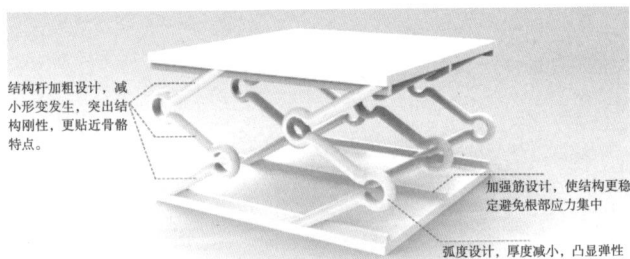

结构杆加粗设计，减小形变发生，突出结构刚性，更贴近骨骼特点。

加强筋设计，使结构更稳定避免根部应力集中

弧度设计，厚度减小，凸显弹性

图 1-3-22　"Z" 字形结构设计细节

在原理提取过程中，将多种骨骼肌归纳简化为单一功能性骨骼肌，即用伸、屈功能来实现肢体运动，这种原理提取揭示的是二维平面内的肢体运动特点。显然，猫科动物的肢体运动远不止停留在二维空间内，其四肢和躯干拥有更多的自由度[1]，此处主要做原理展示，已达到一般研究的目的。

四、猫科动物运动系统一般规律的提取与验证

（一）"Z" 字形结构的提取与验证

根据 "Z" 字形结构原理构建 3D 模型。高度为 5cm，顶层与底层的接触表面为 9cm 见方的方形。其 "Z"

1. 实验过程

将弹力球的高度设置为 25cm，使其底端距结构表面高度（下落高度）为 20cm，将弹力球分别落至对照组结构和 "Z" 字形结构之上，通过慢放画面进行观察。可见 "Z" 字形结构一组中，有 "Z" 字形结构的实验组球反弹的高度低于对照组的球反弹高度（图 1-3-23），因此可以得出，Z 字形结构具有更好的吸振性能，从而证明了一般规律的合理性。

2. 实验总结

通过上述实验，可以证明，以 "Z" 字形支撑的结构相对于以圆柱支撑的结构具有更好的吸振性能。

---

① 在力学里，自由度指的是力学系统的独立坐标的个数。与人的手臂原理相同，有七个自由度。

图 1-3-23　两组结果的对比

（二）结构比例对吸振性能的影响

基于上述实验，验证了"Z"字形结构的吸振性，笔者总结猫科动物的肢体比例与其运动特点存在着紧密的联系。同理思考，结构比例的特点对于猫科动物的吸振性能应该也存在着一定的影响。为了验证结构比例是否会对吸振性造成影响，设计了对照实验，分别依照猎豹的后肢比例和均匀比例构建吸振模型。

实验：验证结构比例对吸振性能的影响

首先要对除比例以外的变量进行控制，在"Z"字形的弯折点保证两个结构的弯折角相同（模拟相同的力量），同时两个模块的高度相同，且"Z"字形的总长度相同，然后参照实验一，对结构进行设计（图 1-3-24）。

图 1-3-24　均匀比例与猎豹后肢比例对照

本次验证采用计算机辅助的方式，基于猎豹后肢比例生成一定的比例变化规律，并将均匀比例融入整

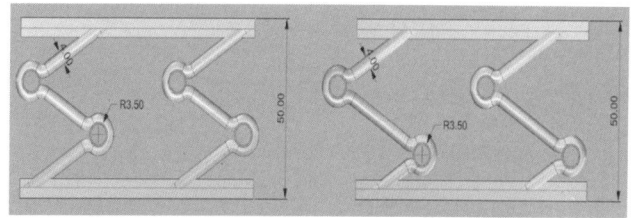

图 1-3-25　均匀比例与猎豹后肢比例结构对比

个规律当中，进行比对（图 1-3-25）。

通过对猎豹后肢比例的分析，其具有以下特点：

1）猎豹的后肢三段比例（股部、胫部、跖部）不均匀，胫部所占的比例最大，股部次之，跖部最小。

2）股部、胫部、跖部的长度可以构成三角形关系，总长度为 90mm，股部 19.421mm，胫部 38.470mm，跖部 32.109mm（图 1-3-26）。

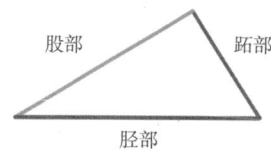

图 1-3-26　猎豹后肢三个部位的几何关系

基于上述特点，用总长度建立比例变化规律，由于猎豹后肢三个部位的长度存在三角形的关系，所以会存在两个变量，无法确切地生成规律性的比例，故笔者将两个变量拆解成单一变量，进行横纵式的演变。具体思路为以均匀比例为起点（等边三角形），首先根据猎豹胫部较长的特点，可以将胫部的长度变化作为变量，而其他两个部位保持相同比例（等腰三角形）。猎豹的三角形胫部的长度为 38.47mm，找到与猎豹胫部数据相对应的等腰三角形位置，确定胫部的长度为定值，以股部和跖部长度和的分割点数值作为变量进行变化推演（图 1-3-27~ 图 1-3-29）。

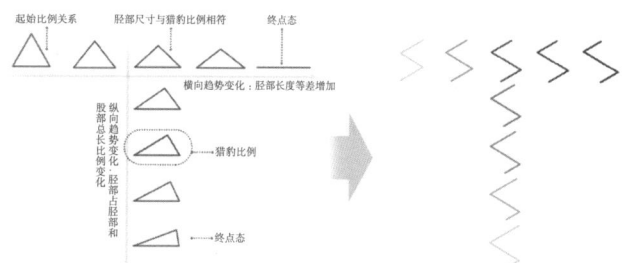

图 1-3-27　比例变化规律的几何现象以及结构形态的展示

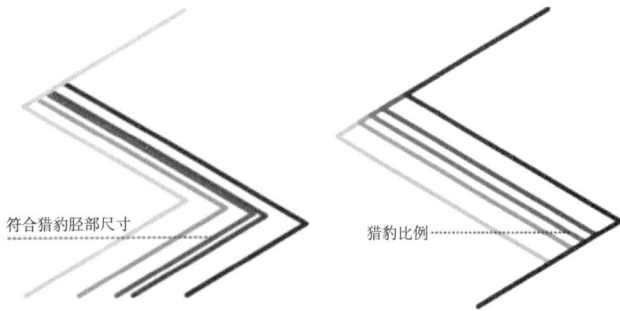

符合猎豹胫部尺寸

猎豹比例

图 1-3-28　横向结构形态变化　图 1-3-29　纵向结构形态变化
　　　　　　对比　　　　　　　　　　　　对比

　　根据上述分析的数据和结构形态，参照实验一的结构建立标准，建立单体"Z"字形结构模型。结构分为两组，横向趋势的结构标记为 A 组，包含五个结构按顺序分别为 A-1、A-2、A-3 等；纵向标记为 B 组，依上下顺序分别标记为 B-1、B-2、B-3 等，在模拟计算中为了方便施力，在两端分别加上方体平台（图 1-3-30）。

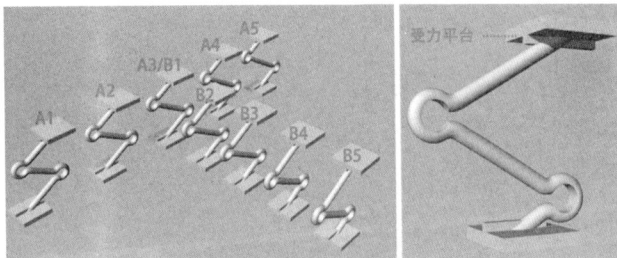

图 1-3-30　结构模型的建立与编号（Rhino 自建）

　　验证采用 ABAQUS 有限元分析软件，单只"Z"字形结构根据树脂的材料参数进行设置（图 1-3-31），与实物实验相呼应。

● 弹性模量（ASTM Method D638M）：2370 - 2650 MPa
● 弯曲强度（ASTM Method D790M）：67 MPa
● 弯曲模量（ASTM Method D790M）：2178 - 2222 MPa
● 缺口冲击强度（ASTM Method D256A）：23 - 29 J/m（考察材料是否容易摔坏、断裂的重要指标，4mm 厚度的该材料产品 30cm 高度下自然落体不会破裂）
● 吸水率（ASTM Method D570-98）：0.4%
● 泊松比（ASTM Method D638M）：0.41

图 1-3-31　树脂的材料参数（3D 打印材料商提供）

　　将实验一中弹力球下落的动能进行计算，并取其 1/6（实验一中的结构包含六个单只"Z"字形）模拟冲击力。对每个结构进行模拟冲击，由于数据具有准确

性，可以计算球离开结构表面的初速度，若初速度越小，则证明反弹的高度越低，反之越高，从而推导其吸振性能的变化趋势（图 1-3-32）。

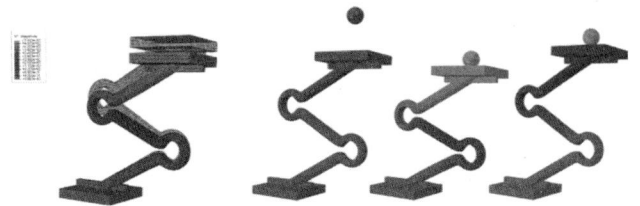

图 1-3-32　ABAQUS 有限元分析过程（均匀比例示意）

　　通过计算，分别得到 A、B 两组球的反弹初速度数据，单位为 mm/s（表 1-3-9）。

A、B 两组球的反弹初速度
（ABAQUS 软件计算生成）　　表 1-3-9

球号 组号	1	2	3	4	5
A（mm/s）	1.70484	1.70646	1.71636	1.72604	1.73169
B（mm/s）	1.71749	1.69878	1.68824	1.67868	1.65628

　　从表中可以看出，B-3 球反弹的初速度小于 A-1，即以猎豹比例建立的结构较均匀比例结构有更好的吸振性能。对此课题组进行反思，由于结构设计的主观性和单一性，以及实验存在的误差，降低了实际操作的对比度，但在计算机的辅助下证明了结构比例对吸振性能的影响，同时基于图表可得到一个影响趋势（图 1-3-33、图 1-3-34）。

　　通过两个趋势的分析，可得到如下结果：

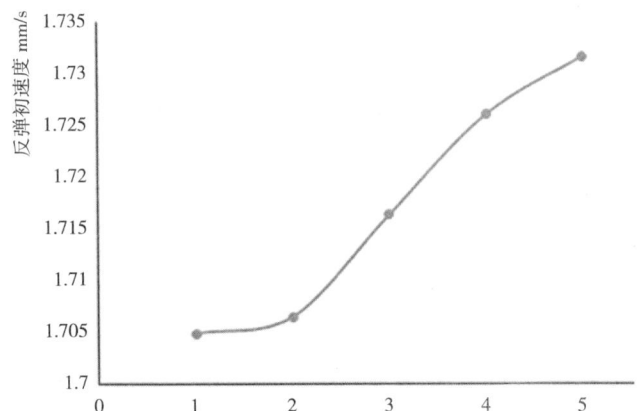

图 1-3-33　A 组的吸振性能变化趋势

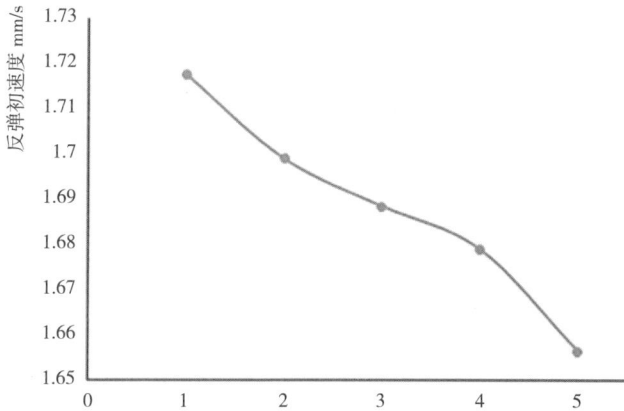

图 1-3-34 B 组的吸振性能变化趋势

1）A 组，假设股部与跖部比例相同的情况下，胫部长度的等差增加，会造成结构的吸振性能减弱（表现在球离开结构表面的初速度增加），且呈现出一种非线性的趋势。

2）B 组，保持胫部比例不变的条件下，股部比例的增加，会提高结构的吸振性能，且呈现一种非线性的趋势。

基于此结果，课题组发现，由猎豹的后肢规律所推演的比例范围中，存在吸振性更优的选择，为何猎豹没有呈现更优化的吸振比例呢？基于自然选择的合理性和动物肢体的复杂性，课题组进行思考。由于猎豹的运动是一个统一协调的肢体运作机制，体现出的是多方面性能的权衡，所以某一方面性能的提升必然会打破这种平衡。结合之前以卡纸为材料的（本文未收录）结构实验的结果（支撑稳定性不足），课题组作出假设，随着吸振性能的提升，肢体的支撑性会减弱，故继续对结构进行实验，以结构在受到撞击过程中的形变程度变化来观察其支撑性的变化。通过对形变值的计算，分别生成 A、B 两组的形变趋势曲线对比图图 1-3-35。

通过图 1-3-35 对比分析可以发现，与猎豹比例相关和相符的结构，其形变位移变化曲线仍处于中间位置。同时，结合实验分析，当结构的吸振性能越好，其结构形变程度越大，同时到达最终平衡状态的时间也会越长，导致支撑性变差，从而印证了假设。结构的吸振性作为众多性能的一种，仍存在着其他限制性因素，推演至猎豹的肢体结构，所呈现的性能并非一种非此即彼的好坏，而是诸多条件的平衡。

由于实际实验中两组的差距并不明显，所以采用计算机有限元分析的方式进行验证，从而得出基于猎豹后肢比例的结构吸振性要优于均匀比例的结构，同时，通过对后肢比例的规律分析，生成一个比例变化规律，并通过计算机有限元分析的手段对比例影响吸振性能的情况进行数据呈现，这种比例规律体现了该结构吸振性能的变化趋势，同时从吸振性与支撑性的变化关系揭示了结构（肢体）性能的限制性因素。实验从慢镜头图像中反映出了明显的变化和特点，证明了该结构能够增加吸振性能的事实以及基于猎豹生理特点的系统组合式结构具有更为优异的吸振性能，同时又呈现出较好的稳定性。

五、基于吸振结构的慢跑鞋概念设计

（一）吸振结构与跑鞋中底的结合方式

本文所研究的吸振结构在跑鞋中底放置的部位

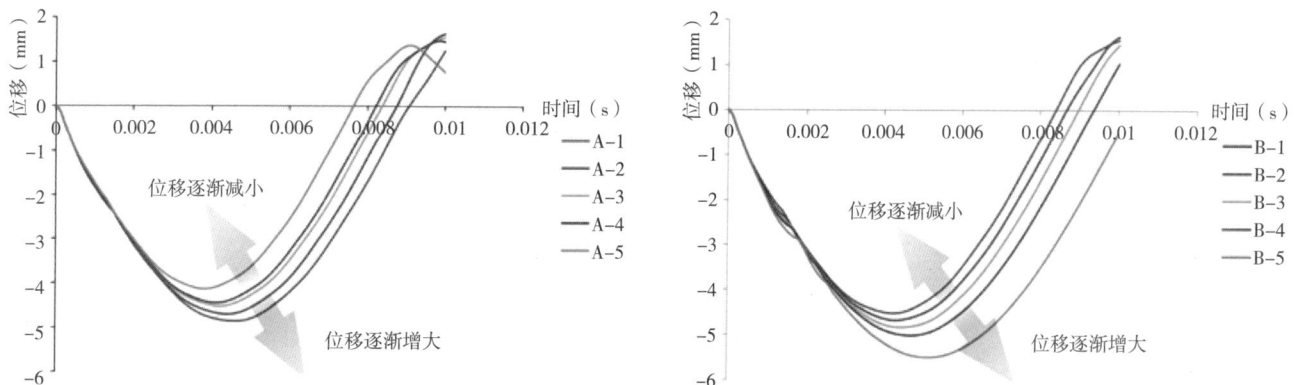

图 1-3-35 两组（左 A 右 B）的形变位移比对分析

主要集中在两点，一是全掌应用，二是后掌应用。经过权衡，笔者最终将采用后掌应用的方式，原因如下：

1. 吸振结构主要体现出刚性，且为双层结构，若采用全掌应用，脚弯折部位需要进行调整，最直接的方法就是从弯折部位断开，分成两个独立的结构，然而这种做法会破坏结构的整体性，同时，对结构的调整和适配有很大难度，可能会发生折断、弯曲不畅、脚感异样等问题；后掌的应用则较为直接，因为不涉及弯折的动态考虑。

2. 通过上述对人跑步习惯的分析以及常见跑鞋缓振科技的论述，可以发现，后掌对于缓振的需求更大，将吸振结构在后掌应用，更能凸显其性能。

3. 大部分跑鞋的中底采用了"前低后高"的倾角设计，形成前后掌的高度差（heel to toe differential），即后掌的离地高度减去前掌的离地高度，这使得中底在后掌部位有着更大的发挥空间，更有利于吸振结构的植入。

（二）最终效果图（图1-3-36）

六、小结

本节从猫科动物的肢体入手，以猎豹、长尾虎猫为对象，从肢体运动特点、肢体比例特点和骨骼、运动系统三个方面进行研究，对猫科动物的肢体有了一个较为全面的解读，揭示影响肢体运动的因素，并进行归纳和总结，从中探索猫科动物的一般规律。

本研究以猎豹作为典型研究对象，通过研究发现，猎豹在奔跑时头部呈现平稳的运动轨迹，并经进一步证明其四肢结构具有良好的缓冲作用，据此进行了吸振原理结构的构建，通过实验验证了猎豹肢体的"Z"字形结构具有很好的吸振性。与此同时，通过对肢体比例和运动系统的研究，又总结出了肢体比例变化对吸振性能影响的规律，依此建立了一个系统化的吸振结构模型，并进行了验证。

最终，基于推导出的吸振结构，在运动鞋中底缓振区域进行了基于研究成果的应用设计。本研究完整体现了设计形态学的思维、方法和流程，最大亮点在于成功提取了猎豹肢体的吸振结构原理，并能将研究成果应用到多个领域和产品之中，具有广泛的实用性和市场价值。

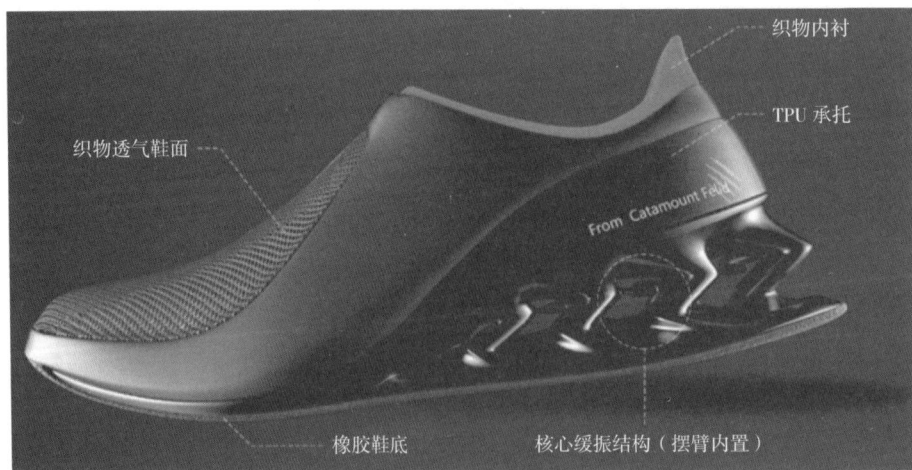

图1-3-36 最终效果图表现及构成示意

第四节　风环境中静止物体的形态研究与应用

空气在地球表面无处不在，流动的空气即形成了风，这种自然现象既存在于高空大气层中，更存在于生物生存的低空环境中。风的流动作用对人类与生物的生活产生了重要的影响，无论是自然界中鸟雀的飞翔，还是人类的飞机升空，抑或是动物巢穴的通风性能，以及人类家居生活中的各类排风设备，无不与风的作用息息相关。风相关形态的研究，有助于人类进一步利用，同时，也可避免其带来的灾害。

本节的研究目的在于通过对大自然风环境中的风成形态（新月形沙丘形态）进行深入研究，了解其形态特征、流场分布特点以及形成原因等信息，整理出形态形成背后的一系列规律，通过抽象与归纳，将这些规律应用于产品的设计中，使产品设计的形态符合物理与生理要求，同时解决生活中与风相关的实际问题。

一、新月形沙丘形态研究

（一）新月形沙丘形态与发育

新月形沙丘一般形成于供沙量不足，以及几乎为单向输沙风的无植被区域。

拜格诺（Bagnold）于1941年发表的新月形沙丘发育模式，至今仍是新月形沙丘研究的基础。他发现，当来风方向的输入沙速率超过这片沙向下风方向的遣出速率时，便会产生沙的加积过程，沙丘的发育便是来自于此过程。同时，当沙粒在背风坡的沉积率达到峰值且所成坡度达到休止角度时，背风坡就发育成滑落面，而沙粒的加积作用在沙堆边缘最小，以至于沙丘和滑落面在中部最高，因此促使新月形沙丘的双翼发育成型。

在饼状沙堆向盾形沙堆及新月形沙丘的演化过程中，以盾形沙堆向雏形新月形沙丘转化这一阶段最为重要。因为在此阶段，沙物质从以积累为主演变为以沙丘

形体塑造为主，不仅形态发生显著变化，且表面流场也发生重大变化，由于脊线的出现，直接诱发极限后的涡流形成，从而形成了较为稳定的新月形沙丘雏形。背风坡的涡流会产生螺旋形流场，会将背风坡底的沙粒向沙脊方向吹起，从而在一定程度上保证沙丘背风坡形态的稳定。

（二）饼状、盾状、新月形沙丘的对比

就沙丘个体形态来说，地面障碍物（如石块等）造成沙粒堆积聚集形成沙斑，沙斑进一步加积形成圆形或椭圆形的沙堆，因其形似饼故得名饼状沙丘。随着进一步引入的二次流理论认为，由于二次流的作用，它将给沙粒以横向推动，使其向上聚集而进一步发育成长，沙堆不断增高，坡度逐渐变陡峭，直到坡度达到沙子最大休止角（约30°至40°）后部分沙粒崩坠，形成一个小的滑落面（落沙坡），在盾形沙丘前形成一个缺口，逐渐发育为雏形新月形沙丘。因此，可大致归纳饼状、盾状、新月形沙丘在发育与形成过程上，是前后相关顺序。

从沙丘稳定程度来看，由于三种沙丘之间存在发生的先后顺序，且存在风蚀、风积、背风坡涡流与二次流等复杂的共同作用，因此可以说新月形沙丘的形态是沙丘发育的一个里程碑形态，是三者中最为稳固而持久的沙丘形态。

（三）风洞模拟实验

1. 模拟实验的几项要点

由于受实验环境条件的限制，与沙丘有关的表面流场与动力过程实验一般采用人工模拟。本实验模拟的是新月形沙丘表面的流体运动，希望通过实验一窥其表面流场的分布。

为使实验对象的形状及环境、表面材质尽量和自

然环境下的接近，本实验应注意以下要点：

几何相似：对新月形沙丘模型按 1：320 的比例进行制作，大大缩小了新月形沙丘。

表面相似：新月形沙丘模型以聚氨酯泡沫制作而成，其表面为经过乳胶处理后黏附筛过的沙粒，并保证表面没有明显的坑洞、棱与纹理。

2. 实验内容

新月形沙丘表面流场模拟实验中顺风向剖面分为 4 个：中心剖面 A，与中心轴线距离分别为 10cm、15cm 与 20cm 的 B、C、D 剖面。在剖面线上分别依次在迎风坡底、沙脊以及背风坡底设主观测点，试验中利用发烟剂依次流畅通过观测点，在主观测点间设定辅助观测点 a、b、c、d、e、f，以全面观察沙丘表面流场情况。

发烟剂在沙丘表面移动路径分别是顺风向 A、B、C、D 四条轴线，以及曲线 ace 和 bdf，以上路径将覆盖沙丘表面的所有位置；另一条路径沿各轴线上空 7cm 处 A'、B'、C'、D' 顺风向移动，以观察在沙丘上空的流场变化情况（如图 1-4-1 所示）。

图 1-4-1（a）表面流场测试路径分布（顶视图）

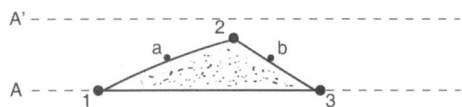

图 1-4-1（b）表面流场测试路径分布（剖面图）

3. 实验材料

聚氨酯泡沫，白乳胶，过筛沙粒，轴流风机，发烟饼。

4. 实验结果收集与分析

图 1-4-2 是记录本次模拟实验的图片，截取自实

验实时视频记录。

通过 a 图、b 图与 c 图可以观察到，在通过中轴线迎风坡时，迎风坡表面流场较为平滑流畅，以层流为主要流态，几乎不存在紊流；气流在沙丘迎风坡被压缩，大致保持层流特征，到沙脊处为压缩最大位置；从空气流速看，a 图与 b 图中的风速较慢，而 c 图中的沙脊可观察到风速较之前有明显提高。结合形态特点，可以初步得出分析结论：

1）新月形沙丘迎风坡平缓，略凸，圆润，有利于气流通过；

2）沙脊处由于流体的剪切应力作用，风速在迎风坡上最快。

图 1-4-2（a）迎风坡底测试点

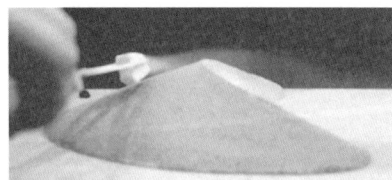

图 1-4-2（b）迎风坡面测试点

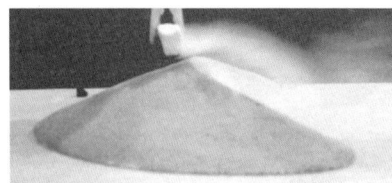

图 1-4-2（c）沙脊测试点

d 图、e 图、f 图明确展示了新月形沙丘背风坡的流场情况，d 图、e 图分别是背风坡面与坡底的空气流动情况，可看到明显的湍流现象存在，湍流在沙脊后侧出现，将空气呈回旋状逆向卷曲，回旋的空气碰撞到背风坡后，又向沙丘两翼方向移动，形成背风坡复杂的流场现象。在两翼测试点 f 图中仍然可观察到上述的湍流现象存在，且程度上并没有明显的减弱，由于背风坡两翼的特殊形态，导致其回旋气流撞击背风坡面后，大量向中轴方向汇聚。结合沙丘背风坡特点，可归纳出以下分析结论：

1）沙丘在背风坡忽然下降，陡而略下凹的坡面，使气流产生明显的涡流现象；

2）涡流与背风坡面碰撞后，在中轴线会有一定的向两侧运动的趋势；

3）在两翼时，这种趋势呈现出向中心汇聚；

4）背风坡流场较为复杂且凌乱。

图 1-4-2（d） 背风坡面中轴测试点

图 1-4-2（e） 背风坡底中轴测试点

图 1-4-2（f） 背风坡底两翼测试点

g 图、h 图主要表现了沙丘在两翼处的主流流场。迎风坡两翼处，气流通过时呈现出向外张开的总趋势，以层流为主要流态，几乎不存在紊流。但在本次模拟实验中，观察到一些特别的流场现象，在两翼处的迎风坡上，气流在 g 图所示处向外侧张开的角度较大，而在 h 图处的气流方向则较 g 图有所收拢。由此可推断分析出，在迎风坡上的主气流方向并非以线性规律变化，而是存在更为复杂的变化规律，本次实验由于实验条件的限制，无法得出具体的流场分布结论，只能大致结合前人研究与论述进行描述。

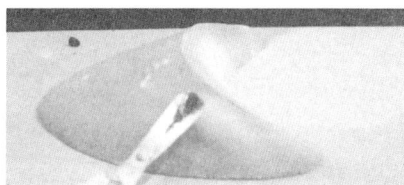

图 1-4-2（g） 迎风坡面 - 两翼测试点 1

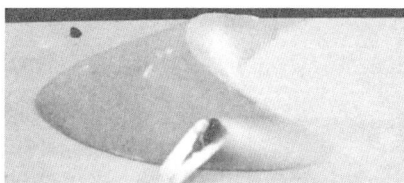

图 1-4-2（h） 迎风坡面 - 两翼测试点 2

5. 流场分析

研究沙丘表面气流是解释沙丘形态和了解沙丘动力学过程的关键。

环境气流与沙丘表面的相互作用，造就了沙丘周围的气流，因此可以说，影响沙丘表面气流的主要因素大致包括：气流方向、强度以及沙丘坡面形态。其中形态包括长宽高的尺寸、坡面方向与坡面角度和坡的形态。

根据上述实验中观察到的结论，同时结合沙丘地貌学专业知识大致可得出新月形沙丘表面流场的分布情况。其中包括较为复杂的气流运动轨迹，但由于实验条件限制，此次实验并未对涉及沙丘表面的二次流分布状况进行测试。

依据上述实验现象所绘制的沙丘流场图大致描绘了主气流形成的表面流场走向，说明了新月形沙丘的形态对气流能起到很大程度的疏导作用，其形态稳定的根本在于迎风坡的缓与圆润，风力从迎风坡底到沙脊逐渐增强，有利于保持形态，并向后输沙；而背风坡的形态导致涡流的形成，避免背风坡后部沙粒的沉积而改变沙丘形态，同时促使了沙丘两翼的发育，进一步巩固了沙丘的形态的稳定。

结合上述实验结果并参考前人的研究成果，本次实验的观测成果与 Howard 的野外观测研究得出的观点[1]相似，他所提出的关于新月形沙丘的流场特征中，这

[1] Alan D Howard & John L Walmsley. Simulation Model of Isolated Dune Sculpture by Wind[C]. //Barndorft-Nielsen, ed.Proceedings of the International Workshop on the Physics of Blown Sand Aarhns:University of Aarhus, 1985.

图 1-4-3（a） 新月形沙丘流场图

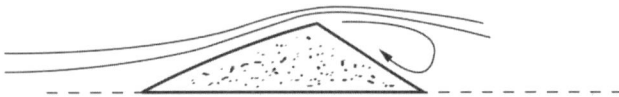

图 1-4-3（b） 新月形沙丘流场图

图 1-4-4 野外新月形沙丘流场观测（引自 Howard，1985，图 1）

样描述野外新月形沙丘的流场分布（如图 1-4-3、图 1-4-4 所示）：

"……沙丘主流线没有明显的向两翼方向汇集，而呈现出向丘顶中心轴线略微靠拢的流态……"

这样的沙丘流场特点说明，此新月形沙丘的发展演化已处于中后期。

结合迎风坡与背风坡截然不同的流场形态与流体力学理论分析可知：流体与固体表面分离一定发生在物体的棱角线处，且不随指示风速而改变。在沙脊的分离处，风速由于流体剪切应力作用而达到最大值，此时风的压力值最小。背风坡产生的由坡底向脊线的湍流一定程度上也是由于沙脊处与背风坡底部的压力差导致。

6. 结合风沙地貌学相关实验整理实验结果

通过实验分析以及相关文献的参考，可得出以下结论：

1）新月形沙丘迎风坡平缓，略凸，圆润，有利于气流通过，主流线方向略向中轴线汇聚；

2）沙脊处由于流体的剪切应力作用，风速达到最快，风压值最小；

3）背风坡忽然下降，陡而略下凹的坡面，使气流产生明显涡流现象；

4）涡流与背风坡面碰撞后，在中轴线会有一定的向两侧的运动趋势；

5）在两翼时，这种趋势呈现出向背风坡中心汇聚；

6）背风坡流场较为复杂且凌乱，包括二次流等，本文并未将其列入实验分析范围内。

二、基本形态规律抽象与归纳

前文中，课题组通过实验的方法，观察到新月形沙丘的一系列表面流场特征，并结合相关文献的描述绘制出新月形沙丘的流场分析图。通过全面整理实验相关结果与前人的经验，得出了六条言简意赅的结论（如上文）。抽象、归纳与拓展，是设计学中"师法自然"的重要过程，在前文实验与分析的基础上，建立几个抽象的且完全符合形态形成规律的模型，以将其运用在设计当中。

新月形沙丘被证实是自然界中较为稳定的一种风成形态，是风沙地貌发育过程中的一个里程碑，因此具有特殊的代表性，其稳定来自于迎风坡的良好空气通过性以及背风坡产生的强烈湍流，对沙丘形态的维持起到了重要的作用。在上述试验中，模型的建立正是通过对自然界中新月形沙丘的抽象、归纳而来，主要通过控制模型沙丘的长宽高比、两翼的长度、迎风坡与背风坡的角度、迎风坡与背风坡的凹凸形态，保证沙丘模型的几何相似；同理，在设计中运用此模型时，可以通过对以上因素的改变，使流场产生各种不同的变化。为了验证新月形沙丘形态变化的其他可能性，作者在设计的另一个实验中，对不对称型新月形沙丘进行了上文中的重复实验（图 1-4-5 所示）。

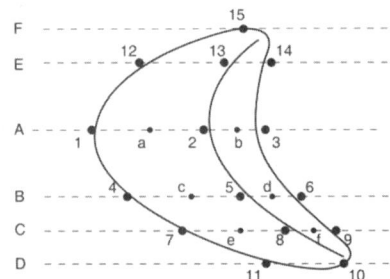

图 1-4-5 不对称型新月形沙丘表面流场测试路径分布（顶视图）

针对由同样材质、相同比例尺建立的不对称型新月形沙丘的实验，主要可观察到以下与对称型新月形沙丘不同现象：

1）背风坡两翼的涡流现象程度明显不同，短翼端涡流明显，而长翼端涡流相对不明显；

2）无论长翼端还是短翼端，涡流都会向中轴线附近扩散；

3）在长翼端上，越向长翼顶端移动，湍流现象越不明显，相反越向中轴线方向移动则越明显；

4）迎风坡上，长翼端一侧的流线有向外张开的趋势，而短翼端一侧则明显地存在流线向中轴线收拢的趋势；

5）迎风坡流场在中轴线与长翼一端，都存在向外侧张开的趋势。

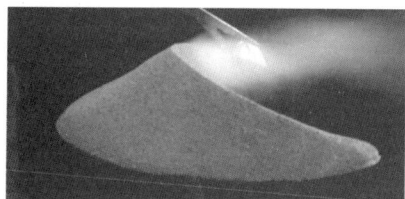
图 1-4-6（a） 短翼端的背风坡涡流

图 1-4-6（b） 中轴线附近的背风坡涡流

图 1-4-6（c） 长翼端的背风坡涡流

图 1-4-6（d） 长翼端的迎风坡气流

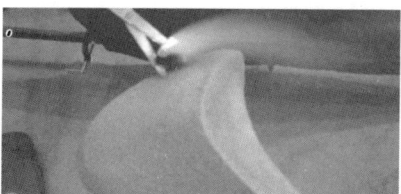
图 1-4-6（e） 短翼端的迎风坡气流

通过上图 1-4-6 对沙丘形态的探讨，本文得出了上述 5 条基本规律，表现了新月形沙丘可能的种种形态的拓展。在拓展研究的过程中，部分流体力学特征具有普适性的意义，在很大程度上适用于各种新月形沙丘"家族形态"的实验；另一部分规律则会随着沙丘形态的变化而产生相应变化，上文所述即试图阐明这种变化的规律，可总结如下。

1. 对于标准对称的新月形沙丘模型：

1）新月形沙丘迎风坡平缓，略凸，圆润，有利于气流通过，主流线方向略向中轴线汇聚；

2）沙脊处由于流体的剪切应力作用，风速达到最快，风压值最小；

3）背风坡忽然下降，陡而略下凹的坡面，使气流产生明显涡流现象；

4）涡流与背风坡面碰撞后，在中轴线会有一定的向两侧运动的趋势；

5）当涡流在两翼时，这种趋势呈现出向背风坡中轴线汇聚；

6）背风坡流场较为复杂且凌乱，包括二次流等，本文并未列入实验分析范围内。

2. 对于非对称的新月形沙丘模型：

1）背风坡两翼的涡流现象程度明显不同，短翼端涡流明显，而长翼端涡流相对不明显；

2）无论长翼端还是短翼端，涡流都会向中轴线附近扩散；

3）在长翼端，越向长翼顶端移动，涡流现象越不明显，相反，越向中轴线移动则越明显；

4）迎风坡上，长翼端一侧的流线有向外张开的趋势，而短翼端一侧则明显地存在流线中轴线收拢的趋势。

三、设计应用

（一）抽油烟机形态与本研究的相关性

抽油烟机能产生排烟效果，在于利用空气动力学原理。空气的流动源自于高压与低压的压力差，高压区域的空气向低压区域流动，从而形成了抽油烟机抽吸气流的过程。抽油烟机各部分的形态与结构，也会对排烟效率产生较为重要的影响。因此，选择抽油烟机作为本研究的设计应用是较为合适的。

（二）与导流面相关的设计应用

1. 顶面导流面

以传统抽油烟机的导流面为例。图1-4-7所示为某品牌深罩型抽油烟机的工作状况，通过此图可观察到，传统"拦截型"抽油烟机的导流面通常设计呈汇聚型、上小下大的的形式，产生聚拢、引导烟尘的效果，本文称其为"反漏斗型"。

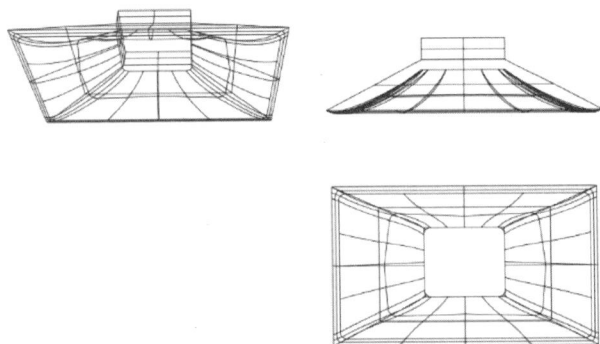

图1-4-7 传统抽油烟机导流面分析

根据实验对新月形沙丘形态的研究可知，新月形沙丘迎风坡的三维曲面具有圆润、平滑的造型特点，具有较好的气流通过性，同时能较好地保持层流的流态。

同时，通过实验与文献研究笔者观察到，新月形沙丘迎风坡形态的反面（即凹陷的一面），也具有较高的应用价值。北京航空航天大学的高歌教授设计的"沙丘驻涡火箭稳定器"，安装在火箭火焰喷射装置中，利用新月形沙丘形态以稳定火焰、减少风压损失。此项设计便是根据设计者多年在青海沙漠地区工作生活的观察经验，发现新月形沙丘在沙漠狂风中的稳定性（图1-4-8）得出的结果。在论文《沙丘驻涡蒸发式稳定器低压性能的试验研究》[1]中韩启祥等以图示的方式描绘了沙丘驻涡稳定器模型内部的流场走向。气流进入

图1-4-8 沙丘驻涡稳定器、简化模型

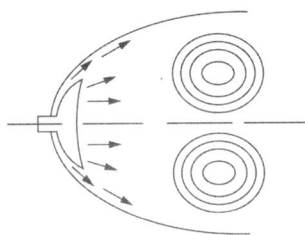

图1-4-9 沙丘驻涡稳定器内部流场示意图[2]

稳定器后由于形态的疏导作用，能较好地贴器壁运动，大大提高火焰的稳定性能（图1-4-8、图1-4-9）。

新月形沙丘迎风面的两面都具有良好的空气动力特性，这也启发了抽油烟机导流面的造型设计。为测试新月形沙丘迎风坡形态内表面在实际操作中的流场情况，作者进行了简易的烟尘实验。将以黑卡纸制作的简易新月形沙丘置于发烟烟饼产生的上升烟尘之中，可观察到：大量烟尘翻滚上升，烟尘经过内表面时运动流畅，顺表面向对侧运动。在观察形态对烟尘运动的引导同时，也可探讨形态对烟尘的聚拢效果，将新月形沙丘两翼向下延伸，沙丘高度增加，即可更接近油烟源头，具体实验过程在此不作赘述，但可以观测到聚拢烟尘的能力有限，效果不佳。

综上所述，课题组尝试将新月形沙丘迎风坡的内表面的造型，应用于抽油烟机顶导流面的设计当中（图1-4-10）。参考图1-4-9中对于内部流场的描述，此形态应用于顶导流面中，将对上升油烟起到较好的引导作用，能使油烟在叶轮产生低气压的引导下紧贴导流面运动。

---

① 韩启祥、王家骅.沙丘驻涡蒸发式稳定器低压性能的试验研究[J].推进技术，2001，22（1）.
② 韩启祥、王家骅.沙丘驻涡蒸发式稳定器低压性能的试验研究[J].推进技术，2001，22（1）.

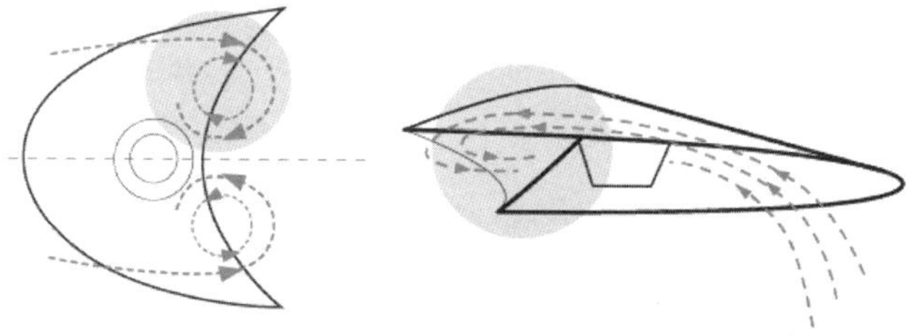

图 1-4-10 新月形沙丘内表面流场示意图

2.两侧导流面

传统深箱式抽油烟机依靠纵向延伸导流面的方法，起到聚拢、引导油烟的作用。庞大的机壳体积造成了诸多烹调操作上的不便（"撞头"现象），虽然导流面的延伸较为必要，但事实上又引入了操作障碍的问题。课题组通过对新月形沙丘迎风坡形态的研究认为，导流面的延伸虽为必要，但是否需要以"四周完全包围"的形式形成"深箱"，是个值得探讨的问题；同时，即便是"完全包围"形式也无法彻底解决油烟上升过程

中的外溢问题。

图 1-4-11 中，课题组根据上述研究，对抽油烟机进行了简易改装，在两侧制作了新月形沙丘形的集流罩，原因在于新月形沙丘集流罩具有的如下三点特征：

1）由于在新月形沙丘脊线处会产生低气压的效果，能产生更大吸力，通过此低气压区能将距离吸烟风口更远的油烟吸引回集流面内，防止了油烟的外溢（图 1-4-12）；

2）由于新月形沙丘迎风坡流场对来风具有向中轴汇聚的特点，因此笔者将其运用于收拢四散油烟，使抽油烟机侧导流面能更大程度地起到拢烟导流的作用（图 1-4-13）；

3）在脊线背风坡一侧产生的涡流，对于引导四散、杂乱的油烟具有一定作用。当大量油烟迅速上升时，油烟易在顶导流面周围堆积，导致油烟无法及时吸入；利用强有力的涡流，将烟尘卷吸入集流罩范围内，防

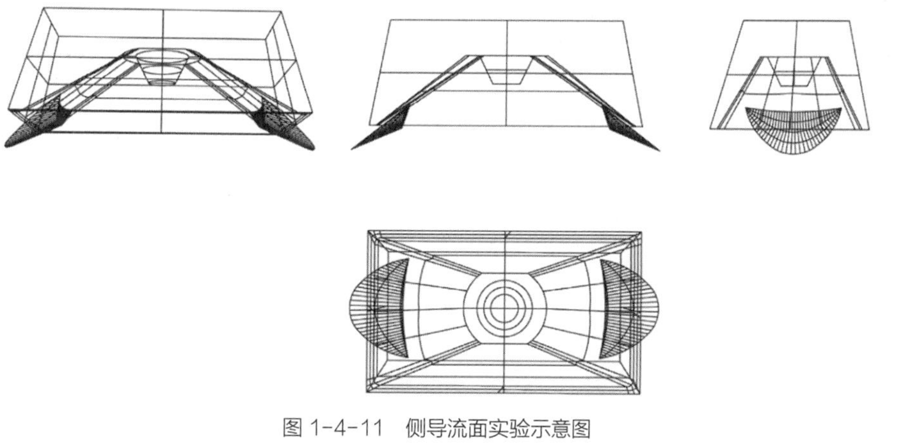

图 1-4-11 侧导流面实验示意图

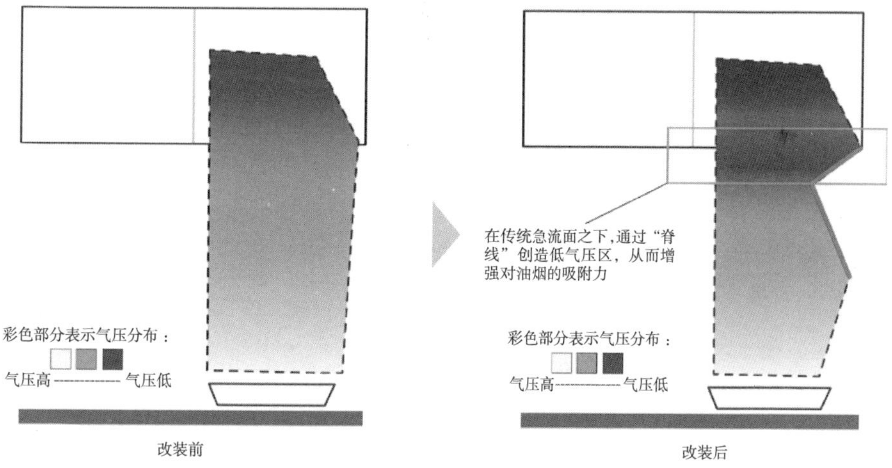

在传统急流面之下，通过"脊线"创造低气压区，从而增强对油烟的吸附力

彩色部分表示气压分布：
气压高————气压低

彩色部分表示气压分布：
气压高————气压低

改装前

改装后

图 1-4-12 气压分布对比示意图

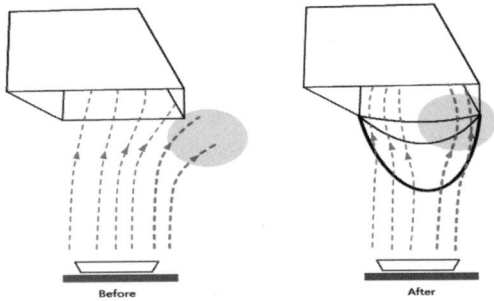

图 1-4-13　拢烟效果示意图

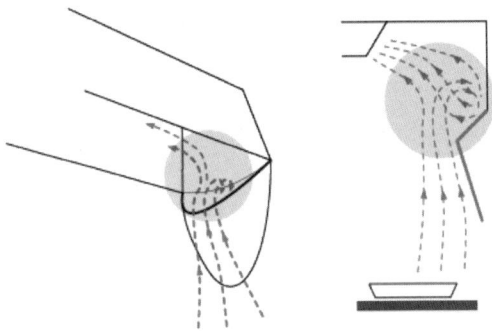

图 1-4-14　涡流对风向影响示意图

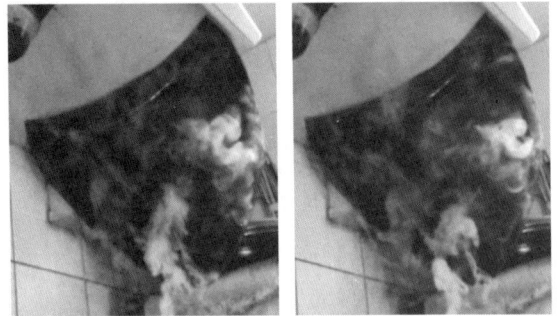

（a）　　　　　　　　（b）

（c）　　　　　　　　（d）

图 1-4-15　侧导流面实验视频截图

止油烟外溢（图 1-4-14）。

为验证以上结论，课题组设计了烟尘实验，利用图 1-4-14 中布置的黑色简易新月形沙丘纸模型充当深罩式抽油烟机的延伸面，在开启抽油烟机叶轮的情况下进行吸烟实验（图 1-4-15）。

烟饼开始燃烧时（图 1-4-15a），由于烟尘量较少，烟尘径直被吸入中心的吸烟风口，在上升过程中没有四溢现象出现；随着烟尘量逐渐增大（图 1-4-15b），上升过程中的四溢现象更加明显，同时有较明显紊流现象出现；当烟尘四溢至新月形延伸导流面的边缘时，笔者观察到，烟尘并未溢出边缘，而是出现了非常明显的回流现象（图 1-4-15c、d），从缓坡（即迎风坡）边缘向中心风口运动。完整测试过程中烟尘量较大的阶段，在增加了新月形延伸导流面的抽油烟机且相同的吸烟力下，几乎毫无烟尘外溢现象。对照上节的实验现象可观察到，为导流面延伸新月形导流面的改进方法，对抽油烟机吸烟效果产生了重大的影响，不仅阻止烟尘的外溢，同时也强化了对烟尘的导流作用加强。

以上实验结果，对于新月形沙丘在产品设计中的应用方式有一定启发，通过新月形沙丘的形态，可建立完整的导流系统，以增强吸烟效果。

四、产品化解决方案

（一）产品化解决方案

产品化解决方案是产品最终的设计阶段，目的是将前文研究的内容合理地运用于产品设计当中。在本文研究阶段，评判实验是否成功的标准与实验的目的可以概括为是否符合科学的实验方法以及是否得出符合科学的结论；而在产品化解决方案的设计阶段中，评判的标准包括能否满足产品的使用功能，是否具有形态的美感，是否将前文所述的研究、发现与结论合理地运用到产品中。

产品化解决方案阶段偏重于设计的实践，因此本章为保证文章思路的流畅性，将简化方案发展过程中的若干反复的环节。

（二）计算机辅助设计

图 1-4-16 所示形态为通过计算机模拟建立的较为完备的导流面系统，将前导流面、顶导流面与侧导流面有机合成一体，使抽油烟机对烟尘的收拢、引导作用得到加强。

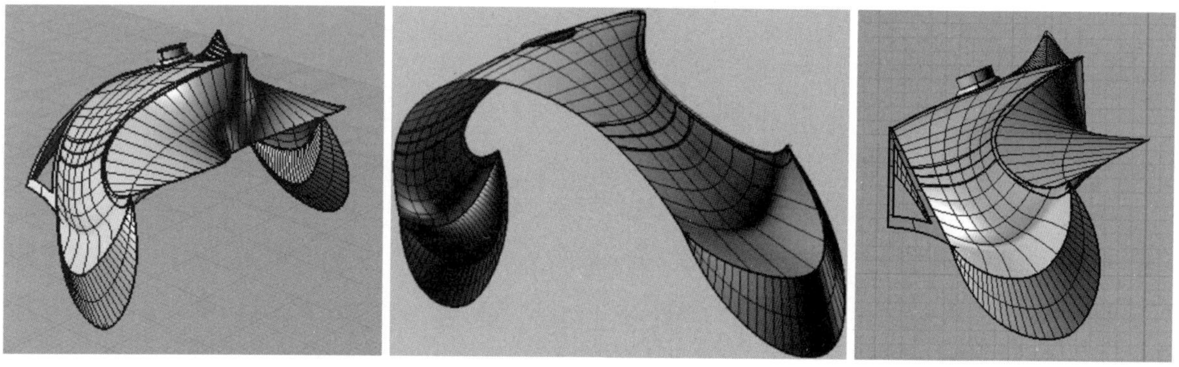

图 1-4-16　抽油烟机导流面设计

（三）方案修改与细化

将渲染图打印若干以进一步修改原方案中的不足，同时加入细节部分的推敲。

通过修改，最终定案中确定了整体形态、构件组合、固定与安装方式等产品必要因素，并进一步通过计算机辅助设计将这些因素与整体造型进行融合。经过反复的实验与探索，最终将抽油烟机产品的整体造型敲定如图 1-4-17 所示。至此，本节的研究任务已大致完成，通过对自然形态的研究与实验，最终得出可指导产品造型设计的结论，并最终应用在产品设计当中。

五、小结

本研究以风环境下静止物体的形态为基础，通过广泛的跨学科研究，以设计形态学为核心，辅以空气动力学、风沙地貌学等学科的研究方法及结论，着重研究了自然界风环境中的静止物体（以诸沙丘形态为例）的形态特点、形成规律以及表面流场分布情况，用以指导设计实践中形态的创新与探索。

通过风洞模拟实验，笔者采集了一定量的关于各类沙丘（新月形沙丘、金字塔型沙丘、横向沙丘）表面流场分布特点的实验现象，并对这些现象进行归纳，通过比对相关专业领域的研究成果，笔者得出了上述三类沙丘的形态特征、形成规律以及表面流场的分布情况，并发现新月形沙丘与金字塔型沙丘在来风与涡流的作用下，呈现较为稳定的形态。同时在文中，笔者还对比了沙丘发育过程中不同时期形态之关系，也解释了新月形沙丘及金字塔型沙丘处于相对稳定态的原因。

图 1-4-17　抽油烟机最终定案效果图

第五节　基于菌丝体材料的产品造型设计研究

在自然界里，有一种生物无处不在，它对自然生态系统的建立与演替、稳定与物质循环、能量流动与信息传递都具有非常重要的影响[1]，它是生命物种之间信息交流的媒介，这就是菌类。至今，这一庞大物种已对生物科学、医学等领域做出了非常巨大的贡献。然而它的魅力也不仅局限于此，在材料领域以及设计形态学领域能否带给我们更多的研究价值和设计意义，是否会改变人类对菌类传统观念上的认知，并创造用户与产品的新体验，是本节主要的研究内容。

一、菌丝体材料

（一）菌丝体

菌丝体（mycelium）是真菌的线状体，也是真菌或真菌样细菌菌落的营养部分，它与它的培养基质（木材、稻草、谷物等）共同，形成了由菌丝的管状细丝组成的多孔结构。通常，菌丝体的长度可从几微米长到几米不等[2]，主要受到其菌种和培养环境的影响。菌丝体首先从孢子或接种物种的菌丝尖端扩张生长出来，在各向同性生长阶段后，菌丝开始随机分枝，形成分形树状菌落。[3]菌落通过菌丝融合（anas-tomosis）[4]随机相连，形成随机纤维网络结构如图1-5-1所示。

菌丝体主要是由天然聚合物如甲壳素、纤维素、蛋白质等组成，形成真菌的骨架结构，并且基于纤维素和木质素的分解，因此它可以成为一种天然的聚合物

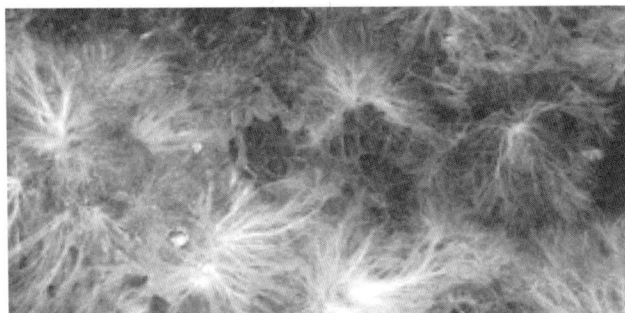

图 1-5-1　菌丝体纤维网络结构

复合纤维材料。菌丝体作为蘑菇植物性营养部分可以像粘合剂一样粘附于基质间，死后也可以保持完整性，所以菌丝体也可以用来作为材料的天然粘合剂。

菌丝体复合材料由基质和纤维素增强材料构成，增强材料提供主要的物理特性，而基质通过保持其相对位置来围绕和支撑增强物以及提供辅助的物理特性，[5]在菌丝体复合材料中，天然的纤维素纤维用作增强剂，菌丝体充当生物基质形成绿色生物复合材料。这种利用生物生长性而不是昂贵的能量密集型制造工艺将低成本的有机废物转化为了经济上可用且环保的材料，可以成为许多合成材料的经济和环境可行的替代品。

（二）菌丝体应用案例

目前，对于菌丝体材料潜能的开发已经在各个领域达到了多元化的应用。菌丝体用于产品缓冲包装来代替不环保的挤出聚苯乙烯泡沫材料是主要的应用途径（图1-5-2），其抗冲击、压缩性能完全可以媲美泡

---

① 严东辉, 姚一建. 菌物在森林生态系统中的功能和作用研究进展 [J]. 植物生态学报, 2003, 27（2）:143-150.

② Islam MR, Tudryn G, Bucinell R, et al. Publisher Correction:Morphologn and mechanics of fwngal mycelium[J].Scientific Reports,2018,8（1）:4206.

③ Fricker, M., Boddy, L. & Bebber, D. In Biology of the fungal cell[M].Springer Berlin Heidelberg, 2007.

④ Glass N L, Rasmussen, C., Roca, M G, et al. Hyphal homing, fusion and mycelial interconnectedness[J]. Trends in microbiology , 2004, 12（3）:135-141.

⑤ M. R. Islam1, G. Tudryn2, R. Bucinell3, L. Schadler 4 & R. C. Picu1 , Morphology and mechanics of fungal mycelium, scientifisreports, 12 October 2017.

图 1-5-2 Ecovative 公司生产的名为 EcoCradle® Mushroom™ 的包装材料[①]

沫塑料，并且对于一次性包装材料来说，利用这种环境友好的生态材料可保证其更容易再生或自然降解，降低对生态环境的压力。

例如，美国的一家非营利机构 Terreform ONE 对于未来家具发展趋势进行了新的畅想和尝试，提供了对于现有沙发的创新性替代品。这个沙发替代品完全由蘑菇在 7 天内自生长而成，并且可以在生命周期结束时，在自然界中自然地分解和生物降解。

此外还有，菲尔罗斯和他的团队在位于旧金山的 MycoWorks，开发了利用菌丝体以及研发的基于菌丝技术而生产的天然材料，其菌丝体材料硬度可根据应用需求进行编辑，既可像贝壳一样坚硬也可像海绵一样柔软。

再者，Mogu 则证明了由菌丝体制成的无毒且防水防火的面料，可以像连衣裙和灯罩的纸一样薄。这种面料具有天然抗微生物的特性，对于易敏感肌肤的人来说是非常好的选择，完全不会像其他化纤布料一样因为出汗等造成皮疹和不适。

菲利普罗斯杜塞尔多夫艺术馆（Kunsthalle Düsseldorf）建造的蘑菇茶馆，名为"Mycotectural Alpha"，由灵芝蘑菇砖制成。此外，菌丝体材料的应用也逐渐由室内向室外建筑材料转变。总部位于纽约的 Ecovative Design 公司与建筑师戴维·本杰明（David Benjamin）合作了在现代艺术博物馆 PS1 建造的 Hy-Fi 蘑菇塔展馆。该项目由使用菌丝体制成的 10000 块砖制成，具有足够的无机吸引力，也能体会到该材料巨大的应用价值。

二、设计研究与实验

由对菌丝体复合材料的认识、菌丝体材料的培养方式、菌丝体材料主要设计应用可知，菌丝体材料主流的产品形态设计应用主要是缓冲包装材料方面，以代替不环保的聚苯乙烯泡沫塑料，其组成主要是木屑和秸秆。

是否可以利用其他不同的纤维素基质来培养菌丝体材料，是否能够找到一种或几种能表现更好材料性能的纤维素基质、并通过对菌丝体材料表面处理工艺的探究开拓材料应用的更多可能性，是本次课题研究的主要内容，也是下面试验的主要探究内容。

（一）选择研究对象

食用菌作为可供人类食用的大型真菌，来源广泛，易于人工培养，安全无害，其品种众多，现中国已知食用菌有 300 多种，菌丝体形态也有所差异，目前选取最常见的食用菌对菌丝体性状进行对比分析（图 1-5-3）。

名称	气生型双孢蘑菇	平菇	香菇	金针菇	杏鲍菇	鸡腿菇	黑木耳	草菇	灵芝	鲍鱼菇	猴头菇	毛木耳
颜色洁白度	●	●	●	●	●	●	●	●	●	●	●	●
形状	尖端直立	粗壮、整齐、有光泽、葡匐状	絮状、整齐、平伏辐射生长	绒毛状	棉毛状、边缘整齐	棉线状	棉絮状	纤细、有光泽、半透明	短绒状	锁状联合	粗壮	绒毛状
气生茂盛度	●	●	●	●			●	●	●	●	●	
浓密程度	●	●	●	●	●	●	●	●	●	●	●	●
爬壁能力	●	●	●	●	●	●	●	●	●	●	●	●

图 1-5-3 常见食用菌菌丝体性状对比

[①] 图片来源 http://www.earthtimes.org/going-green/ecocradle-biodegradable-mushroom-packaging/2112/

综合对比，平菇显示了较好的性状优势，其菌丝体洁白粗壮，整齐有光泽，气生菌丝浓密发达可布满空间，抗杂菌能力强，对环境条件接纳度更高，且更容易获得，所以作为本次材料试验菌种的首选。

（二）观察分析

1. 宏观表面形态和结构（表 1-5-1）

材料宏观特征表现与分析   表 1-5-1

纤维素基质材料	材料表现	材料表面形态	菌丝体与基质材料的结合程度	未加工材料表面质感	表征原因分析
咖啡		表面附着浓密菌丝体，较光滑，干燥后有轻微裂痕	较好	表面有泡沫样蓬松质感	咖啡渣能为菌丝生长提供丰富的 N、C 等营养元素，且颗粒小易被分解，所以菌丝生长浓密，气生丝长、丰富。干燥后基质材料失水收缩，小颗粒间缝隙变大，容易产生裂痕
木屑		表面附着均匀的菌丝体	很好	较细腻	木屑纤维均匀，菌丝体可以均匀填充木屑之间的缝隙，使材料比较平滑
苘丝纤维		表面菌丝体较稀疏	较好	较粗糙	苘丝纤维，菌丝生长状态依赖于麦麸、玉米芯、豆粕的营养成分和填充状态。但因表面附着一定的麻纤维，使菌丝体生长不是很均匀
叶子		菌丝体较浓密，有轻微裂痕	较好	较细腻	叶子作为一种试验基质材料层叠于其他基质材料间，由于与其他基质材料收缩率的差异，会有裂痕出现
河麻纤维		菌丝体非常浓密	较好	较粗糙	粗麻纤维的木质素被菌丝分解后其纤维的拉伸韧性变差容易断裂，但也使其更好地与其他基质材料融合在一起，使菌丝生长比较均匀
棉花		菌丝体较浓密，有轻微裂痕	较好	较细腻	棉花纤维是具有一定弹性的材料，但由于没有均匀的层叠于其他基质间，会有裂痕出现
丝瓜瓤		菌丝体较浓密	较好	较细腻	丝瓜瓤本身对菌丝体生长不会有较大的影响，主要取决于其他基质作用。由于与其他基质材料结合均匀，可使菌丝体生长较平滑
废旧塑料		菌丝体较浓密	较好	较粗糙	塑料颗粒被菌丝体包围，但在塑料颗粒密集的区域很难被菌丝体完全包裹，所以在培养材料时需掌握塑料颗粒的比例，否则塑料与其他基质材料难以结合形成整体

2. 微观表面形态与结构（表1-5-2）

材料微观结构表现与分析

表1-5-2

纤维素基质材料	材料微观表现	菌丝体形态	菌丝体与材料结合方式	对材料功能特性的影响
咖啡		有明显的较长、密度较高的菌丝体纤维；呈立体交织网状；可在咖啡表面形成更丰富的菌丝体表层	将咖啡颗粒包裹于菌丝体纤维之中	咖啡颗粒与菌丝体结合紧密，增加了材料密度，使材料表面更细腻和平滑，但菌丝体材料失活后，咖啡颗粒间缝隙变大，菌丝体容易与咖啡颗粒出现分离，使材料表面较脆，容易开裂
木屑		在木屑纤维表面布满结晶状菌丝；在木屑纤维缝隙间有交织网状菌丝体结构	表面包裹交织形态	木屑纤维与菌丝体粘合均匀，使材料密度相对平均，材料更紧致，木屑纤维间的层叠结构与菌丝体对其缝隙的填充使材料保有弱弹性
麻纤维		没有看到明显的菌丝纤维；黏附于麻纤维表面类似于结晶状	成团附于材料纤维表面	麻纤维不直接对菌丝体生长产生大的影响，由于纤维间缝隙较大，使菌丝体不能完全填充而使纤维材料相对孤立，麻纤维与其他基质材料的相互作用增加材料的强度
叶子		在叶子表面有结晶状菌丝；在叶子缝隙间有交织网状菌丝体结构	表面包裹交织形态	由于菌丝纤维无法参与到叶子纤维结构中，只能附于叶表面；材料特性依赖于叶子与其他基质间的层叠关系，影响材料的抗压特性
棉花		有明显的菌丝体纤维；呈立体交织网状	与棉花纤维交织缠绕	使材料触感更温和；菌丝体与棉花纤维结合紧密，增加材料强度，使菌丝体材料抗压、抗弯性能更好
丝瓜瓤		在丝瓜纤维表面有结晶状菌丝；在丝瓜纤维缝隙间有交织网状菌丝体结构	表面包裹交织形态	使材料密度更大，增加材料抗压特性；但由于丝瓜纤维被菌丝体部分消化后使其变脆，容易断裂，材料强度需要验证

（三）材料试验

本小节记录了样本菌丝体材料的设计研究与试验的相关数据。首先选择用于本次研究的食用菌菌种，通过对菌丝性状的对比选择平菇用于本次材料培养。下一步进行样品制备：首先从农业副产品、加工废料以及其他废料中选择几种典型的适于作为菌丝体材料培养的纤维素基质材料，然后利用获得的技术支持和场地资源培养材料样本，记录菌丝体材料的生长状态。接下来通过对材料的宏观和微观观察来分析不同纤维素基质材

（a）

（b）

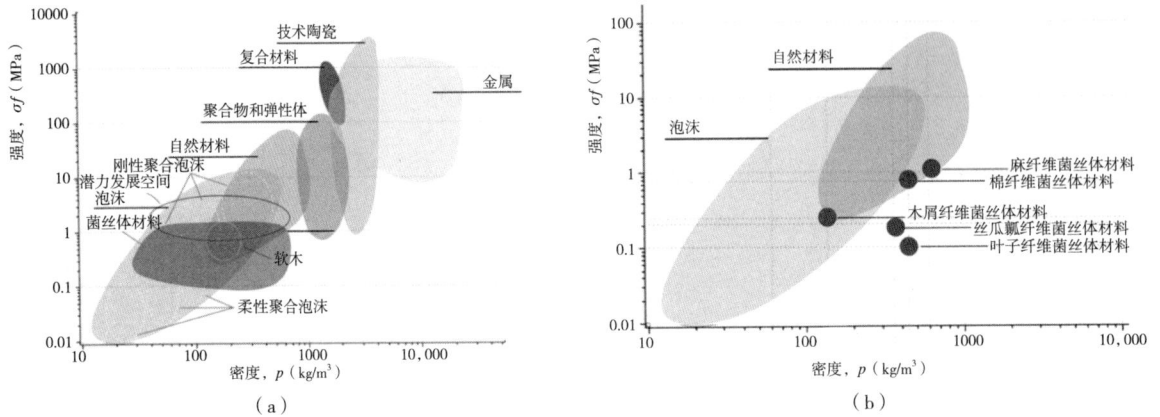

图 1-5-4　ashby 图绘制

材料组成结构图　　　　　　　　　　　　　　　　　　　　　　　　　　　表 1-5-3

	样本名称	材料结构示意图
参照对象	聚苯乙烯泡沫	膨化泡沫　孔隙
试验对象	木屑纤维	木屑纤维　菌丝体基质
	丝瓜瓢纤维	麦麸、玉米芯、豆粕等农作物颗粒　丝瓜瓢夹层　菌丝体基质
	麻纤维	麦麸、玉米芯、豆粕等农作物颗粒　麻纤维　菌丝体基质
	棉纤维	麦麸、玉米芯、豆粕等农作物颗粒　棉纤维　菌丝体基质
	叶子纤维	麦麸、玉米芯、豆粕等农作物颗粒　叶子夹层　菌丝体基质

料对菌丝体结构和形态的影响以及其与菌丝体的结合方式，并猜想这种结构和形态会对材料的力学性能产生什么样的作用。下一步对样本材料进行试验验证，包括材料的密度测试、压缩和抗弯试验，记录样本材料特性，并利用相关文献对菌丝材料的研究结论以及本次试验中研究成果绘制 ashby 图，通过与其他材料性能的对比将菌丝体材料进行功能属性的定义，以对菌丝体材料有一个宏观的了解，并通过试验挖掘材料潜能。通过

ashby 图显示菌丝体材料特性与泡沫塑料中的聚苯乙烯材料更相近，所以选择其作为本次试验的参照对象。将本次材料样本的密度和力学性能进行对比，分析优劣势，并利用试验数据来验证前面的猜想，以便更好地为后面的产品设计应用服务。最后是材料表面处理试验，作为材料研究的一个重要部分，通过对材料表面处理工艺的研究，挖掘材料潜能，可为菌丝体材料提出更多的应用可能性（图1-5-4）。

三、设计应用对象探讨

（一）菌丝体材料应用可能性探究（图1-5-5）

（二）选取应用菌丝体材料

利用材料驱动设计的方法进行产品设计研究需要有目的性地利用试验结论来指导设计输出模型。通过这种研究方法来强调材料在产品设计应用中对产品外观、结构、功能等的重要影响。本次研究的目的是通过对几种菌丝体材料性能的试验研究，选择其中合适的材料进行设计应用探讨。在本次研究中用于设计应用的菌丝体材料的选择需要考虑原材料的易获取性、材料培养的可靠性、材料力学性能的优越性以及材料加工的可行性等；需要考虑现有资源能否满足目前的研究需求，了解设计研究的限制等。

综上要素考虑，最终选择麻纤维菌丝体材料作为本次设计应用的试验材料，其材料获取的便利，更好

		材料性能	应用领域	应用场景
菌丝体材料	文献研究	屈服弹性	缓冲包装	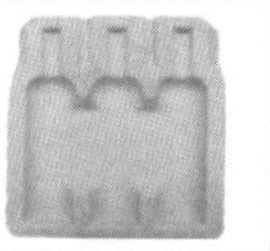
		抗冲击机械性能	护具、机械器件、抗摔产品构件	
		拉伸韧性	仿布料、皮革服装领域	
		防火性能	防火构件、防火产品	
		疏水性	建材、屋顶材料等	
		化学毒物分解性	过滤有毒物质材料	
	试验分析	压缩和抗弯曲性	家具、建筑构件、夹层材料、餐具	
		低密度	海上漂浮产品等	
		多孔性	声音和能量吸收、隔热、吸潮等功能的装修材料	
		材料可编辑性	根据应用需求控制材料特性	

图 1-5-5　设计应用对象浅析

的力学性能和材料表面处理效果，在有限的资源和技术限制条件下，可以在设计应用中使产品外观达到较好的表现效果，降低材料培养的失败风险（图1-5-6）。

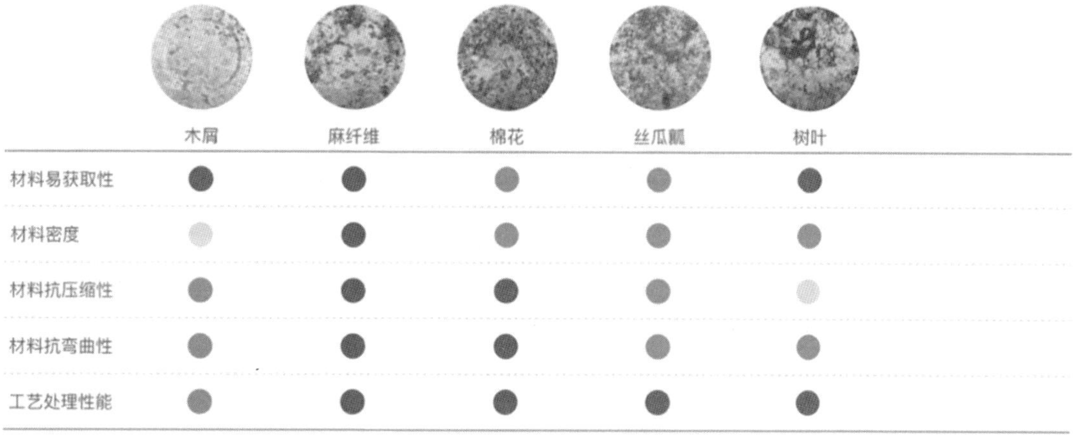

	木屑	麻纤维	棉花	丝瓜瓤	树叶
材料易获取性	●	●	●	●	●
材料密度	●	●	●	●	●
材料抗压缩性	●	●	●	●	●
材料抗弯曲性	●	●	●	●	●
工艺处理性能	●	●	●	●	●

图 1-5-6　材料样本性状优劣性对比

（三）菌丝体材料的产品属性定义

1.菌丝体材料与用户的关系

在本研究中，需尽量保持材料的原本面貌和原始特性，保有菌丝体的自然形态和外观特征，通过用户参与和实践的方法为用户提供原生自然的材料体验和产品情感设计理念。

2.菌丝体材料的生态特性

菌丝体材料来源的多元性和广泛性以及较低的培养难度降低了对该材料生产的地域限制。可以充分利用当地的资源来生产，缓解本地区废旧自然资源所造成的环境压力，利用当地的人力资源进行集中化规模生产，并采用处理好的原材料供应这种方式为个体用户提供个性化 DIY 服务，降低了产品生产成本。

菌丝体材料产品在生产的整个过程中产生极少的碳排放，通过提供原材料和舒适的培养环境，由菌丝体自己生长成型，在生长过程中完全不会产生二氧化碳，大大减少了人工成本。

由于材料本身的生态特性，采取完全利用自然材料来培养和生产产品的方式。在产品生命周期结束后可将其丢弃，被自然降解变成肥料，不会对生态环境造成压力，这也是本次研究的目的和初衷（图 1-5-7）。

四、选取设计应用对象

（一）选取设计应用对象的研究思路

设计应用对象的选择基于本次研究中对菌丝体材料和产品属性的定义。利用头脑风暴过程，将麻纤维菌丝体材料在本试验中表现的功能特性与用户关系和外部环境相结合，进行设计应用发散，并选择其中一

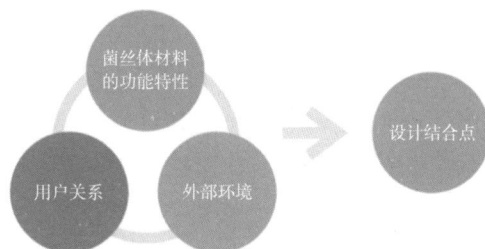

图 1-5-8　设计对象选取思路

种或几种最能展现菌丝体材料特性并与用户直接产生情感联系的应用方式进行设计实践（图 1-5-8）。

（二）确定设计应用对象

菌丝体材料可以为用户提供一种全新的产品体验模式，所以需要创建物质体验愿景，将材料产品置于一个连贯的整体中，使其产生物质关系和情感联系。这是一种有目的性的、参与性的表达产品材料的过程。这种过程的发生对不同空间环境的选择、用户与物质产品在不同的时间产生的多种交互形式都会有不同的表现结果。所以对产品物质形态的表现形式和展现方式的选择是建立用户与产品、环境空间之间的协调关系并更好地帮助用户理解和感知这类新型材料的关键。

人类频繁活动于室内空间环境，室内家具可以满足用户获取对材料直接体验的愿景，家具是室内活动空间中最重要的物质组成，其材料的成分、制作的工艺、外观的形态和颜色等都会对用户行为和情绪产生影响。与此同时，用户对自身生活体验方式和形式的关注与思考也增加了对产品材料的敏感性。

基于以上考虑，运用头脑风暴的思维发散模式绘制思维导图，结合材料的自身特性、室内环境的空间限制以及用户与产品的交互关系，发现设计结合点，选择能够充分发挥材料特性的设计应用对象（图 1-5-9）。

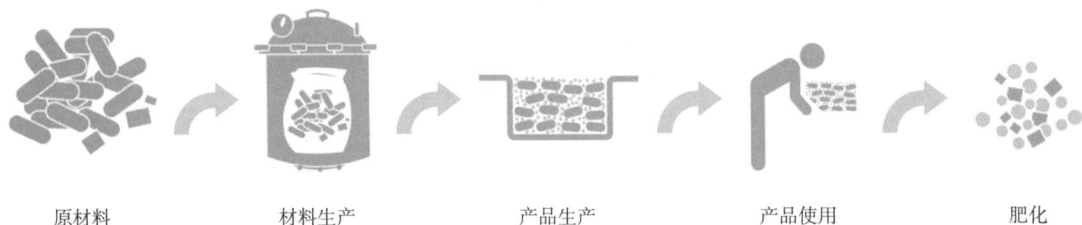

原材料　　　　　材料生产　　　　　产品生产　　　　　产品使用　　　　　肥化

图 1-5-7　菌丝体材料生命周期图示

图 1-5-9 设计结合点头脑风暴

五、基于麻纤维菌丝体材料的系列产品设计

（一）菌丝体材料特性对产品具体形态表现的影响

根据材料性能研究，麻纤维菌丝体材料密度较大，表现了更好的压缩和抗弯曲性能，适合用于对支撑和抗压缩性能要求较高的产品设计。

由于麻纤维菌丝体材料密度不均匀，不适于复杂的加工工艺，最好进行整体性设计，使产品在模具中由菌丝直接自生长成型，所以产品颜色表现为菌丝体与纤维素基质的本体颜色，在棕褐色基质材料表面不均匀覆着乳白色的菌丝体，干燥后大部分表面呈现黄白色，与模具不接触表面质感较粗糙，这是产品整体的外观特征。

菌丝体材料产品需要在模具中生长，在产品生长的过程中，菌丝体通过分解基质将分离的纤维素材料黏合成整体，最后通过脱模完成产品制作，所以产品造型设计需要满足方便产品脱模的要求。虽然菌丝体材料在保持活性阶段有轻微弹性，但过于复杂或很难进行一次性脱模处理的造型会影响产品最终表现效果。

菌丝体材料在脱水灭活处理之后，密度变小，质量较轻，但仍能提供较好的材料强度，所以产品造型设计应尽量突出表现材料轻的特点，控制好与其他材料的应用比例，既能保证产品强度需求，又能让产品轻盈，方便搬移和使用。

由于菌丝体材料干燥后容易收缩变形，所以不太适于形状规则的造型设计，避免出现直线和棱角，应尝试利用曲线大弧度等有机造型，可以搭配纹理设计，打破产品完全的平面，使产品表现更活泼、轻盈、自然。

所以综上所述，影响菌丝体产品形态表现的主要因素为菌丝体与基质材料本身的外观特性、材料的生长特性、灭活后材料性质的变化。

（二）菌丝体产品结构形式的探讨

产品结构设计是实现产品功能的重要环节，对于菌丝体材料这种新兴生态材料，对产品结构形式的探讨可以帮助最终产品设计实现应用可靠性。

由前面的研究可知，麻纤维菌丝体材料密度不均，密度较小导致材料加工性质较差，所以菌丝体材料与其他材料的结合形式、结构方式需要详细的分析和设计。

在木材类产品设计中，与其他材料的主要接合形式包括机械连接、胶或树脂的接合、嵌入式接合、螺钉、包裹接合、卡槽、缠绕编织、搭接、榫卯。需要探讨以上接合形式中对第二类材料性能的要求，以找出适合菌丝体材料与木材的接合方式（图 1-5-10）。

根据菌丝体材料性质以及木材的主要加工方式，探讨可行的结构处理方法。由上可知，机械连接、编织形式、螺钉固定和材料穿插结构形式对材料的密度、强度要求较高，对材料有一定的破坏性，且需要对材料进行切割处理，所以不太适用于菌丝体材料的处理。而其他不需要对原材料进行处理的结构方式都能作为可行方案。

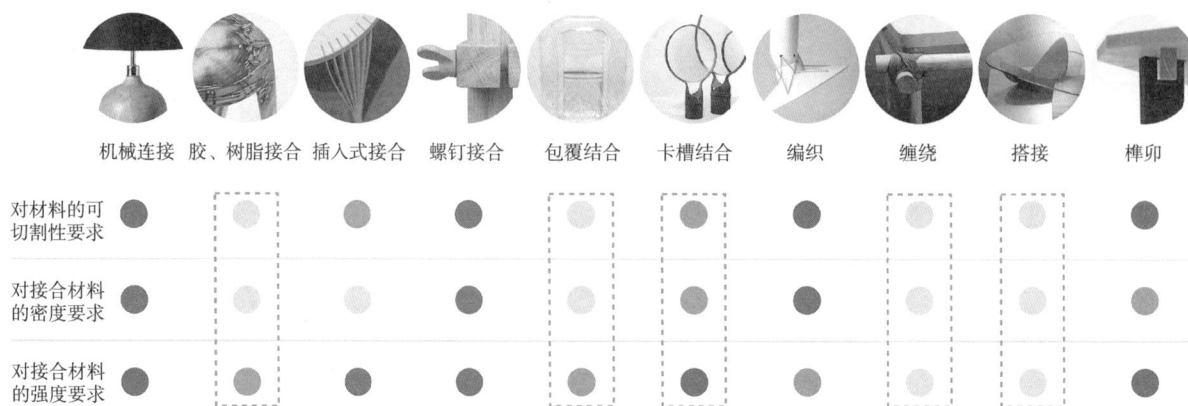

	机械连接	胶、树脂接合	插入式接合	螺钉接合	包覆结合	卡槽结合	编织	缠绕	搭接	榫卯
对材料的可切割性要求	●	●	●	●	●	●	●	●	●	●
对接合材料的密度要求	●	●	●	●	●	●	●	●	●	●
对接合材料的强度要求	●	●	●	●	●	●	●	●	●	●

图 1-5-10　木材常见结构形式对其他接合材料的要求分析

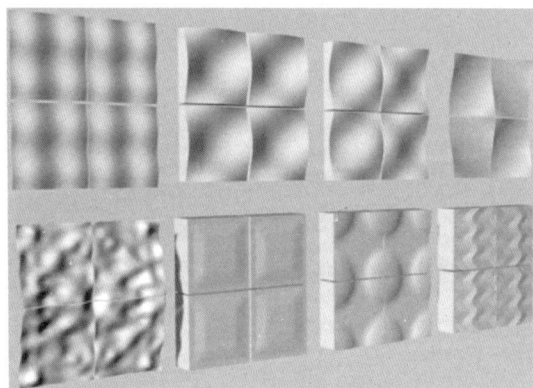

（a）

（b）

图 1-5-11　设计语言纹理探究

（三）设计发散

在草图发散过程中，应考虑到产品设计的整体风格特征，材料特性对产品形态的局限性，以及可行的结构方式、座椅、灯具、墙面装饰等产品的造型语言。

在纹理探究过程中（图 1-5-11），主要基于纹理实现可行性，其纹理应用于其他部件的适宜性，纹理模块拼合成形的规律性，以及能否突出材料性能。从以下几个方面进行详细探讨，规则形态和不规则形态、有机曲面

和棱角平面。由以上可得，根据菌丝体灭活后材料变形性质，产品不适合棱角明显以及规整的形态设计，所以重点考虑有机形态，由于过于不规则的形态在拼合后不能体现其整体性以及很难应用于产品设计语言中，因此，最终的方案既有系列产品设计语言的通用性，又能突出菌丝体材料自然特性，弥补材料变形的缺点（图 1-5-12）。

六、小结

本次研究的菌丝体材料是一种新型生态材料，其应用潜力很大，对于未来生态材料的发展以及人们的生活形式都会有很大的影响，甚至会成为生活中不可缺少的一部分。

本次研究重点在于材料、材料形态的研究以及材料应用的探讨，需要以一种可行的设计方案来验证材料研究的价值，所以其设计输出必须落地，做出产品实物，这便加大了产品设计的难度。因为之前的材料培养都是基于小面积形式试验，最后产品需要做成 1：1 的比例，其中需要考虑很多因素，包括模具分模方式的探讨；菌丝材料对于产品的包裹；菌丝体生长不紧密的问题等。还有一些不可控的因素，包括接种的菌丝体是否处于生命力最顽强的状态；菌丝体在生长过程中是否受到杂菌的干扰等。期间，如果培养环境没有达到菌丝体生长最适宜的条件也会影响其生长。所以，虽然最终产品是对之前材料研究的价值呈现，但其生长过程以及呈现的形式仍然处于探究中，需要总结经验不断地改进和试验。

（a）

（b）

图 1-5-12 实际效果图

本章结语

　　本章主要以节肢动物、水上植物、猫科动物、沙丘形态、菌丝为例，详细阐述了基于"第一自然"——"自然形态"的研究与应用。研究过程采用了多种研究手法，如：观察法、类比法、跨学科研究法、模型推导法、实验验证法等。与此同时，注重跨学科研究，融入了部分生物学、机械力学、空气动力学、风沙地貌学、植物学、几何学、力学、计算机科学等学科知识，通过学科交叉弥补了设计学知识的不足，确保了研究的科学性与完整性，并为设计应用提供了更多契机。这些研究案例摒弃了从具体实用目的着手的设计研究模式，也不同于理工科从科学到工程的转化思路，而是运用设计形态学的思维与方法，从原形态研究着手，注重研究的过程性与实验性，并在验证过的研究成果上进行设计应用创新，最终服务于广大用户。

　　万物存在必有其合理性。经过亿万年的变化与更迭，"自然形态"的进化已十分合理，且非常智慧。即便在科学技术如此发达的今天，人类对"自然形态"的认知仍非常有限。况且在"第一自然"中还有数量极其庞大的未知自然形态，这些形态甚至根本看不见、摸不着，但却实实在在地存在于我们周围。目前，课题组逐渐加深了对生物形态和非生物形态的研究，希望能借此进一步揭示"自然形态"生长成因和其中奥妙，以促进"设计形态学"的深入研究和快速发展。

第二章

第二自然

第一节　基于新材料的建筑表皮形态设计研究
第二节　基于品牌延展下的新产品形态设计
第三节　基于阿恩海姆视知觉理论的通感设计形态研究
第四节　基于温差发电技术的研究与应用设计
本章结语

哲学中，把经过人类改造的自然称为"第二自然"。因此，设计形态学中，"第二自然"的核心就是"人造形态"，指为方便或达到某种生活、生产等人类活动及社会活动需求而产生的形态，是一种"以人为本"的设计形态。人造形态可分为不同种类，譬如艺术形态注重人的精神情感；产品形态强调人与物的关系；而机械形态则聚焦物与物的关联与传动等。与此同时，随着社会文明的不断前进，影响"人造形态"的因素也在不断增加，诸如政治、文化、艺术等。

抚今思昔，"人造形态"的创新与发展无不伴随着科学技术的进步。而今，随着人工智能技术、新材料和新工艺的涌现，"人造形态"研究也已达到前所未有的新高度。如：设计师珍妮·基特宁（Janne Kyttanen）的作品"躲避坐凳"（Avoid Stool）和"赛多纳桌"（Sedona Table），运用新技术塑造出错综复杂的菱格孔状结构，并使用金属增材制造技术制成。（图2-0-1）此外，还有华为首席设计师雷汉·尼尔（Mathieu Lehanneur）等，他们善于运用新的科技手段将自然与艺术结合，创造令人惊叹的工业产品（图2-0-2）。

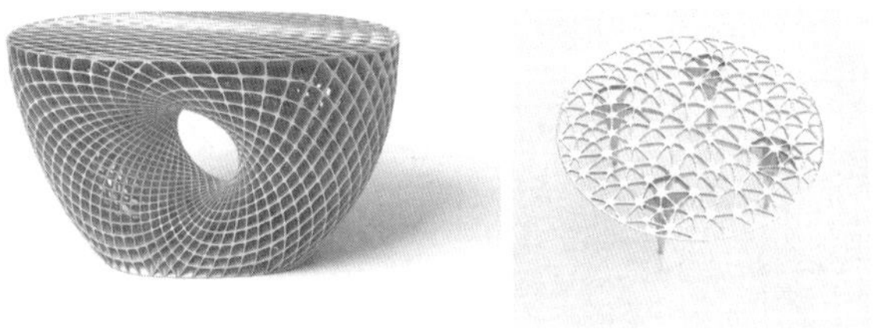

图 2-0-1 "avoid stool 躲避坐凳"和"sedona table 赛多纳桌"[1]

图 2-0-2 Mathieu Lehanneur 的设计作品[2]

"人造形态"亦包括建筑形态的研究。在建筑大师辈出的今天，从 Peter Eisenman 的"弱形式"到 UN Studio 的"流动力场"、MVRDA 的"数据景观"、NOX 的"软建筑"、FOA 的"系统发生论"、伊东丰雄的"液态建筑"，甚至是渡边诚（Mako to Sei Watan abe）的"诱导城市"[3]等，都体现着建筑形态从最初仅需满足简单居住功能，到今天集多种意义于一身。

正在此刻，科学技术影响下的建筑形态学正向着参数化设计方向发展。扎哈·哈迪德事务所合伙人帕特里克·舒马赫（Patrik Schumacher）将建筑形态学主要分为四类：折叠形态学、仿生形态学、集群形态学、建构形态学，并认为"在参数化符号学支撑下的参数化主义必将成为主流，承接历史，展望未来"。

浩瀚的历史长河中已经证明，人类的智慧是无穷无尽的，因此，人造形态在未来的发展必将不可想象。本节以基于新材料的建筑表皮设计、基于阿恩海姆视知觉理论的通感设计形态、基于品牌延展的新产品形态设计研究、基于温差发电技术的研究与应用设计为例，介绍课题组近几年关于"人造形态"的设计研究成果。

① 图片来源：http://www.cbda.cn/html/jd/20151203/77148.html
② 图片来源：http://www.mathieulehanneur.fr/works
③ 任军. 当代建筑的科学观 [J]. 建筑学报，2009（11）:6-10.

第一节　基于新材料的建筑表皮形态设计研究

近些年，随着材料的多样化及创新工艺和技术的应用，建筑表皮作为建筑整体的一部分，变得越来越重要，且各式各样的建筑也在城市中树立起来。但这些"花样繁多"的建筑及建筑表皮是否是人类社会和谐发展真正需要的？现在建筑表皮及建筑表皮材料普遍有哪些缺点和不足？建筑表皮究竟需要具备哪些特点、承载哪些功能呢？在能源与环境问题被高度重视的今天，最大限度地节约资源、保护环境、减少污染，提供适用且高效、与自然和谐共生的多功能建筑表皮，是当下迫切需要的。

本研究旨在利用新材料和新技术，通过设计实现功能整合，设计出具有绿化、照明、保温、空气净化等多功能一体化的建筑表皮模块，解决现有建筑表皮及材料出现的问题，如不保温、重量大、易剥落、成本高、相似性高、旧建筑翻新方式单一等，推敲出合理的解决方式，并在此基础上进行造型外观的多样化设计。

一、基于材料和功能的建筑表皮设计研究

"建筑表皮，指的是建筑和建筑的外部空间直接接触的界面，以及其展现出来的形象和构成方式，可以泛指一切形式的建筑表面形态，或称建筑内外空间界面处的构件机器组合方式的统称。"[①]"苏黎世模型"的理论观点认为：建筑的形式是形成建筑的手段与结果，与建筑的三组因素有着直接的关系——基地与场所、功能与空间、构造与材料形式，是这三对关系相互作用后生产的结果。而形式自身包括形状、尺寸、材料、构造方式和光，其中最基本的形式要素就是材料。

物质材料的组合、构造方法以及技巧，是建筑造型的主要技术要素。一种新材料的运用，会使建筑的形式与样貌发生并发展出各式各样的变化。除此之外，功能的复杂性也会对建筑表皮的形式产生由内而外的作用。而功能主要体现在对人的生理、心理以及行为需求三方面，而人对建筑表皮的需求归结为一点，就是优化室内外环境，具体来讲，包括亲近自然、净化空气、赏心悦目、照明、调节室内光线、便于分辨相似建筑等。

二、煤矸石空心球多孔陶瓷材料研究

（一）材料介绍

新材料和新技术是解决建筑表皮问题的重要因素。本次设计选用的煤矸石空心球多孔陶瓷材料，是由清华大学材料学院研制出的一种制备空心陶瓷微珠的方法与装置制作而成的。该方法与装置对于各种材料体系的陶瓷粉具有普适性，包括煤矸石、粉煤灰、尾矿等废矿。这些废矿不仅堆积占地、导致水体污染和土壤破坏，还会自燃、污染空气或引起火灾，一定条件下会发生爆炸，诱发山体崩塌与滑坡。这种发明能使空心微珠坯体具有良好的粒径分布，且粒径和壁厚可通过改变操作条件进行调整；产品强度高、制备工艺简捷、生产效率高、操作控制方便，适合规模化工艺生产。

煤矸石空心球多孔陶瓷材料是一种发泡陶瓷材料（在此指广义陶瓷），它的化学性质稳定，有较强的耐蚀性，具有保温防火、重量轻（$1m^3$重量约200~300kg）、一定密度下强度高、与水泥粘合剂结合性强、成本低等特点。[②]此材料是由一定比例的浆料经浇铸、干燥、脱模、烧制而成，之后还可进行形态的

① 倪欣，兰宽，田鹏，刘涛. 建筑表皮与绿色表皮 [J]. 绿色建筑，2013（3）:6-9.
② 沈海泳，王珊珊. 陶瓷艺术在城市景观设计中的应用 [J]. 陶瓷科学与艺术，2011（7）:22-24.

二次加工，也可在材料表面覆加图案。本次设计将最大化地利用材料特点，将此材料运用于建筑表皮领域，通过设计形成丰富实用且绿色环保的多功能建筑表皮。

设计前期查阅了相关的基础建筑规范，在现有建筑规范中并未涉及相同或相似材料，只能参考混凝土、砌块、保温材料等相关内容用于指导设计。这说明煤矸石空心球多孔陶瓷材料在建筑表皮领域属于新材料，相关规范还需要进一步的制定和完善，同时也说明其拥有广阔发展前景。

（二）材料特性

下图是煤矸石空心球多孔陶瓷材料在烧制过程中的特性变化示意图[①]，从图 2-1-1、图 2-1-2、图 2-1-3 中可看出，随烧结温度升高，表观密度及抗压强度均逐渐降低，而吸水率则先降低后出现小幅度升高；从图 2-1-4 中可看出，多孔陶瓷材料的热导率随着表观密度的降低而明显下降。由图表得出：此材料保温性能越强，则密度越低、抗压强度越低、吸水率也越低。

煤矸石空心球多孔陶瓷材料作为一种陶瓷材料，具有高熔点、高硬度、高耐磨性、耐氧化等优点[⑥]。加上陶瓷微珠空心的特点，又具有保温和质轻的特性。同时，由于材料和水泥砂浆等胶粘浆料结合性极强，非常利于与建筑外墙的结合。综上所述，煤矸石空心球陶瓷材料具有保温防火、质轻高强、与水泥砂浆结合性强等特点。

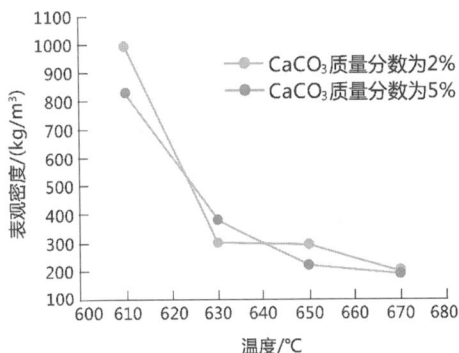

图 2-1-1　表观密度随烧结温度的变化曲线[②]

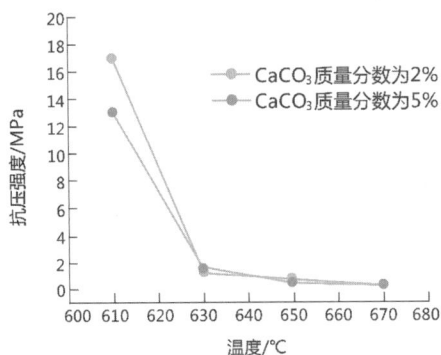

图 2-1-2　抗压强度随烧结温度的变化曲线[③]

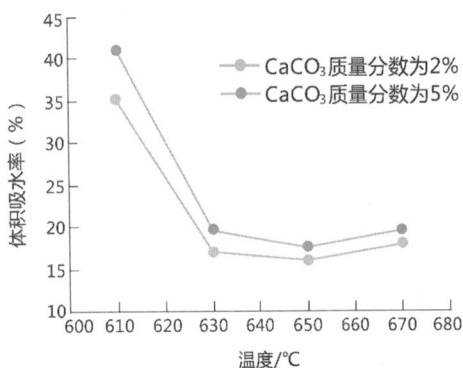

图 2-1-3　平均体积吸水随烧结温度变化曲线[④]

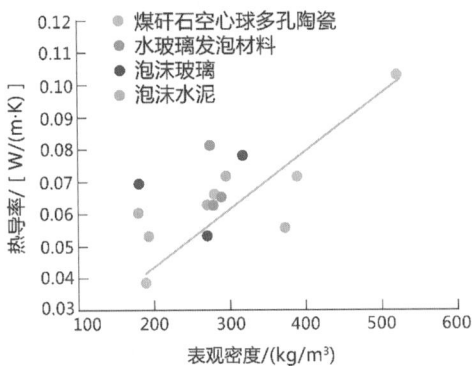

图 2-1-4　不同多孔陶瓷材料表观密度对其热导率影响[⑤]

---

① 吕瑞芳，苏振国，刘炜，杨金龙 . 煤矸石空心球多孔材料的制备及性能研究 [J]. 机械工程学报，2015，1（2）:71-77.

② 同 1

③ 同 1

④ 同 1

⑤ 同 1

⑥ 沈海泳，王珊珊 . 陶瓷艺术在城市景观设计中的应用 [J]. 陶瓷科学与艺术，2011（7）:22-24.

（三）在建筑中的应用

当前煤矸石在建筑中主要的应用方式是制作煤矸石砖。煤矸石砖是利用未自燃的煤矸石与粘结料生产而成的，代替了黏土砖，从而减少了土地浪费，并且更加耐压、抗折、耐酸碱腐蚀。还可生产煤矸石多孔砖，能起到很好的保温节能作用（能达到国家建筑节能50%的要求）[1]。除了作为建筑用砖，煤矸石还可与水泥结合，黏土岩类煤矸石加热到700℃左右时会具有火山灰活性，可与水泥中的碱性物质反应，生成胶凝材料，改善水泥基建材料的各项性能[2]。并且可以与水泥水化产物强力粘结，降低混凝土的自重，作为轻骨料使用，同时降低成本。煤矸石还可作为原料来开发微晶玻璃、制作砌块、矸石棉、水玻璃、陶粒、耐火纤维材料及筑路和填充材料等，在建筑行业应用十分广泛[3]。而这些方式均没有把煤矸石的功能最大化。

空心球多孔陶瓷（煤矸石）材料作为重新加工利用的绿色环保材料，具有保温防火、质轻高强、与水泥砂浆结合性强、耐久性强、一定条件下可蓄水等的特点，非常适于用作建筑表皮材料。不仅成本低、耐久性高，且符合国家规范标准，能够代替现有的保温材料。将其用作建筑表皮的材料，能够最大化地利用其特点。对材料进行造型设计，可形成丰富实用且绿色环保的多功能建筑表皮。

三、设计过程与推敲

（一）设计立足点

利用煤矸石空心球多孔陶瓷材料，可解决现有建筑表皮出现的一些问题。现有的建筑表皮的问题主要有以下几点：1. 不美观。国内的现代建筑，除去一些标志性建筑外，大部分不够美观，尤其是对建筑表皮的设计比较欠缺。2. 辨识度低。众多建筑从外形看非常类似，

例如：同一小区内的住宅、学校内的教学楼和宿舍楼、医院、写字楼，等等。我们无法依据建筑本身的外观去区分建筑，只能依靠大楼顶端的牌子或楼号来辨别。3. 墙体易剥落。建筑外墙因剥落而砸伤人的事件频频发生，许多地方建筑法规已明确规定不允许在高层建筑使用贴瓷砖的方式来装饰建筑立面。4. 墙体装饰面厚重。大理石、水泥等作为建筑立面挂件，自重非常大，在施工及安全等方面均有缺陷。5. 色彩相近。国内建筑大多以灰色调为主，部分瓷砖立面或涂料立面会有一定的色彩变化，但依然无法跳脱出棕红色、米色、灰色、蓝黑色等色系。以玻璃幕墙为主的建筑表皮颜色更加单一。6. 保温性差。现在建筑大多在立面墙体内使用保温材料，而建筑表皮与保温性能并无关系。以玻璃幕墙为主的建筑，即便使用中空夹层玻璃或镀膜玻璃，效果很有限，而镀膜玻璃成本也很高。

所以希望可以利用煤矸石空心球多孔陶瓷材料的特性，设计出绿色环保美观的多功能建筑表皮，解决现有建筑表皮的各种问题。

（二）本材料的优势及特色

煤矸石空心球多孔陶瓷材料用作建筑表皮，具有很多优势。由于它使用浆料烧制而成，所以形态的可塑性强且变化丰富，可以做出各式各样美观的建筑表皮。1. 因为造型丰富，且材料表面还可附加颜色及图案（可以仿制其他材料的纹理），所以能够使建筑的辨识度大幅提高并且解决国内建筑整体颜色相似的问题。2. 材料自重非常小，并且与水泥砂浆的结合性极强，加上干挂件等安装结构，可以有效避免墙体易剥落和装饰面厚重的问题。3. 材料强度高，有利于负荷一定的绿化、照明、空气净化等功能设施。4. 材料因为空心的特点，所以保温性能好，且防火，可以替代现有的建筑保温材料，并且解决现有保温材料防火等级低的问题。5. 材料中空心球的大小、壁厚均匀，使得块体的受力、密度

---

① 惠婷婷，王俭. 煤矸石砖在生态建筑中应用的市场潜力 [J]. 环境保护与循环经济，2010（8）：65-67.
② 刘宁，刘开平，荣丽娟，等. 煤矸石及其在建筑材料中的应用研究 [J]. 混凝土与水泥制品，20129（9）：74-76.
③ 孙峰. 煤矸石在建材生产中的应用及材料特性 [J]. 建筑，2012（12）：70-72.

也更均匀，性能也更加稳定。而密度高的材料还具有可蓄水的特点，便于表皮绿化及灌溉。其耐腐蚀的特性能够良好地适应各种天气，不会随之发生化学反应。6.从成本来看，此材料使用废矿加工，由于废矿储量极大，并且没有非常有效的重新利用方式，所以材料的成本很低。7.原材料是煤矸石等废矿，可以有效解决环境污染、堆积占地等迫在眉睫的环境问题，节约资源且变废为宝，利于社会的可持续发展。

因此，煤矸石空心球多孔陶瓷材料非常适于用作建筑表皮材料，不仅节约资源、减少污染、降低成本，还能提升性能、实现功能整合，解决现有建筑表皮的各种问题，拥有广大发展前景。

（三）与材料相关的造型设计方法

课题组成员在《造型设计基础》一书中提到，"美表现在许多不同的方面；如：形态美、结构美、材料美、工艺美等"。其中"材料"是造型的关键因素。在人工形态的造型设计中，材料、加工工艺、结构、功能以及部件连接点，都是需要考虑的因素（图2-1-5）。而形态对材料有支配作用，材料对形态也存在着制约。材料包括材形（表面特性）与材性（隐藏特性），材形确定了形态的特征，而材性对形态的影响更大，不同的材料其材性便不同，相同的材料改变了材形，材性也会发生变化。能否充分利用及发挥材料的材形与材性的特点，

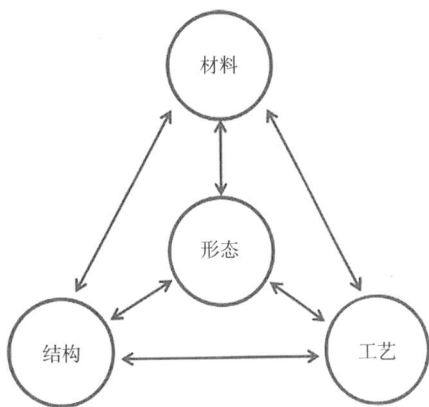

图2-1-5　造型的系统

是鉴别形态设计好坏的一个重要标准。充分了解材料的特点，才能够更好地设计形态。同时，材料也受到工艺的影响，最终影响形态效果。所以形态、材料、工艺是相互依存且相互制约的关系，想要更好地把握形态，就需要综合考虑材料、工艺、结构等多重因素。

（四）本材料与造型的特性研究

煤矸石空心球多孔陶瓷材料从材形来讲属于块材，块材的共性是承力好、稳定性强、质量重（相对而言）。立体形态的设计包括单独设计和组合设计两种方式，单独设计可以采用变形、叠加、切削等方式；组合设计可以采用嵌入、贯穿、插接、排列以及单元造型法。块立体的造型方式包括单元形态的组合、立体形态的分割以及有机形态的造型[①]。其中单元形态的组合有利于大规模生产，便于运输安装，非常适用于本材料的建筑表皮设计。而立体形态的分割能够使造型更为丰富独特，有机形态的造型更为流畅优美有生机，都是在本设计当中可以尝试的造型方式。

材料的材性包括物理性能、化学性能以及带给人的心理感受。煤矸石空心球多孔陶瓷材料从材性来讲属于广义陶瓷的一种，它的化学性质稳定，有很强的耐蚀性，硬度高、耐磨但韧性较差，熔点高，抗氧化能力强，有较好的耐热性。可以通过可塑成型、注浆成型、压制成型等坯料成型方法。一般陶瓷在烧结成型后很难再进行加工，但是煤矸石空心球多孔陶瓷材料略有不同，它的空心多孔特征，使得它在烧结成型后也可通过CNC进一步加工。由于制作陶瓷的材料来自黏土，所以会给人古朴、厚重的感觉；而坚硬、常温下不变形的特点，又给人以永恒感和坚实感。煤矸石空心球多孔陶瓷材料也同样带给人这些心理感受，与狭义的陶瓷不同的是，煤矸石空心球多孔陶瓷材料块体由于其多孔空心的特点，带给人的易碎感与脆弱感相对较小。但是同时，多孔空心与韧性差的特点使其造型无法出现极尖的锐角或极精细的造型处理，适合相对起伏较小且较为整体的造型语言。

---

①　惠婷婷，王俭.煤矸石砖在生态建筑中应用的市场潜力 [J]. 环境保护与循环经济，2010（8）：65-67.

煤矸石空心球多孔陶瓷材料本身颜色为米白色或灰白色，可在材料表面加印图案。以材料本色作为建筑表皮带给人的整体感受较为质朴厚实，可以充分衬托表皮的绿化及照明，造型多以整体效果来体现；而在表面加印图案，能够使造型元素更加丰富，视觉效果更加强烈，增加了表面处理的层次及细节。这两种方式均有自身的特点。

通过查阅大量的国内外优秀建筑表皮设计，总结归纳其造型特点：一些变化丰富、具有"参数化"效果的建筑表皮，往往只由1~3个模块组合排列而成，以最少的模块数量变化出最多的组合种类，同时可以降低成本和工艺难度，便于生产和安装。然后从平面效果着手设计，得到的模块造型稍显单薄、与功能的结合不够完善。之后改为从立体形态出发、结合手工模型及电脑三维软件建模等综合的造型设计方式。同时，对设计方向进行了细分，在建筑分类中，选取了常见且差别较大的住宅建筑、文教展览建筑以及办公建筑作为三个典型的设计方向。

在此基础上，对功能进行了详细的研究。功能主要选取了绿化及空气净化、照明、调节室内光线几个方面，分别对应三类建筑。其中，绿化主要通过雨水收集并辅以灌溉用水，以电控方式灌溉；空气净化主要根据Andrea生物空气净化器的工作原理（利用植物枝叶及根部净化空气），在表皮内部设置整体模块，方便安装与更换；建筑表皮整体和局部的照明主要通过LED灯来实现；调节室内光线主要通过改变模块排列方式来实现，需要利用可调式支架（任意方向移动）和直线导轨（水平方向移动）等装置，并根据日照强度通过电控装置来控制移动方式。

在功能完善之后，主要考虑方案的细化。包括模块的尺度；遇到建筑的阴角、阳角以及封顶和接地的衔接问题；功能与造型的结合；具体的安装方式和结构等。经过反复修改，最终得出较为完善的设计方案。其中，安装方式和结构经过多次调整，因为所用材料与普通石板或陶瓷板不同，属于轻质发泡材料，表面并不光滑，厚度较厚，但质量较轻，与水泥粘合剂有很强的结合性。所以最终选取钢架+锚栓+水泥粘合剂的安装方式。

四、设计成果与应用

（一）设计概念及预期效果

通过调研，发现当下建筑表皮存在各种各样的问题。经过查阅资料和分析问题，寻找到了一种运用新的技术和工艺加工制成的煤矸石空心球多孔陶瓷材料，更加适合作为建筑表皮材料使用，能够解决当前建筑表皮墙体剥落、成本高、保温性能差、与功能脱节、不够丰富美观、普适性差等问题。环保是当今世界的主题之一，煤矸石的重新利用不仅解决了大量煤矸石作为伴生废石的堆积占地污染等问题，还有效弥补了现有建筑保温材料的不足，同时能降低材料成本。由于煤矸石空心球多孔陶瓷材料具有保温防火、质轻高强、与水泥等黏合剂结合紧密等特点，可以采用一体化、模块化的方式，有效结合绿化、照明、保温、空气净化等功能，然后进行造型设计，最终得到丰富的建筑表皮。

从材料特性出发，综合考虑功能需求、造型设计、安装方式及结构、相关标准及法规、安全性等多重限制，使用模块化和一体化的设计方式，设计出适用性广、有丰富效果的多功能建筑表皮（图2-1-6）。

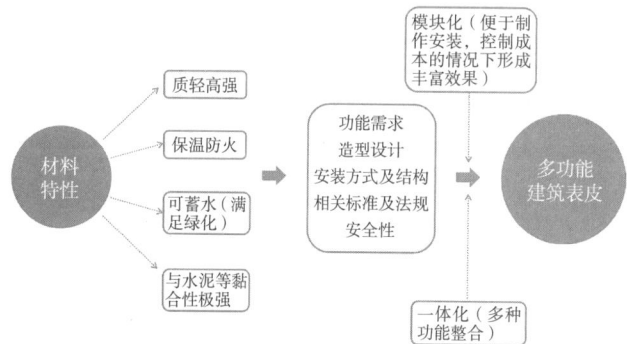

图2-1-6　设计框架

基于对煤矸石空心球多孔陶瓷材料的研究，结合绿化、照明、保温等多功能的环保建筑表皮模块化设计。旨在利用材料的特性，挖掘材料的更多功能，结合工艺与生产，将新材料进一步运用到建筑领域，将工业废料有效转化为建筑材料，最终设计出有效的建筑表皮模块，从而改变当下建筑较为单一的外观。最终呈现的方式预计分为四部分：1：1大小的模块展示、几组小型方案的展示、材料展示、整体效果展示。

（二）设计探索

在设计前期，对国内外建筑表皮进行了一定的了解，对其造型进行了学习，总结出一定的规律特点，并开始尝试初步的建筑表皮设计。从现有的建筑表皮中可总结出：一些变化丰富、具有"参数化"效果的建筑表皮，往往只是由2~3个模块组合排列而成，这些模块多属于中心对称图形，这样可以用最少的模块数量变化出最多的组合种类；大部分建筑表皮都选择了模块化的方式，即使是真正的"参数化"表皮，也尽量归纳为有规律的部件组合与拼接，以降低成本和工艺难度。这些方式都不妨碍模块化的建筑表皮变化出丰富多样的表皮形态。所以，模块化是一种建筑表皮较为适用的设计方式，它可以降低成本、便于生产和安装、变化丰富，且同样适用于煤矸石多孔陶瓷材料的建筑表皮设计。

从材料来看，现在的建筑大多选择玻璃、混凝土以及金属作为主要表皮材料，材料种类相对简单，变化集中在形式上。不同的材料，选择的安装方式也不尽相同。玻璃大多与金属配件结合，使用驳接爪进行安装固定；大理石等石材也与金属配件结合，使用干挂件与墙体进行安装固定；混凝土或砖石材料大多通过水泥等黏结剂与墙体结合。煤矸石空心球多孔陶瓷材料选择使用水泥或有机黏结剂等与墙体固定，同时根据需要辅以金属结构配件进行加固。

前期进行了表皮设计的初步尝试，主要针对之前总结的现有建筑表皮的造型特点，从中心对称图形以及图形的排列着手，对表皮造型进行推敲，同时结合绿化和照明的功能。但是并没有达到预期效果，造型的出发点稍显单薄、对材料的利用不够充分、与功能的结合不够完善、造型也不够美观丰富、对安装方式及结构的考虑也有些欠缺。通过初步的设计尝试，发现平面化的图案拼接不应该是本次设计的方向。以材料为基础，以功能为出发点，进行合理的形态设计，才是本次设计应该把握的要点。

（三）功能设计

功能设计主要包括绿化、保温、照明、空气净化、

调节室内光线等部分。其中，绿化主要通过雨水收集并辅以灌溉用水，以电控方式灌溉（图2-1-7）；建筑的保温主要通过材料本身实现；建筑表皮整体和局部的照明主要通过LED灯带来实现；空气净化主要根据Andrea生物空气净化器的工作原理（利用植物枝叶及根部净化空气），在表皮内部设置整体模块，方便安装与更换（图2-1-8）。

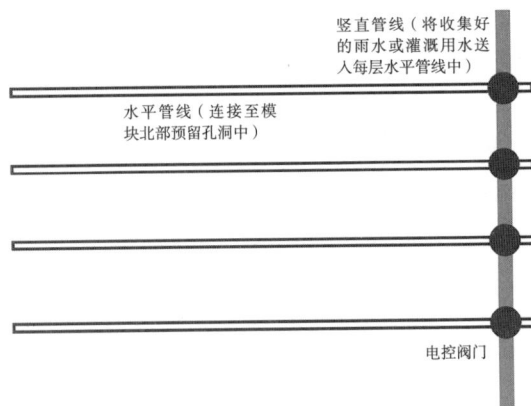

图2-1-7 绿化灌溉方式示意图

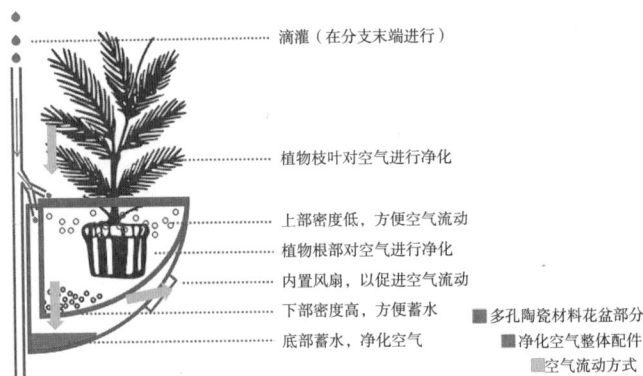

图2-1-8 内置空气净化装置结构图

（四）造型发散

在功能及初步尝试的基础上，利用材料特点，进行第一阶段的造型发散（模块背面采用透空的方式，便于空气净化配件的放置和表皮模块的安装）。安装方式可采用水泥等粘结剂与干挂件结合的方式。方案一中，将传统陶瓷造型元素与本材料进行结合，造型中的"圆形"有"呼吸的嘴巴"的感觉，用于放置植物；在曲线的凹槽内放置LED照明，光线会按照曲线的粗细及方向的变化发生多次反射，呈现出明暗变化的灯光效果，

同时展现出一定的表皮形态，并为周围的植物进行照明。这组设计不仅考虑了平面中表皮的设计，也考虑了转角及曲面的表皮造型，可以运用于多种形态的建筑墙体。方案二中，增加了表皮模块净化空气的内置装置。为了使表皮模块的造型更为丰富，空气净化装置的形态选取了较为简洁、普遍、易于放置的半圆形和长方形，并且便于批量生产。同时对空气净化装置的风扇也进行了一些造型发散。方案三中，从顶面、正面、侧面都对表皮模块设计了造型的变化。设计从整体排列效果出发，通过曲线的变化营造出一种韵律感。整体形态更接近自然，与植物有机结合；又不失现代工业的元素，便于规模化生产。在此阶段，进行了大量的设计发散，为之后的设计做铺垫。

（五）模型制作

对第二阶段筛选出的较优方案开始进行第三阶段手工模型及电脑模型的制作，旨在通过立体模型对造型进行进一步的探讨。在此阶段的模型制作过程中，主要解决设计、草图与立体模型之间的统一及调整的问题，对最初的构思进行具体的实现以及形态的修正。通过模型的手工制作、电脑渲染，筛选出从造型到安装结构等各方面更优的方案并进行下一步的模型细化工作。第三阶段电脑渲染图主要对方案的墙面排布做初步的效果展示以及同一组模块不同排列形式的效果展示，以便于筛选和改进方案，并渲染了部分效果图。

在这一阶段的设计及模型制作过程中，逐渐将方案分成三个方向：住宅建筑表皮、文教展览建筑表皮以及办公建筑表皮。这三类建筑的使用频率相对更高，并且更有代表性。住宅建筑与人最为亲近，是人类居住和生活的主要空间。住宅建筑对环境的要求最高，体现了人类追求自然的天性。所以住宅建筑表皮的设计方向主要包括绿化功能、空气净化功能，在造型上采用有机形态，使得与人更贴近。文教展览建筑种类繁多，包括剧院、博物馆、图书馆等。这类建筑相对住宅建筑来说，对绿化及人的亲近程度的要求均不高，而是对灯光等要求更高。所以文教展览建筑表皮的设计方向主要为照明功能，在造型上更显庄重及气势，与住宅建筑表皮相比，

形态更加规整。办公建筑是除了住宅建筑外，另一类人类使用时间较长的建筑。城市之中高楼林立，大量的写字楼等办公建筑。由于写字楼大多为高层建筑，且建筑使用时间长，使得不同楼层及不同时间室内空间的日照程度远远不同。所以办公建筑表皮的设计方向主要为调节光照的功能，在造型上也较为简洁整体。依据这三个设计方向，在此阶段进行有针对性的造型设计，既满足整体的功能需求，又满足人的生理及心理需求。

以下为住宅建筑表皮方案的模型制作尝试，主要采用有机形态，并考虑绿化及空气净化功能。

下图这两组方案相比，第一组模块间的空隙，使得表皮更具透气感，相比较第二组则略显拥挤，但第二组的形态通过改进后更加的饱满圆润、韵律感更强（图2-1-9）。

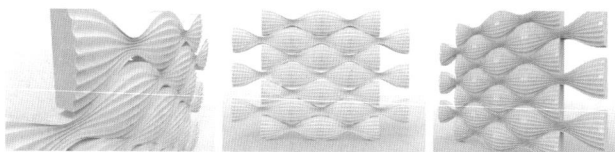

图 2-1-9　模型渲染效果图

下面这组方案已经设计好安装连接结构，用金属榫卯＋水泥砂浆的方式安装。模块间的区别是前面所带"花盆"结构的大小不同，通过对不同模块有序或随机的排列，可形成不同的表皮整体形态（图2-1-10）。

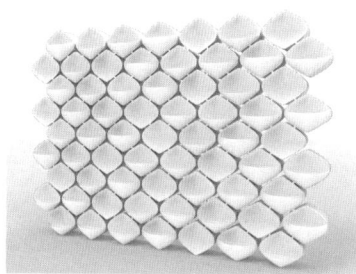

图 2-1-10　建筑表皮整体形态

（六）最终方案

1. 住宅建筑表皮模块

方案一：住宅建筑表皮模块

造型特点：有机形态（与人亲近）；

功能：绿化、净化空气（人类追求自然的天性、环境问题）；

模块尺寸：约 80cm×34cm×30cm（因模块形状不同，尺寸略有不同）；

排列原则：随机排布或组合排布；转角、封顶、接地使用同材料长方体模块；模块上下留有空隙（约30cm）；可在窗口种植较多植物；

安装方式：钢架＋锚栓＋水泥粘合剂；

设计说明：模块为基础模块和花盆模块的组合。基础模块朝上朝下均可使用（两面均设有预制槽，使用时选择性凿开）。植物种植在花盆模块上层，空气通过植物枝叶，经过根部净化，从花盆模块中层细密小孔中流动至底层，底层盛水再次净化空气，最终通过风扇，经过基础模块正面的通风孔排放到空气中，完成一次空气净化过程。基础模块背面设置有预留的水电孔位。

最终设计由三组模块组成，模块1可单独使用，模块2和模块3可组合使用，三个模块还可同时组合使用，以呈现出整体的基本变化，整体效果图见图2-1-11。

同时模块可朝下翻转，使得表皮在模块数量不变的情况下，变化更加丰富。除三个基本模块外，其余部分由同材料的长方体模块进行配合与调节，以完善整个表皮的排列及效果变化。整体效果图如图2-1-12所示。

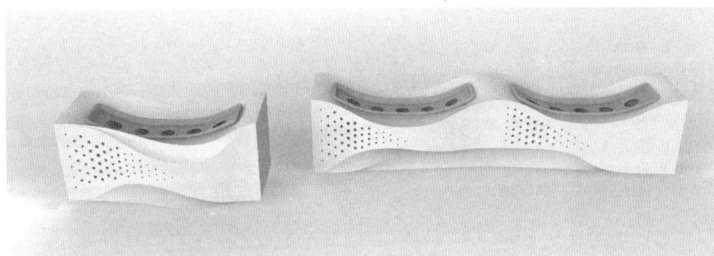

2.文教展览建筑表皮模块

方案二：文教展览建筑表皮模块

造型特点：规整，气势庄重；

功能：照明（建筑对灯光要求较高）；

模块尺寸：约 24cm×50cm×14cm（因模块形状不同，尺寸略有不同）；

排列原则：随机排布或规律排布；转角、封顶、接地使用同材料长方体模块；

安装方式：钢架＋锚栓＋水泥粘合剂；

设计说明：模块内部设有灯槽，可以放置两条LED灯带或LED灯板以及反光板，模块背部靠下的位置留有孔洞以走电线。建筑表皮灯光由电子装置控制，可呈现多样化效果，整体效果图见图2-1-13。

（七）办公建筑表皮模块

方案三：办公建筑表皮模块

造型特点：几何形态（突出办公场所的严谨）；

功能：调节室内光线强弱（高层建筑及白天办公时间长，对日照强度要求不同）；

模块尺寸：25cm×50cm×25cm（单体模块）；

排列原则：按照组合模块形式有规律排布；转角、

图 2-1-11 单体与单体组合示意图

图 2-1-12 方案一整体效果图

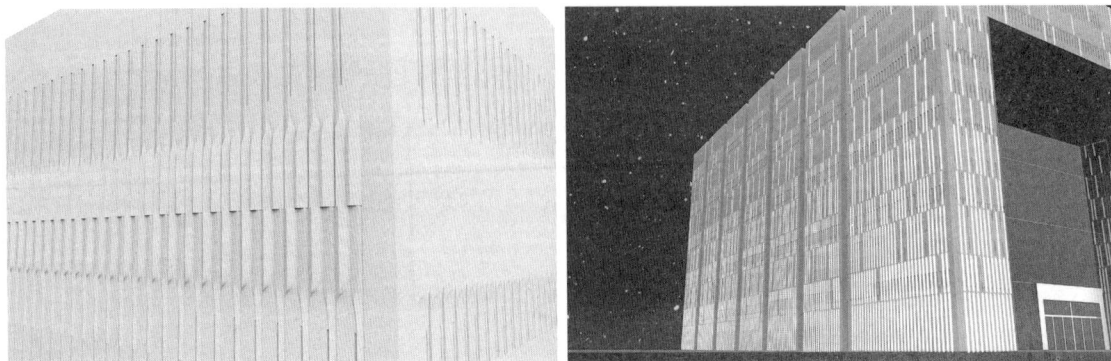

图 2-1-13 方案二局部与整体效果图

封顶、接地使用同材料长方体模块；为可移动表皮预留移动空间；根据光照强度选择密集或疏松排列；

安装方式：钢架＋锚栓＋水泥粘合剂＋干挂件＋可调支架（或直线导轨）；

设计说明：方案以组合模块形式排列，通过模块的移动，实现室内光线的调整。同时，不移动模块也可实现一定室内光线的调节，即根据日照强度规划模块的排列方式——低层采用孔洞较大的疏松排列方式，中层采用孔洞适中的排列方式，高层采用孔洞较小的紧密排列方式；同时也可在建筑的背光和向光面采用同样的排列规则，整体效果图见图2-1-14。

五、小结

（一）研究难点及成果阐述

1. 难点总结：1）跨学科研究：需要突破学科的界限，通过与材料学、建筑学甚至工程力学等知识的相互借鉴与渗透，以达到知识和技术的复用和创新；2）新材料的新应用：材料是通过对煤矸石的进一步加工处理而成，属于对材料加工技术的创新，在建筑表皮的应用也属于新的应用领域；3）多种技术与功能的结合：新材料如何解决多种需求，新工艺如何满足多种需求，在结构与受力方面均属于解决难点；4）建筑表皮的造型设计与功能和材料的结合：如何利用材料特点在满足需求的基础上进行设计，并找到一种合适的造型表达方式。

2. 成果阐述：1）通过与材料、建筑、工程力学等相关专业做学科间的交流、通过文献资料，对跨学科专业进行了了解，为设计奠定了基础；2）化繁为简，对不熟悉的跨学科知识进行归纳与提取；3）紧扣新材料与工艺的特性，结合建筑表皮的技术要求（如结构、安装方式等），学会寻找及合理利用恰当的创新成果，以解决跨学科技术问题；4）对于在设计中遇到的跨学科问题，找到了合适的解决方式（及时与专业人员进行沟通、查阅资料学习相关知识点），排除了知识障碍，并对设计结构进行跨学科讨论，以改进设计；5）找到了解决问题与造型表达的结合点，通过一体化、模块化、数理学等方法指导设计，最终实现新材料与多功能建筑表皮的结合，解决了最初发现的问题；6）将目前仅用于建筑保温的煤矸石空心球多孔陶瓷材料，通过设计、创新应用于建筑表皮领域，并附加多种功能，极大地提高了此材料的应用范围，使其拥有了更广阔的发展前景，也为建筑表皮开拓了新型材料，改变了现有建筑的外观，为建筑表皮的设计提供了新的可能性。

（二）作为建筑表皮的优势分析

1. 造型优势：1）形态可塑性强（不同于玻璃和大理石等），可使建筑的辨识度大幅提高，并且通过造型语言，体现建筑的功能类别（例如：办公建筑、住宅建

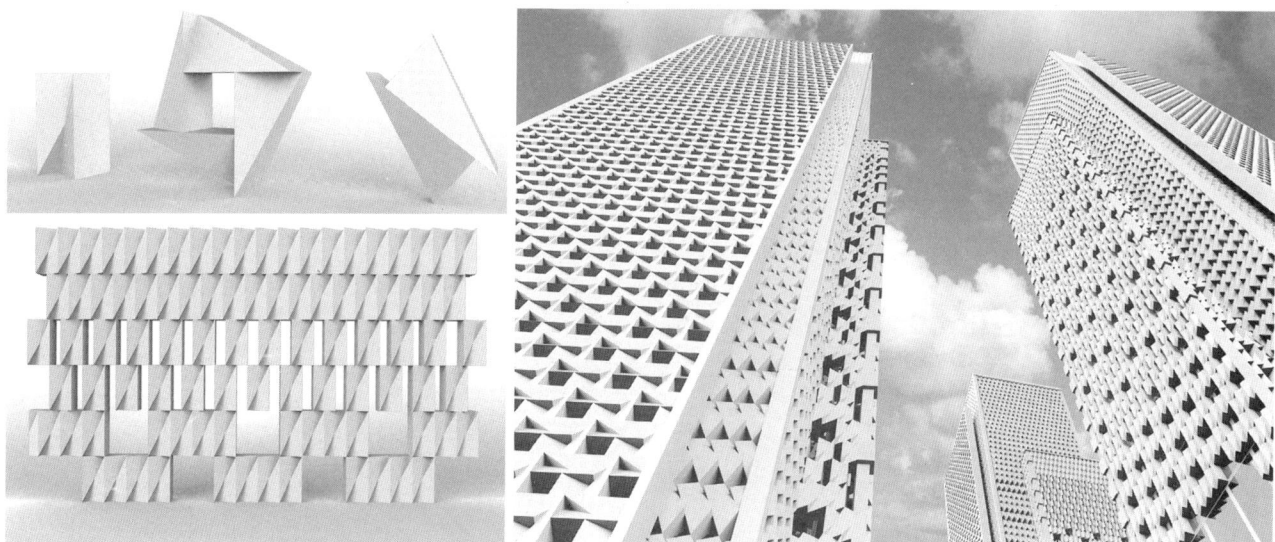

图2-1-14 方案三单体与整体效果图

筑或是文教展览建筑）；2）材料表面可附加颜色及图案（可以仿制其他材料的纹理），且颜色也可成为建筑辨识度的重要部分，摆脱国内建筑整体颜色相近的问题；3）同一组模块有不同的组合方式，利于区分相似的建筑（例如：同一社区内的楼房外观非常相似，使用模块的不同排列方式，可以更加清楚地区分每个建筑，而不仅仅依赖寻找楼号）；4）通过形态和颜色的共同作用，可以体现出建筑本身的功能（例如：医院可采用柔和流线型表皮模块，配合以淡蓝或淡绿色渐变色彩，可突出医院的功能并营造安静的氛围），这是与玻璃、石材、涂料等建筑表皮的处理方法完全不同的，也是此材料的优势和特点所在。

2. 材料优势：1）质量轻（空心、用于建筑表皮安全性更高）；2）强度高（适于负荷一定附加功能，不会轻易损坏）；3）保温性能好（代替建筑保温材料，环保高效节能）；4）防火性能好（解决建筑保温材料防火等级不够的情况，有效减少损失）；5）耐腐蚀（陶瓷材料的优点之一，适用于室外环境）；6）一定条件可蓄水（有利于建筑绿化）；7）先进的加工技术（国家级专利，站在世界前列）。

3. 其他优势：1）绿色环保、减少污染（利用废矿、解决堆积占地等环境问题）；2）降低成本、创造经济价值（变废为宝）；3）广大发展前景（建筑表皮的新材料、具有无法替代的综合优势）。

（三）对运用于景观及室内设计的展望

从材料本身出发，利用材料可蓄水、耐磨、防火、高强度等特点，非常适于运用在景观设计当中，地面或空间造型均可实现，如地砖、水系、造景等。由于材料表面可以覆加图案，可以得到非常丰富的景观效果。同时，材料也可用作室内小型景观的设置，如墙面绿化等。材料保温的特点可以用于室内保温、代替普通瓷砖等墙面装饰，并且可以设计众多造型及叠加功能。防火的优点使材料还可以用于存放重要物品的室内墙面。

第二节　基于品牌延展下的新产品形态设计

当前社会，企业很难依靠单一产品取得持续的发展，为了获取更大的经济利益，企业都在积极开发更多产品线和更多类型的产品，品牌延伸是其中最常用的战略之一。然而，品牌延伸是一把双刃剑，成功与失败并存。国内外学者都在为解决这一问题而不断研究和创新，但是此类研究基本都是基于营销的角度。产品作为企业的核心，企业品牌延伸战略最终要落实到延伸的新产品上，因此还应该从产品设计的角度进行研究。

在产品设计中，产品形态 DNA 分为显性因素和隐形因素，设计形态学的研究关注于产品形态 DNA 显性因素的外部特征。产品形态 DNA 的提取是通过罗列产品图谱，从形态、色彩和材质三个角度去寻找产品相似之处。然后以符合品牌形象为标准筛选这些相似之处，得到产品形态 DNA。接下来进行产品形态 DNA 的转移阶段，品牌价值就可以转移到延伸产品上。最后根据产品形态 DNA 的形成原理，塑造延伸产品与原品牌产品的差异，在进行产品 DNA 转移的时候，可以从形态、色彩和材质上进行差异化地转移。

本次研究的目的就是搭建品牌延伸战略与新产品设计之间的桥梁，衔接从延伸策略的制定到新产品开发设计整个流程。本节研究首先对品牌延伸战略相关文献进行深入研究，分析和整理前人的研究成果以得到相关理论支持。然后带着这些理论支持对企业品牌延伸的实际案例进行调研，找出其成功或者失败的案例中新产品设计所扮演的角色，并发现主要问题。最后针对发现的问题，结合相关理论和实际案例深入探讨如何在品牌延伸战略下做好新产品的设计，最终提炼出系统的方法理论，指导企业进行品牌延伸选择的判断以及在品牌延伸下进行新产品设计的途径与方法。

一、品牌与产品的关系

（一）品牌与产品设计的关系

从工业设计的角度来看，产品家族化是一些具有大量相同或相似特征产品的统称。企业家族中的产品在变化，但是却共享着许多共性的特征，使得同一企业的产品具有共同的识别因素。这样可以区别于其他企业的产品，从而达到企业的品牌效应。[①] 因此，品牌与产品形态 DNA 是相辅相成，紧密联系的。可以把产品形态 DNA 看成是经济基础，把品牌当作上层建筑。经济基础决定上层建筑的同时上层建筑也可以调控经济基础，这就是两者之间的关系。而当今品牌学与设计学是完全不同的学科，不同领域的学者之间缺乏交叉学习，因此在处理品牌与设计结合问题的时候会捉襟见肘（表 2-2-1）。

品牌各元素特征　　　表 2-2-1

水平	公司独有	所有产品	所有领域	所有时间
品牌因素	是	是	是	是
时代因素	是	是	是	特殊时间
分段因素	可能是	是	特殊领域	特殊时间
个人因素	不是	单个产品上	特殊领域	特殊时间

（二）产品形态 DNA 的概念

企业进行品牌延伸策略就必然会形成多个产品或多个产品线，于是就出现了产品家族的概念。可以把一个企业看成一个大家族，企业的产品就是这个大家族中的成员，成员当中的每一代新产品与前几代的产品或多或少都是有一定关联的，这个关联就是产品的形

---

① 侯哲，张喆 . 浅析企业品牌与产品 DNA[C]//.2013 国际工业设计研讨会暨第十八届全国工业设计学术年会论文集，2013.

态 DNA（产品核心不变的元素）。不同的编码组合之间进行横向和纵向的发展和延续，企业产品也应该像生物体那样，每一代产品之间都有其相似性和继承性，同样这些产品的遗传信息也是储存在产品形态 DNA 当中的，既保持着特征，又有创新。产品形态 DNA 是产品遗传信息的载体，产品识别特征就是存储在产品形态 DNA 中。所以，要研究和设计企业中产品的形态 DNA，把企业产品的形态 DNA 作为产品核心、不变的元素，通过不同的编码组合运用到每一代产品中，使企业产品的特征得以延续和创新，企业的品牌就能够有着持续性的发展（图 2-2-1）。[①]

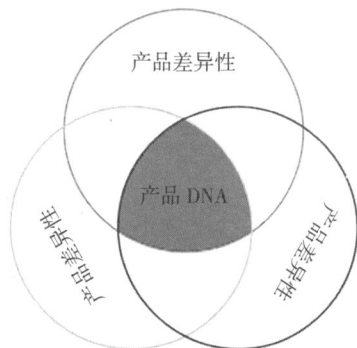

图 2-2-2　索尼（sony）手机产品形态 DNA 的提取

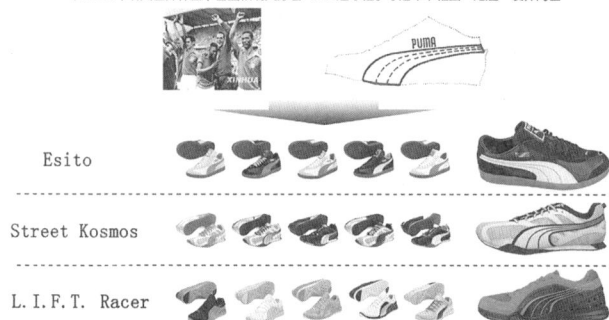

图 2-2-3　彪马（Puma）鞋的设计 DNA 的提取

图 2-2-1　产品形态 DNA 的形成

（三）产品形态 DNA 的提取

产品形态 DNA 是产品特征经过一段时间的传承或者在一个产品线的垂直传承过程中形成的概念，因此产品形态 DNA 的提取需要研究一段时间内或者一个产品线的产品特征，因此，罗列历史产品图谱是提取产品形态 DNA 的首要步骤。关于从微观方面提取产品形态 DNA 的具体途径和方法，主要从有形产品的形态、色彩和材质三个主要方面入手（图 2-2-2、图 2-2-3）。

二、品牌延伸理论研究

（一）品牌延伸的定义

品牌延伸是指将一个原有品牌的影响力和感知质

量扩延覆盖到新产品上。此处把"品牌名称"改为"品牌影响力和感知质量"，就可以解释日本索尼公司采用 VAIO 子品牌的原因了，VAIO 虽然是采用了子品牌名称，但是其依然是索尼品牌统领下的品牌，索尼公司不仅没有把其脱离出索尼品牌，而且利用了索尼品牌的影响力推广 VAIO 产品。大部分用户是因为相信索尼的产品才会选择 VAIO 笔记本。因此，索尼采用 VAIO 子品牌进军笔记本市场是属于品牌延伸范畴。

（二）品牌延伸的分类

与原产品属于同类别，是间隙延伸，如果属于不同类别则是边界延伸。但是需要强调具体情况要具体分析，比如茅台从白酒延伸至葡萄酒和啤酒是属于哪类延伸的问题，就不能简单地认为白酒、葡萄酒和啤酒都属于酒类就把其归于间隙延伸，因为经过仔细区分发现，

① 李洪刚 . 企业产品 DNA 与识别特征的设计研究 [D]. 沈阳航空工业大学，2008：25-26.

茅台的产品均为各种型号和价格的白酒，准确地说茅台是一个白酒品牌，而非简单的酒类品牌。所以当茅台作为白酒品牌向葡萄酒和啤酒领域延伸就属于边界延伸。还有一种情况，假设宜家品牌之前没有生产台灯，那么现在进军台灯领域是属于哪类的延伸？因为宜家作为系列品牌具有各种家居产品线，这时候就需要分析宜家在做灯具之前是否已经有灯具的产品线，如果有灯具的产品线那就属于间隙延伸，如果没有灯具的产品线，就属于边界延伸。

　　间隙延伸又有线性延伸和垂直延伸之分。判断方法：延伸产品与原品牌相比，是针对细分的市场，属于线性延伸；如果是针对高中低端的市场就属于垂直延伸。垂直延伸又有向上和向下延伸之分，这两者的判断很简单，向上即向高端延伸，向下即向低端延伸。这样对于品牌延伸的分类较为明确和详细，对于课题组之后的案例调研具有指导性作用（图 2-2-4）。

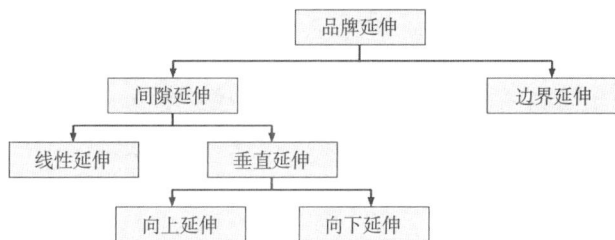

图 2-2-4　品牌延伸分类

（三）品牌延伸的作用和影响

　　大卫·艾克（David A. Aaker）在《品牌三部曲——管理品牌资产》一书中对于品牌延伸的结果进行了详细的阐述。大卫·艾克是从另外一个角度去阐述品牌延伸的作用和影响，他没有像邵一明那样把品牌延伸的影响分成有利和不利两个方面，而是分为五个不同的层次。为了方便理解，课题组对书中原图进行了重新设计。大卫·艾克认为品牌延伸最好的结果就是延伸品牌不仅自己能取得成功，还能反过来提升原品牌的形象，达到"两全其美"的效果。其次，好的结果就是原品牌可以为延伸品牌提供利益，但延伸品牌无法为原品牌提供利益反馈（图 2-2-5）。

　　坏的结果是原品牌对于延伸品牌没有帮助，这就

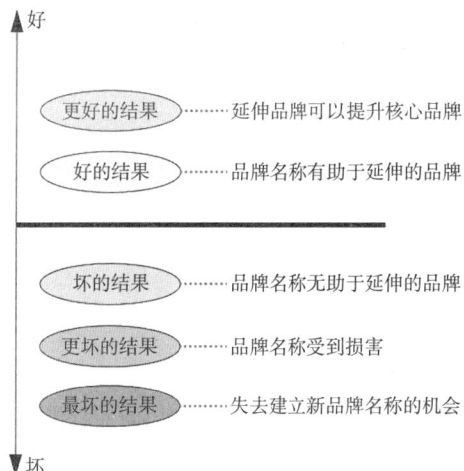

图 2-2-5　品牌延伸的影响——大卫·艾克

违背了品牌延伸的初衷，这种情况的出现一般都是因为原品牌仅仅为延伸品牌提供了名声，却无法为延伸产品提供实际利益。糟糕的结果就是延伸品牌不仅无法成功而且会反过来"拖累"原品牌，比如派克进军低端市场不仅没有成功，而且使得派克高端产品的形象受到损害。更糟糕的结果是失去建立新品牌的机会。鱼和熊掌不可兼得，当品牌进入一个新领域的时候，必须进行二选一，是建立新品牌还是采用品牌延伸的战略。当你选择了品牌延伸策略而且失败的同时，也就失去了建立新品牌的机会。

三、品牌延伸下新产品设计的方法和途径

（一）延伸领域选择错误的解决方法

　　管理大师德鲁克曾经说过："做正确的事比正确地做事更重要"。保证延伸领域的正确是品牌延伸成功的首要条件，那么如何判断延伸领域的正确与否呢？首先需要明确的是，不管是哪种类型的品牌延伸，都必须符合一个宗旨：延伸产品符合原品牌形象。延伸产品符合原品牌形象是品牌延伸成功的必要非充分条件。只有延伸的产品符合品牌形象，才能保证在接下来的开发设计过程中的努力是有用的，不符合品牌形象的产品延伸是很难成功的。还要说明一点的是，并不是同类产品的延伸就必定符合，不同类的产品延伸就必定不符合，关键还是要判断延伸产品是否符合原品牌形

象。比如，人们可能很难接受耐克牌的皮鞋，因为在皮鞋产品上找不出运动元素与耐克的品牌定位相匹配。为了对不同延伸类型的延伸领域正误有更清晰的认识，下面根据以上宗旨把品牌延伸的不同类型进行有针对性的分析。

第一，线性延伸。线性延伸针对不同的细分市场，因此"延伸产品必须符合原品牌形象"的宗旨在这里就可以理解为"原品牌形象必须涵盖了细分市场"。比如，三星的 Galaxy Note 是针对 5 寸屏以上的智能手机市场，三星轻薄智能的品牌形象涵盖了这一细分市场，因此三星推出 Galaxy Note 产品是可行的。相反，万宝路想把香烟延伸至女性市场高概率不会成功，因为万宝路豪迈、粗犷的男子汉形象无法涵盖女性用户。

第二，垂直延伸。垂直延伸是针对不同的产品档次，因此"延伸产品必须符合原品牌形象"的宗旨在这里就可以理解为"原品牌形象必须涵盖了高中低端"。正如大卫·艾克所说的："要看品牌形象能否涵盖所有的垂直延伸产品"。当奔驰车定位于"富豪阶级"时，它向下延伸的风险会很大，因为他的品牌只定位于高端。小米手机很难把产品线延伸至 3000 以上的价位，因为小米品牌是以性价比著称的。

第三，边界延伸。边界延伸是不同类别的产品延伸，因此"延伸产品必须符合原品牌形象"的宗旨在这里就可以理解为"原品牌形象必须能代表延伸产品"。尽管万宝路从香烟品牌延伸到服装领域的跨度很大，但是其品牌形象——粗犷、豪迈、男子汉气概完全可以代表服装产品的，万宝路服装产品的成功是最好的证明。茅台从白酒到葡萄酒和啤酒的延伸，看起来领域跨度很小，前面一再强调延伸产品必须符合原品牌形象的宗旨，那么具体又如何判断延伸产品是否符合品牌形象呢？

在品牌延伸理论的研究中，根据大卫·艾克的品牌延伸流程理论制作了品牌延伸的流程模型图（图 2-2-6），图中第三步的选择备选产品有两个判断原则，这两个判断原则可以用在这里判断企业延伸领域选择的正确与否。不同的是，大卫·艾克的理论是在众多领域中利用这两个原则选择一个或几个，而本文的目的是把选择好的领域用这两个原则判断正误。

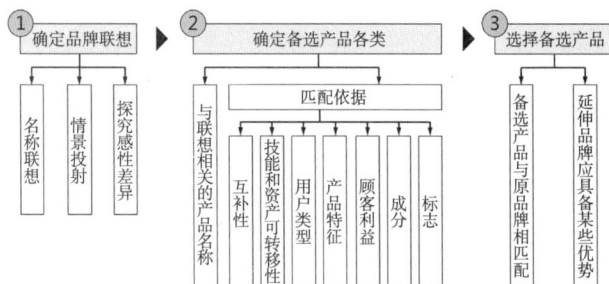

图 2-2-6　品牌延伸流程模型

第一个原则是备选产品与原品牌相匹配，就是说顾客应对延伸的品牌感到舒适，不觉得不妥。一般可以直接询问用户品牌名称是否与延伸产品门类相匹配。例如，当 999（三九）胃泰延伸至啤酒产品领域的时候就会出现匹配的问题，人们认为 999（三九）胃泰是治胃病的，而啤酒却有可能伤胃，两者矛盾，而且当用户喝 999 啤酒的时候会自然而然想到 999 胃泰药，会形成心理抵触。

第二个原则是延伸品牌应具备某些优势，说的是品牌名称应该为用户提供购买延伸产品的理由，如果大部分用户都不能说明为什么要购买这个延伸产品，这就需要考虑延伸产品的选择是否正确了。例如，沃尔沃（Volvo）品牌如果打算延伸至小型电动轿车领域，人们可能会认为沃尔沃的小型电动轿车也是安全的，安全就会成为用户购买电动车的理由。但是如果延伸至自行车领域，这种效果会差很多，因为自行车的安全与否往往与自行车本身没有太大关系。

按照以上方法和原则，就可以判断延伸产品领域是否符合原品牌形象，从而避免了错误地选择了延伸领域的情况发生。如果延伸产品符合原品牌形象，就可以进行新产品的开发设计了；如果不符合，企业还要坚持开发这种产品，就要考虑采用新品牌战略。最后，根据以上的分析制作了判断品牌延伸领域选择正误的模型图，如图 2-2-7 所示。

（二）延伸选择正确，但是品牌价值未转移到新产品上

品牌大师大卫·艾克说过："如果产品门类已经确定，那么延伸的品牌就尤其需要为产品提供利益。假

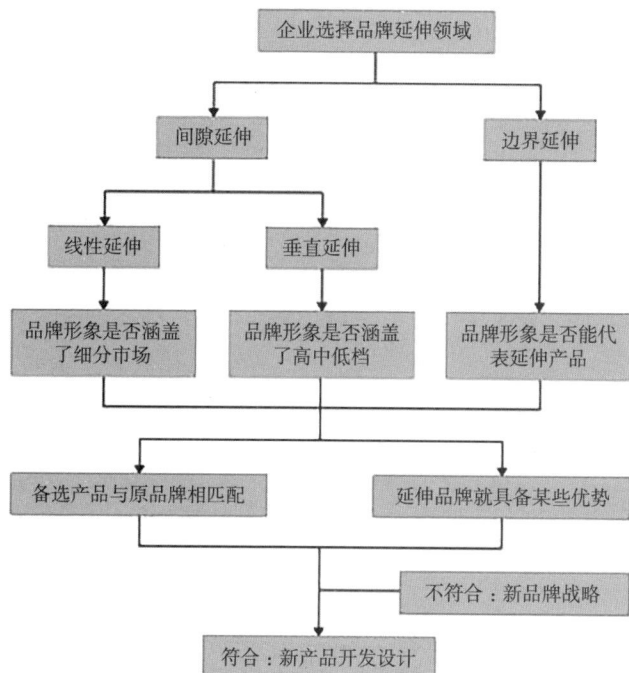

企业选择品牌延伸领域

间隙延伸　　　　　　边界延伸

线性延伸　　　垂直延伸

品牌形象是否涵盖了细分市场　　品牌形象是否涵盖了高中低档　　品牌形象是否能代表延伸产品

备选产品与原品牌相匹配　　　　延伸品牌就具备某些优势

不符合：新品牌战略

符合：新产品开发设计

图 2-2-7　判断品牌延伸领域选择正误模型

(a)　　　　　　　　　　　(b)

图 2-2-8　左图 iPad mini[①]和右图 Nexus 7[②]

如延伸的品牌不能增加产品的价值，那么即使鼎鼎大名也不能保证成功"。品牌价值没能转移到新产品上的情况容易出现在品牌线性延伸和边界延伸的时候。品牌价值没有转移到新产品，品牌无法给新产品增值，就失去了品牌延伸战略的意义。那么如何把原品牌的价值和利益转移到新产品上呢？通过上文了解到的品牌与产品的关系可知，品牌价值是通过产品 DNA 体现的。因此，品牌价值可以通过产品 DNA 的转移赋予到新产品上。例如，苹果公司的品牌价值是创新与科技，创新与科技感的来源是其旗下产品 iPhone、iPod、MacBook 颠覆性的交互方式和简洁设计、高档的用料、一体成型的精致工艺以及软硬件结合的服务模式等，当消费者使用其产品的时候就会从这些产品特征中感受到苹果公司的创新与科技的价值。当拿到 iPad mini 的时候依旧能感受到苹果公司的创新与科技，是因为那些产品特征都已经转移到了 iPad mini 上。试想一下，如果苹果的平板产品并非如今的 iPad mini（图 2-2-8）的样子，而是如谷歌的平板产品 Nexus 7（图 2-2-8）

的样子，你还会认为苹果的 7 寸平板电脑具有苹果特有的创新与科技的价值吗？

因此，品牌价值未转移到新产品上的解决办法就是：把原品牌的产品 DNA 转移到新产品上。在上文案例调研的部分提到了，本次研究的产品 DNA 只涉及产品显性因素的外部特征部分。下面将针对外部特征部分的产品形态、色彩和材质（包括表面处理）具体分析产品 DNA 的转移方法和途径。

（三）品牌延伸下的创新产品设计流程

以上三部分的阐述主要是为了解决在案例调研过程中遇到的主要的三个问题，这三个问题也是企业没有处理好品牌延伸与产品开发设计两个阶段造成的，因此，把这三个问题解决了，就可以基本解决企业品牌延伸与新产品设计的结合问题了，从而达到了本次研究的目的。最后，根据企业进行品牌延伸决策到新产品设计的流程来把以上阐述的观点重新串联起来，形成品牌延伸下产品形态 DNA 转移流程。把企业进行品牌延伸决策到产品设计整个流程分为四个部分。

第一部分是判断品牌延伸选择正确与否的过程，这部分可以保证之后三个部分不做无用功。根据图 2-2-7 的流程，当企业抓住商机打算进行某领域的品牌延伸时，先判断延伸的类型，不同的类型可以通过不同的角度进行判断，但是每种类型都必须符合两个标准：备选产品与原品牌相匹配；延伸品牌应具备某些

---

① 图片来源：http://www.chinavalue.net/Story/2014-10-17/710443.html

② 图片来源：http://news.mydrivers.com/1/272/272083_all.htm

优势。经过这些判断得到两个结论，如果延伸产品不符合原品牌形象，那企业就可以考虑采用新品牌战略。

第二部分为产品形态 DNA 的提取阶段，这是品牌价值转移的第一步。通过罗列产品图谱，从形态、色彩和材质三个角度去寻找产品相似之处。然后以符合品牌形象为标准筛选这些相似之处，最后得到的相似之处就是产品 DNA，也是产品上最能代表品牌价值的部分。

第三部分为产品形态 DNA 的转移阶段，这是品牌价值转移的最关键的一步。产品设计 DNA 的转移也可以从形态、色彩和材质三个角度进行，图中对每个角度提供了相关的参考途径。完成这个部分的流程，品牌价值就可以转移到延伸产品上，为延伸产品提供利益。

第四部分为塑造产品特征的差异。这部分并非必选的流程，这一步是当企业需要区分延伸产品与原品牌产品的时候进行的，尤其是垂直延伸的时候。根据产品 DNA 的形成原理，塑造延伸产品与原品牌产品的差异，可以从两方面入手，一是在第三部分进行产品 DNA 转移的时候，可以从形态、色彩和材质上进行差异化地转移，从而在产品 DNA 之外的范围的形态、色彩和材质上形成差异。这一部分是品牌价值转移到新产品的补充流程，目的是保证品牌价值转移的同时不影响原品牌的利益。

这四个部分较好地结合了品牌延伸战略与新产品设计两大领域，能基本保证新产品在品牌的领导下有规范地进行设计开发，新产品能支撑品牌发展并最终形成更强大的品牌效应，让工业设计真正为企业创造价值。

四、Think 品牌延伸至手机领域的产品设计

（一）设计题目及来源

联想 Think 业务集团营销副总裁迪利普·巴蒂亚（Dilp Bhatia）在联想美国总部接受专访时表示，联想将加强 Think 品牌向消费化发展，未来不排除推出 Think 品牌的智能手机。本次设计应用的题目为"Think 品牌延伸至 WindowsPhone 智能手机领域下 ThinkPhone 手机设计"，希望借助 Think 品牌的影响力从 ThinkPad 商务笔记本领域延伸至 Windows Phone

智能手机领域。为了充分体现和验证本次理论研究的成果，将会有分别定位于高中低档的三款手机产品。

（二）提炼设计 DNA

为了体现 ThinkPad 商务笔记本安全稳定的产品价值，ThinkPad 的产品进行了一系列的创新和改进最后形成独特的产品 DNA。如 1992 年第一款笔记本 ThinkPad 700C 上经典的 TrackPoint（小红点）设计，1997 年的 ThinkPad 770 增加了第三个按键来配合 TrackPoint 完成上下左右的屏幕滚动，这两个设计是其独有的，保证了操作上的稳定快捷成为其最经典的设计 DNA 并沿用至今；1998 年 ThinkPad 600 在操作稳定上进行了进一步的改善，采用了全尺寸键盘，一致沿用在如今的 T 系列上；2000 年的 T 系列诞生，ThinkPad T23 第一次内置了嵌入式的安全子系统，实现了硬件层面的安全保护；2003 年，ThinkPad T40 加入了 APS 硬盘动态保护系统（Active Protection System）；2004 年，ThinkPad T42 成为第一台采用了指纹识别系统的笔记本，并把这项技术与嵌入式安全子系统结合进一步保证个人数据安全；2006 年 ThinkPad T60 第一次内置了金属（镁制）防滚架，保证笔记本受到外部冲击力时内部部件的安全，2007 年的新一代 ThinkPad T61 在屏幕背部也做了防滚架设计，更加坚固，同时还嵌入了应急与恢复系统、防泼溅键盘，现在都成为了 ThinkPad 的特色技术。2012 年的新款 ThinkPad X1 采用了碳纤维的材质，实现了轻薄与保护的结合。以上这些特征都支撑了品牌安全稳定的形象，沿用至今形成了 ThinkPad 的特色 DNA。

由于这里还牵涉到向下延伸，因此还需要研究 ThinkPad 当前高中低档的产品。罗列产品图谱之后就需要从形态、色彩和材质上寻找相似性（由于本次研究仅仅以工业设计为立足点，因此关于硬件和技术上的产品 DNA 不再考虑)，并且要求相似性元素符合品牌形象。由于涉及垂直延伸，最后经过整理，从高中低档进行产品形态 DNA 的分类。

三个不同档次的产品具有着共同的形态 DNA：小黑盒子外观、"小红点"、三键触控板以及 LOGO 的放

置方式。高端和中端产品共有的形态 DNA：铝镁合金材质机身。中端和低端的产品共有的形态 DNA：哑光磨砂的表面处理，且都具有银色边框。除此之外，每个档次的产品都具有各自的形态 DNA：高端的 T 系列采用的是碳纤维的涂层的表面处理（相对更柔软舒适），屏幕背部采用了碳纤维材质，具有屏锁功能（导致了屏幕上沿的凸起和机身前端的斜切形态，两者吻合），而且在 Enter 键上采用了蓝色的处理；中端的 S 系列具有特殊的颜色摩卡黑；低端的 E 系列具有红色的配色，且屏幕背部采用的是 ABS 材质。从中可以看出联想对 ThinkPad 的品牌延伸做了明显的特征区分，有效地区分了高中低档（图 2-2-9）。

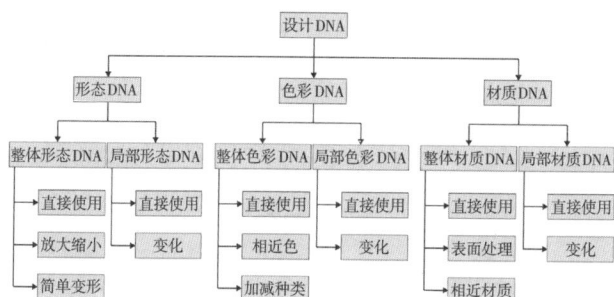

图 2-2-9 产品 DNA 转移流程图

（三）转移设计 DNA

寻找到了 ThinkPad 的形态 DNA 之后就需要往手机产品上面转移了。依据《品牌延伸下新产品设计 DNA 转移流程图》的第三部分，可以从形态、色彩和材质方面进行考虑，每个方面都有一些转移方法和途径。从笔记本到手机的边界延伸，重点放在 ThinkPad 所有系列产品的共有 DNA（品牌元素）的转移，目的是保证手机产品与笔记本产品的相似，形成家族特征和品牌效应；从高端到低端的向下延伸，重点放在 ThinkPad 高中低端产品特有形态 DNA（产品线元素）的转移，目的是保证不同档次产品的差异性，防止向下延伸过程中对高端产品形象的损害。

（四）产品设计最终效果

按照以上的形态 DNA 转移途径与方法，经过一系列的具体设计，得到手机最终的造型效果。如图 2-2-10（a）所示为高端产品的最终效果，如图 2-2-10（b）所示为中端产品的最终效果，如图 2-2-10（c）所示为低端产品的最终效果。

五、小结

本研究通过理论研究和案例研究两种方法获取信息和资料，发现了品牌延伸失败中产品设计方面的原因，阐述了产品设计在品牌延伸中的重要性，以及连接品牌延伸与新产品设计的方法，并在最后的设计应用中把得到的理论运用到实际设计中，进一步论证本研究的结论。研究较好地结合了品牌延伸战略与新产品设计两大领域，能基本保证新产品在品牌的领导下有规范地进行设计开发，新产品能支撑品牌发展并最终形成更强大的品牌效应。让工业设计真正为企业创造价值。

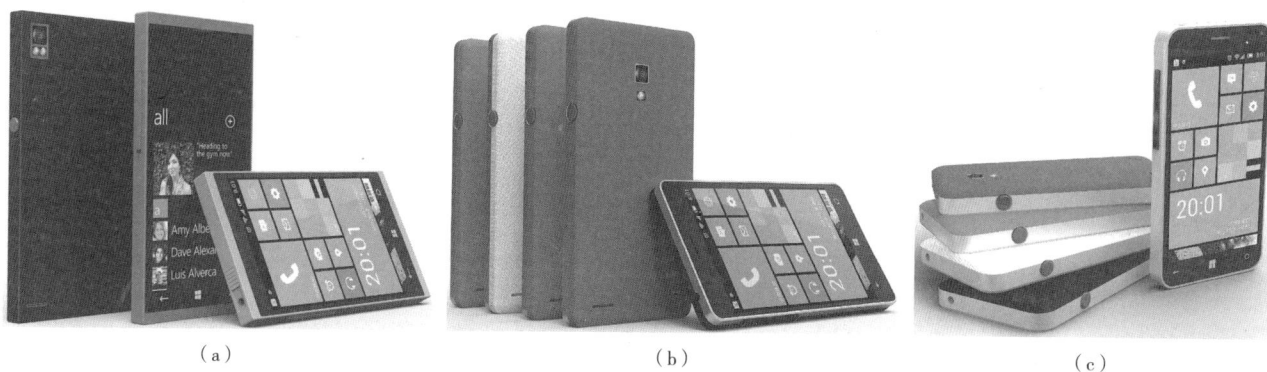

（a） （b） （c）

图 2-2-10 ThinkPhone 高端手机产品效果图、中端手机产品效果图、低端手机产品效果图

第三节　基于阿恩海姆视知觉理论的通感设计形态研究

设计形态学在产品设计研究中主要以"产品形态"为主，产品形态的本质问题就是塑造产品的"形式美感"。产品形式美感的反馈很大程度上来自观者的审美意识。简单的形式会让观者觉得简单而索然无味，而过于复杂的形式除了影响观者对产品本身的解读，还会导致观者产生厌恶感。在简单与复杂之间寻求形式美感的平衡点，是形式美感建立的关键核心。阿恩海姆关于视知觉的分析对于"格式塔心理学"的发展有着重要意义，他对视知觉完整性特征的分析被大量应用于产品的形态设计中。以阿恩海姆的审美知觉心理学的角度来研究产品通感设计规律，有两重意义：一是阿恩海姆对于视知觉感性层面的探究有助于构建直观的产品形式美感；二是对视知觉理论的理性层面，即视觉思维性的探索，有助于设计通感的运行和发生。通感发生的前提是联想，而视知觉的思维性使视觉具有主动抽象认识事物的能力，其创造出的视觉意象正是联想的承载物。

本节以阿恩海姆关于视知觉的理论概述为基础，探讨视知觉的系统特点，然后以视知觉理论对产品形态设计的应用为开始，探究了视知觉理论在产品设计运用上的审美意义。接着以视觉感知如何作为设计通感的媒介，以及产品形态如何以视觉形式的方式作为设计通感的载体，找到视知觉理论和产品通感设计的结合点。最后，运用以目标为导向的设计方法置换以满足多重感官体验的设计方法，以此构建从视知觉理论角度出发的通感设计方法。

一、阿恩海姆视知觉理论与设计应用

（一）阿恩海姆与视知觉理论

视知觉是视觉的基本属性之一，它的组成部分分别是视觉感觉和视觉知觉。视觉感觉是认知主体对客体的现象的一种映照，是认知主体对刺激物所形成的感性认识，是接受视觉信息的过程。视觉知觉是认知主体对客体具有主动性和综合性的整体把握，在此过程中，外部神经系统刺激眼球器官，将刺激物通过神经系统传递到大脑，然后大脑接收并产生思想识别的理解力。可以看出，与视觉感觉相比，视觉知觉不仅包括视觉接收，还包括视觉认知。

鲁道夫·阿恩海姆是 20 世纪著名的德裔美国心理学家，他对视觉心理学的研究建立在大量的现代心理学的实验基础之上，他认为视知觉是艺术思维的基础，并通过他的多部著作，阐述了其在视觉心理学方面的研究成果。

特别是他对于视觉感知具有开创性的解释，在感知和理性理解之间建立了联系。阿恩海姆认为视觉感知本质上是一种思维，并使用"意象"建立知觉与思维之间的关系。有效地掌握这一创新理论可以对解决产品设计中的形态问题大有帮助，因为产品设计正是处在感性与理性、科学与艺术这些矛盾对立体当中，并设法使之融为一体的设计活动。

（二）视知觉理论对立体形态和产品形态设计的影响

对于立体形态，譬如建筑形态、工业产品形态、雕塑形态，从这些形态的审美感受来说，阿恩海姆视知觉理论给出了合理解释。按照阿恩海姆的理论，形态的视觉冲击不是身体力量的作用，而是物理力量和心理力量的共同作用。同时，视知觉对客体的认识所产生的视觉意象又产生了主动的创造性思维、心理联系或心理暗示，从而产生了更深刻的审美体验。

由物理力向心理力的转变，将感知与思维融合，正是阿恩海姆的视知觉理论对于立体形态构建最大的影响。也是形态由单纯视觉感受转变为视知觉感受的过程，在这个过程中，形态就被赋予了情感因素，赋予了思维性质。由此立体形态的造型过程，应符合这种审美方式，立体形态要想达到理想的审美高度应该是如何用感性的视觉元素来表现人类的理性知觉世界。例如，超级跑车的外观形态为何可以吸引人的眼球，设计师运用了大量极其富有视觉张力的线条和复杂的曲面关系，其最终的目的就是要使形态达到人们心中对于速度的完美视觉意象。

通过以上对形态中形与态的分析可知，阿恩海姆所阐述的关于视知觉的理论描述可以作用于形与态这两个不同的层面，可以归结为形式感的建立和意境的营造。

1. 形式美感的建立

阿恩海姆关于视知觉的分析对于格式塔心理学的发展有着重要意义，他对视知觉完整性特征的分析被大量应用于产品的形态设计中。基于视知觉在观察外部事物时容易形成一种趋简化和规整化的"完形意识"，所以完整的形态最容易受人们的视知觉所接受与认知。简洁而不简单，一个核心的问题就是如何在一个完整的视觉形态当中塑造强烈的视觉吸引力，视知觉的选择性在此时起到了非常重要的作用。由上可知，塑造完美的形式美感，必须在应用视知觉的完整性特性的基础上，利用造型手法和技巧巧妙地利用视知觉的选择特性构建视觉的吸引力，这样才能建立完整意义上的形式美感。

2. 意象的营造

优秀的产品形态设计离不开对"态"的营造，要做到"形"和"神"的兼顾，必须营造独特的视觉意境。意境的建立首先需要的是建立视觉的意象。视觉的意象是沟通视知觉和大脑思维的桥梁，如何选择正确而深刻的视觉意象是刺激受众对产品的形态关注度的关键。风格化的形态设计在很大程度上依赖于对视觉意象的建立，风格化的设计常常带有比较浓厚的特殊视觉刺激，比如大众汽车公司的甲壳虫系列轿车，在外形上都以20世纪30年代的第一代甲壳虫汽车为原型，强调的是一种复古精神和传统的社会价值，人们在看到全新的甲壳虫轿车圆润复古的线形时，会迅速地与自己脑中已有的甲壳虫轿车视觉意象进行对比，产生了强烈的共鸣，

这时视觉意象会演变为一种视觉意境，这种视觉意境使消费者对于成品有着极强的好奇心。例如飞利浦最新推出的刮胡刀产品，其复古的外形与人们脑中对老式手工刮胡刀的视觉意象极为贴合，在与脑中视觉原型的对比中，人脑会直觉性地想象使用的场景，这种场景的闪回正是视觉意境的建立过程。以上这些例子正如贡布里希所说的，关于帕提农神庙的经典描述一样，帕提农神庙之所以成为名胜古迹，是因为在人们的一般印象中，帕提农神庙应该是存在于古代希腊而非当代，对其观察时，理所应当充满了好奇心和历史的敬畏感。视觉意象所营造的视觉意境好比是一股无形的力，将观察者带入到一个场景当中，启发了受众的审美直觉，使其自发而主动地去营造一种审美氛围。

二、阿恩海姆视知觉理论

（一）产品设计中的通感

通感设计诞生在后工业时代，随着现代主义设计理性的失落，人类受到信息化和非物质化的影响，设计开始从强调功能的现代主义转变为强调其叙事性，也就是说，在其功能之外能够讲述一段故事，或者塑造一个意境和一种气氛。正如我们所知道的，人的各种感觉器官都能调动人的情绪，一种美丽的色彩，一段优美的音乐，甚至一缕清香都能打动人心，在这种背景下，调动五感的设计方式被越来越多的设计师应用到各个设计领域当中。

通感的本质是感觉之间的互换。产品设计中也存在着诸多通感现象，比如以甲产品的外形来表现乙产品的功能，使用者往往能有意想不到的体验；又如以甲产品的工作原理来实现乙产品的功能效果，这些都属于产品设计中的通感现象。在过往的研究中，符号学被认为是通感的基础，符号的类同性和可被感知性与通感形成的必要条件相符。符号的多重性，比如产品的轮廓、色彩、声音、气味都可以被认为是设计的符号，即产品的形态。当设计师将这些元素打乱重新组合之后便能以新的方式被人通过五种感官所接受、记忆和储存。以这种方式对产品进行设计便是所谓的通感设计（图2-3-1）。

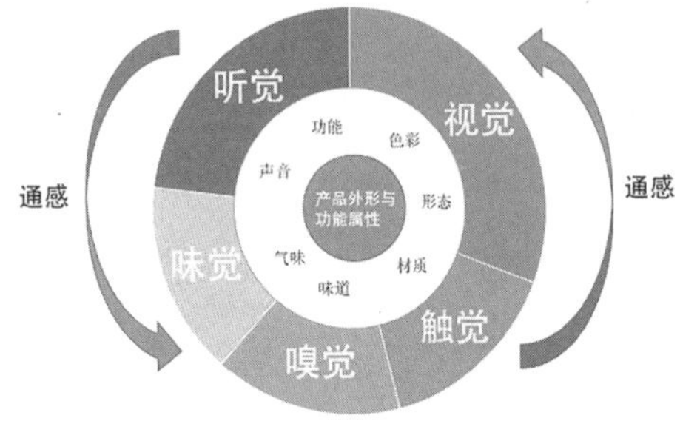

图 2-3-1　通感与设计

三、阿恩海姆视知觉设计应用研究

（一）视觉感知与产品形态

通感发生的前提是感官之间的不可割裂，每种感官都是人感知世界的一个组成部件。视觉作为人接受外界信息的一个最主要途径，理应将对于视觉的研究提高到一个相当的高度，同时本课题研究的重点是基于视觉感知的通感设计研究，着重点在于以视觉元素为感知信息基础的设计理论研究，所以单独从形体、色彩、肌理三方面分析视觉感知与产品形态之间的关系是必不可少的。

形体：点、线、面、体是构成一切空间形态的基本元素。人在感知形态时会主观地将事物转变为点、线、面、体的构成方式，因为客观来说点、线、面都是相对的，并不是绝对的。但是点、线、面、体所传达的潜在意识是不同的，线的连续性和面的区块化都能带来不同的感受，同时体作为点线面的综合图形结构，其整体的视觉效果起着最大的心理影响，观察者不同的观察重点也会影响其视觉体验。

色彩：色彩是人们视觉感知中容易唤起"心觉"共鸣的感知形态元素，色彩所表现的轻重感和空间感以及距离感能够对人的生理知觉产生影响，而在心理上，不同的色彩对于文化背景、生活环境、认知程度不同的人能产生不同的审美感觉。

肌理：肌理是材料的视觉化体现，肌理从宏观和微观两个观察层次给观察者提供信息。宏观的肌理表现能够与形体配合给人以直观的心理感受，这种形式下的肌理是不可触碰的，是完全通过视知觉这一种形式来表现的，例如上海世博会的英国馆的外形设计，通

过宏观的视觉表现营造出空间的不确定性。微观上的肌理则能摆脱形体的束缚，往往是通过视觉和触觉的双重感知给观者传递信息。

（二）通感设计中的视知觉因素

在通感设计中，视知觉扮演着起始端的角色。首先形态元素被视觉直接感受到。形态元素对于视觉的刺激是最为直接的。比如深泽直人设计甜甜圈外形的空气清新机，也是利用甜甜圈这种具有独特奶油香味的食品的外形来刺激视觉，而又使视觉感知产生对于甜甜圈这种事物的联想，展开其感官图式，从而刺激嗅觉感知的发生。

在利用功能和使用方式的转换来达到通感目的的设计中，视觉感知同时扮演着发端和终端的作用。产品的功能和使用方式总是会以视觉能够体现出来的方式呈现出来，视觉感知先对这些具有象征性的功能语意进行认识，然后对其联想，产生相对应物体的感官图式，进而触发其他的器官的感官体验。如琴键门铃，琴键和门铃都可以触发声音，形成通感的原因是由于其功能上的通感，琴键是发音的标志，而门铃的按钮并不具有发音的唯一性，视知觉对于琴键的认识和联想带动了听觉在认知中的参与，进而达到通感的目的。

四、设计方案

（一）设计对象的选取

对设计应用对象的选取，分为对象发散和综合确定对象两个部分。发散可依据本课题结论选择相同的环境或者需求对应用对象进行联想。综合则是着重于结合形态与功能之间的关系，必须同时满足于形态和所需功能的对象才可作为其最终的综合应用对象（图 2-3-2）。

（二）设计对象的发散

本设计方法是基于视觉心理学的通感设计，为了体现研究的价值，应用对象应突出通感设计运用的价值。通感的使用应反映产品形式和功能的结合。视觉感知

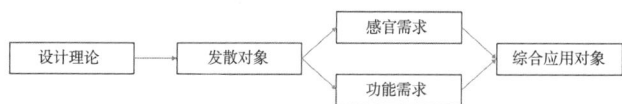

图 2-3-2 对象选取方法

是关于审美水平的理论，因此应用对象应该能够产生更高水平的审美体验，为了满足于形式的需求，应用对象最好本身就是一种审美经验的呈现（图 2-3-3）。

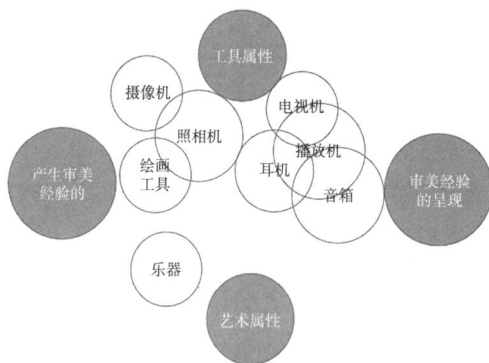

图 2-3-3 应用对象的发散

（三）音箱形态视觉感官需求分析

音箱由于其功能属性特殊性，适用人群差异性造成其造型设计的差异性很大。本设计定位于入门级的高保真音箱，适用于较小听音环境的书架式音箱。综合其产品定位的考虑，将其问卷访问对象定位为 20~35 岁之间的音乐爱好者。

（四）音箱设计视觉意象的选取

为了能够加强音箱整体的感官体验，视觉和听觉的感官体验可以使用通感的手法加以增强，那么在音箱的形态设计中设计师可以对视觉的意象作出选取，这种视觉意象能够由音箱外在的形态所体现。根据感官需求分析，视觉形态应能产生于听觉的共鸣，同时音箱的音乐欣赏功能使此意象必须具备音乐欣赏的一些必要条件，比如能使欣赏者心态放松平静地欣赏音乐。

五、音响设计的呈现

（一）尺寸

根据目标人群定位，音箱的尺寸设计定位于书架

式音箱，书架式音箱的适应能力强，对听音环境的面积要求不高，能够在 $30m^2$ 以下的环境内充分地发挥音箱的音场表现和声音质感。

（二）音箱结构类型

对于音乐欣赏来说，扬声器的声场性能和声音分辨率以及乐器的分离度是首要考虑因素，因此选择全频扬声器作为发声单元。全频扬声器是点声源，相位准确，每个频带的音色趋于相同。英国音箱品牌天朗（Tannoy）一直以其出色的音乐欣赏性能而闻名，并一直坚持使用全频扬声器。基于书架箱和听音适应性的综合考虑，选择了 5.5 英寸全频扬声器作为发声单元。

不同的发声单元需要一个具有合适结构的盒子来匹配。通常，盒结构分为密封型、导向式、迷宫式、对称驱动式以及空纸盆式。密封式和导向是最为常见的两种类型，其余音箱结构因为涉及极为复杂的音效调试而不适用于批量化制造的音箱产品。

（三）形态

音箱形态设计的实际经验中，成整数比例的长宽高尺寸往往会形成箱体内驻波。驻波是由汇聚在箱体中部的，分别由上下、左右等对称面反射的声波互相叠加生成的，在听感上会造成箱体嗡鸣声。多面的不规则体相较于规则几何形体在减少驻波方面有着先天的优势，其对声波反射的不同角度能够有效避开反射波的集中（图 2-3-4）这种处理方式在声学设计上经常运用，在音乐厅的室内设计方面，天棚下部的不规则吊顶也是起着减少音乐厅内部驻波的作用。

（四）音箱的力学结构有限元分析

由于音箱体积较小，材料自身重量对音箱整体结构产生的影响可以忽略不计，为贴近实际生产生活，在竖直方向上对音箱施加一个较大的力，观察音箱整体结构的受力情况和应力分布。现采用有限元分析软件 ANSYS/LS-DYNA 对音箱的整体结构进行有限元分析，考虑到音箱的壁厚较大（10mm），为了精确地计算结果，整体结构选用音箱实体模型进行建模和网格划分（实际

图 2-3-4　效果图

（a）正视图　　　　　　　　　　（b）侧视图

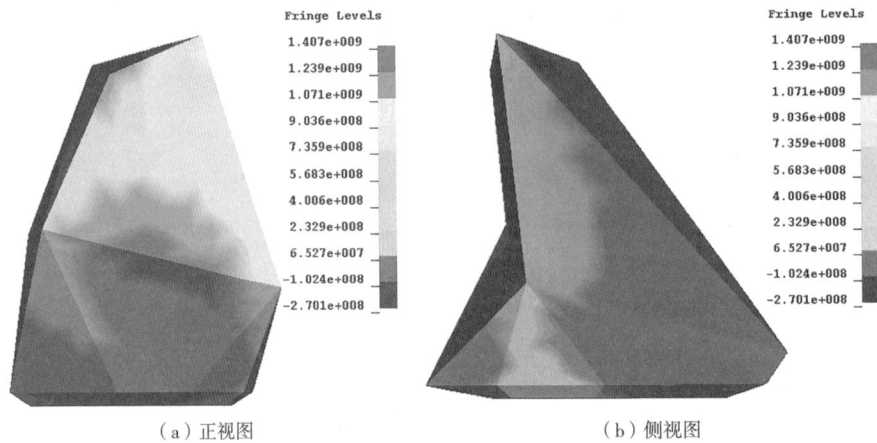

图 2-3-5　音箱整体结构应力分布

上是用的壳单元）；底部基座采用刚体模型进行网格划分，计算时，在音箱的上方加载一个较大的力，方向为垂直向下（图 2-3-5）。

六、小结

本研究是以体验经济时代为背景，结合视觉信息传递的特点，论述了感官体验对于产品设计的重要性。以对阿恩海姆关于视知觉的理论研究为基础，将其对通感设计的应用为课题进行研究。通过以分析视知觉理论的基本概念和应用规律为基础，结合分析视知觉在通感设计中的作用层面和方式，找到视知觉理论和通感设计的结合点。结合两部分的研究，总结性地提出基于阿恩海姆视知觉理论的产品通感设计方法。

第四节　基于温差发电技术的研究与应用设计

温差发电是继核能、太阳能和风能之后的另一种新的能源利用方法,引起了世界各国的关注。温差发电设备结构简单,无运动构件,工作运行时无噪声,使用寿命长,无废料排放,可将太阳能、地热能、工业余热等低级能源转化为电能能源,这是世界公认的绿色环保的发电方式。随着材料科学和制造技术的进步,可以用于温差发电的半导体材料的优值系数有了显著提升。现在很多厂家都可以生产各种规格的具有较长使用寿命、较高发电功率的温差发电片,温差发电的成本正在逐渐下降,这有力地促进了温差发电技术的推广应用,为温差发电技术从"高精尖"领域向民用领域普及提供了绝佳的机会。

一、研究的目的和现状

温差发电被证明为性能可靠、维修少、可在极端恶劣环境下长时间工作的动力技术。目前全球对温差发电技术的研究正处于蓬勃发展的阶段,已经有很多学者在新型热电材料和温差发电技术的应用方面做了很多的研究工作,并取得了一定的进展。

（一）温差发电的研究目的

本节的主要目的在于通过研究温差发电技术原理和现阶段研究状况与应用,了解当下领先技术与材料,发掘温差发电技术存在的问题与应用中的空白状态,从设计形态学的角度出发,利用结构和造型设计,提升温差发电技术的效率以及在应用中的稳定性。综合照明、保温、发电、制冷等功能进行创新设计;使温

差发电技术在民用领域得到更广泛、充分的应用。在保证功能齐全、能源供给、节能环保的同时展现产品多元化造型外观,探索温差发电技术在工业产品设计中的新用途。

本节的另一个目的是探索跨学科研究方法,在研究过程中,通过加强学科间的交流与互动,探索不同专业领域的知识关联与学科间合作的方法,完善跨学科的整合研究方式。通过桌面调研,笔者对国内外关于温差发电技术的研究现状进行了解。

（二）温差发电技术在航空军事等尖端领域的应用

早在 20 世纪 40 年代,关于温差发电技术的应用研究就已展开。前苏联和美国先后研制了数千款放射性同位素温差发电器和核反应堆温差发电器用于航空任务、军事装备和海洋装置的电源。

卫星用原子核辅助能源系统（Systems for Nuclear Auxiliary Power）的发展始于 1955 年。1961 年 6 月,美国海军装有 SNAP-3A 能源系统的卫星 TRANSIT-4A 发射成功,能源系统运转正常,标志着放射性同位素能源系统首次被用于太空。随着人们对温差发电器的太空应用的深入,在 1977 年发射的木星、土星探测器旅行者 1 号和 2 号上的温差发电器的功率已从最初的 2W、3W 上升到了 155W[①]。

2003 年 6 月 10 日和 7 月 7 日分别发射的两个火星探测器"勇气"号和"机遇"号,2006 年 2 月 18 日发射的用于探索冥王星的"新视野"号（New Horizons）行星探测器,均采用放射性元素钚衰变经温

---

① 汤广发,李涛,卢继龙.温差发电技术的应用和展望[J].制冷空调与电力机械,2006（06）:8-10,3.

差发电器为探测器提供电力，其中"勇气"号和"机遇"号上各装配 8 台钚放射性温差发电器，每台发电器能提供 1W 的电力，以确保两探测器上的电子仪器和运行系统能安全度过火星夜晚 -105℃的温度，使其能维持在 -55℃以上的工作温度。"新视野"号上的温差发电器能提供 30V，240W 的电力。[①]

2011 年 11 月发射的火星车"好奇"号的动力由一台多任务放射性同位素热电发生器提供，其本质是一块核电池，因为使用了核动力。该系统主要包括两个组成部分：一个装填钚 -238 二氧化物的热源和一组固体热电偶，可以将钚 -238 产生的热能转化为电力。这一系统设计使用寿命为 14 年，也高于太阳能电池板。该系统足以为"好奇"号同时运转的诸多仪器提供充足能量。

2018 年 12 月 8 日 2 时 23 分，中国在西昌卫星发射中心发射了嫦娥四号探测器，开启了月球探测的旅程。2019 年 1 月 3 日，嫦娥四号月球车"玉兔二号"到达月面。嫦娥四号的着陆器和月球车都是以太阳能板供电为主，同位素温差发电机为辅，同位素温差发电机可以在夜间为探测器舱内保温之余提供不小于 2.5W 的电力。尽管它不是最主要的能量来源，但作为实验性质这个突破已经具有重大意义。

（三）温差发电技术在民用领域的应用

1.Matrix Power Watch

这是一款可以利用人体自身产生的热量给手表供电的黑科技产品。人体日常新陈代谢都会产生热量用来维持体温恒定，这款手表正是利用体温与外界温差的热电效应（赛贝克效应）产生电量。只要使用者一直佩戴 Power Watch，皮肤散发到体表的热量就会源源不断地被转换成电量储备到这款手表中。因为电量完全来自用户热量转化，Power Watch 能够记录用户每天消耗的卡路里以及产生了多少电量。除此之外，Power Watch 的功能和普通智能手表相似，可以计算步数、提供秒表计时功能等。当使用者不再佩戴时，Power Watch 会将数据记录到闪存中然后进入休眠，直到下一次佩戴在手腕上才重新进入工作状态（图 2-4-1）。

图 2-4-1　Matrix　Power　Watch 体温发电手表[②]

2.同位素温差发电人造心脏

美国国家心脏研究所（NHI）和美国原子能委员会（AEC）十多年来一直试图设计一颗"核能"心脏。2016 年，他们的研究取得了突破性进展，核能人工心脏更接近临床试验——研究人员尝试用钚 238，一种放射性元素，来为人造心脏提供动力。这种元素的自然放射性衰变使其能够散发出长达一个世纪的稳定热量，从而推动血液在人体内流动。但是这两个团队也遭遇到许多技术挑战，例如他们需要设计出一种有效且安全的方式来实现能量的转换。这两个团队正在共同探索这项研究的最佳解决方案。

二、研究框架

本节的研究框架主要分为以下几个阶段。首先对温差发电技术及其应用研究的相关文献进行整理归纳，掌握该领域研究动态，界定研究方向；其次经过查阅资料，了解温差发电技术在应用中存在的缺点与不足，总结梳理能够解决温差发电技术在应用中所存在问题的方案；然后基于设计形态学的角度出发，通过实验找出利于温差发电技术应用的结构与形态的规律并验证；最后再选取合适应用场景，确定最终设计方案（图 2-4-2）。

① 张腾，张征 . 温差发电技术及其一些应用 [J]. 能源技术，2009，（1）：35-39.
② GEEK 极客 . 用体温发电的智能手表，这一技术靠谱吗？ [EB/OL].（2017-02-17）[2018-12].

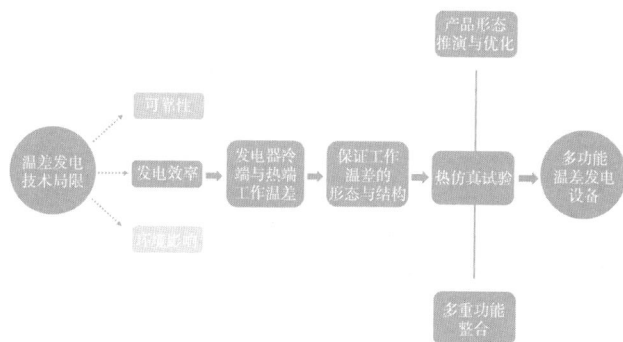

图 2-4-2　研究框架

三、温差发电技术的基本原理

温差发电是温差发电材料通过热电效应实现的热能与电能的相互转换。热电效应是温差产生电效应以及电流产生热效应的总称，其中包括塞贝克效应（Seebeck effect）、珀尔贴效应（Peltier effect）以及汤姆逊效应（Thomson effect）。

（一）塞贝克效应

1794 年，意大利科学家亚历山德罗·沃尔塔（Alessandro Volta）发现如果铁杆末端存在温差，那它可以刺激青蛙腿的痉挛。1821 年，波罗的海德国科学家托马斯·约翰·塞贝克（Thomas Johann Seebeck）独立发现并报道了一个有趣的实验结果：当把一个由两种不同导体构成的闭合回路放置于指南针附近时，若对该回路的其中一个接头加热，指南针就会发生偏转。这个现象即被称为塞贝克效应。但塞贝克并没有意识到有电流产生，所以他把这种现象称为"热磁效应"。丹麦物理学家汉斯·克里斯蒂安·奥斯特德（Hans Christian Orsted）纠正了这一疏忽并创造了"热电"一词。

用塞贝克效应可实现热能与电能的转换，即在两种不同材料的半导体构成的回路中，当一端处于高温状态，另一端处于低温状态时，回路中便可产生电动势。其中，电动势计算公式如下：

$$E=\alpha\left(T_h-T_l\right)$$

式中：E 为电动势；T_h 为高温端温度；T_l 为低温端温度；α 是热电材料的塞贝克系数（不同材料具有不同的塞贝克系数）。

温差发电技术是基于热电材料的塞贝克效应发展起来的一种发电技术，将 P 型和 N 型两种不同类型的热电材料（P 型是富空穴材料，N 型是富电子材料）一端相连形成一个 PN 结，置于高温状态，另一端形成低温，则由于热激发作用，P（N）型材料高温端空穴（电子）浓度高于低温端，因此在这种浓度梯度的驱动下，空穴和电子就开始向低温端扩散，从而形成电动势，这样热电材料就通过高低温端间的温差完成了将高温端输入的热能直接转化成电能的过程（图 2-4-3）。[2]

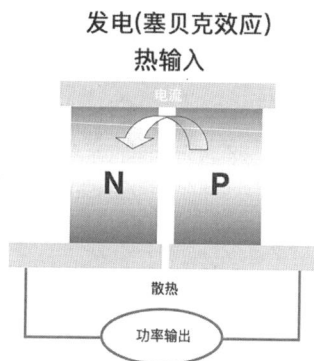

图 2-4-3　塞贝克效应 [3]

（二）珀尔贴效应

珀尔帖效应与塞贝克效应类似，两者互为逆效应。1834 年，法国物理学家吉恩·查尔斯·阿塔纳西·珀尔贴（Jean Charles Athanase Peltier）发现：两块不同的导体首尾相连成一电路回路，接头分别为 A 和 B，在其中一种导体中间断开，在断开点 a、b 处加一直流电压时，会出现接头 A 处吸收热量变热，另一个接头 B 处放出热量变冷的现象，当改变电压方向时，接头的吸热和放热也会随之交换，这种现象后来称作珀尔帖效应（图 2-4-4）。

① 严李强，程江，刘茂元 . 浅谈温差发电 [J]. 太阳能，2015（1）：11-15.
② 赵建云，朱冬生，周泽广，王长宏，陈宏 . 温差发电技术的研究进展及现状 [J]. 电源技术，2010（3）：310-313.
③ 同 2

A

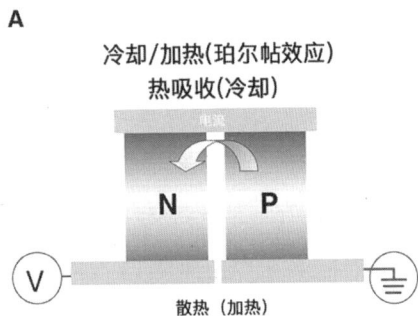

冷却/加热(珀尔帖效应)
热吸收(冷却)

图 2-4-4 珀尔贴效应示意图[1]

当热电模块中有电流通过，则会在其两端发生热量的吸收与释放，从而产生温差，所以利用珀尔贴效应可以实现加热及制冷的功能。冰箱与饮水机中的热电装置即是如此。

（三）汤姆逊效应

1856 年，汤姆逊应用自己的热力学理论知识，对塞贝克和珀尔帖这两个热电效应进行分析研究，将原来不相干的塞贝克、珀尔帖系数之间建立了联系。汤姆逊效应实际是导体内部的载流子在温差的作用下分布不均而产生的。如果某一导体中温度分布不均，两段存在温度差，则导体热端的载流子与导体冷端的相比动能更大，从而导致热端载流子不断向冷端移动。导体内部会产生一个电场组织载流子扩散，由于电动势的存在，当导体构成闭合回路时将产生电流。

（四）温差发电技术分类

自 1821 年塞贝克在实验中发现热电效应至今，已有半导体温差发电、同位素温差发电、海洋温差发电等温差发电形式。[2]

1. 半导体温差发电

半导体温差发电是将热电材料与塞贝克效应结合，利用多个半导体温差发电单元将热能直接转化为电能。常规的半导体温差发热单元是由一个 P 型半导体和一个 N 型半导体构成。单独的一个 PN 结，可形成的电动势很小，而如果将很多这样的 PN 结串联起来，就可以得到足够高的电压，成为一个温差发电器（图 2-4-5）。[3]

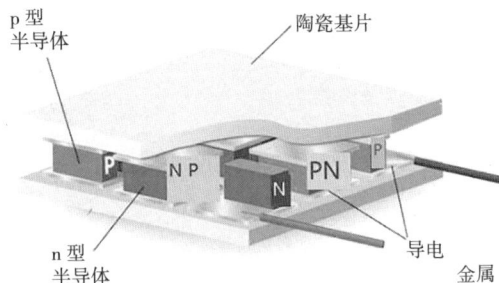

p 型半导体　　　　陶瓷基片
n 型半导体　　　　导电
　　　　　　　　金属

图 2-4-5 半导体温差发电片[4]

半导体温差发电热源的形式多样，有的半导体温差发电装置用热水作为热源，还有的使用普通化石燃料等作为热源。使用聚焦太阳光作为热源的半导体温差发电装置又称集热式太阳能温差发电装置，使用地热作为热源的半导体温差发电装置又称集热式地热温差发电装置，使用工业余热作为热源的余热温差发电装置等。随着半导体材料的日益丰富，高性能温差材料的诞生，人体余热作为热源的体温温差发电装置也成为可能。

2. 同位素温差发电

同位素温差发电即放射性同位素温差发电，是一种利用放射性衰变获得能量的发电机。放射性同位素在衰变的过程中不断地释放辐射。根据塞贝克效应，利用热电偶阵列将接受的同位素衰变时释放的大量热量转换为电能。这类装置又称为同位素电池或核电池（图 2-4-6）。

因为由同位素放射方式产生的热量具有能量密度高、可靠性高、工作寿命长等优点，所以对于需要长时间不间断供电且工作稳定无需人工维护的应用场景，同位素电池是一种非常理想的选择。

---

① 颜军 . 太阳能温差发电的研究 [D]. 电子科技大学，2011.
② 赵建云，朱冬生，周泽广，王长宏，陈宏 . 温差发电技术的研究进展及现状 [J]. 电源技术，2010, 34（03）；310~313.
　李强，程江，刘茂元 . 浅谈温差发电 [J]. 太阳能，2015（1）：11-15.
③ 赵建云，朱冬生，周泽广，王长宏，陈宏 . 温差发电技术的研究进展及现状 [J]. 电源技术，2010, 34（03）：310-313.
④ 同 3

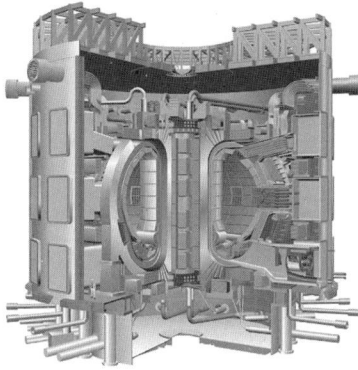

图 2-4-6　同位素电池[1]

3. 海洋温差发电

海洋温差发电是利用海洋表层的温海水和深层的冷海水间存在的温差进行发电的技术。通常当海面的太阳光进入海面以下 1m 时约 70% 的热量被海水吸收，而在水深 200m 处，几乎没有太阳光的热量。海洋温差发电就是将海洋表面的吸收了近 70% 太阳光热量的温水送入被抽成真空的锅炉里面，此时因锅炉内被抽成真空，压力急剧下降，引进真空锅炉的温海水便立即汽化为蒸汽，然后利用这种温海水汽化成的蒸汽推动汽轮发电机发电，最后用深层的冷海水使做功后的蒸汽凝华，再次利用。在理论上冷、热水之间的温差高于 16.6 ℃即可发电，而实际应用中一般都高于 20 ℃。海洋温差发电有 3 种循环方式：开式循环、闭式循环和混式循环。[2]

（五）温差发电技术的优势与局限

温差发电技术因能够实现热能回收、热能与电能的转换及低品位能源利用上的优势，正得到各界的广泛关注，其应用领域也越来越广。同时，也暴露出温差发电技术在利用中存在的一些局限性。例如发电效率低、温差电组件可靠性问题以及易受环境影响等。

1. 发电效率的问题

在温差发电技术中，因为通过热电转换器产生的

为直流电，所以使用前还需要一个转换过程。目前，温差发电技术的发电效率一般是 5%~8%，远低于火力发电的 40%。[3]

2. 可靠性的问题

以常见的温差发电组件为例，如图 2-4-7 所示，要实现较高的发电效率，首先要求发电组件冷端与热端之间形成较大温差，由于不可避免的热胀冷缩，将导致冷端连接片收缩或热端连接片膨胀，从而产生机械应力。在机械应力的作用下使得刚性接头或 P、N 电臂很容易产生断裂，最终可能会导致温差电偶的损坏，从而缩短了热电组件的使用寿命。[4]

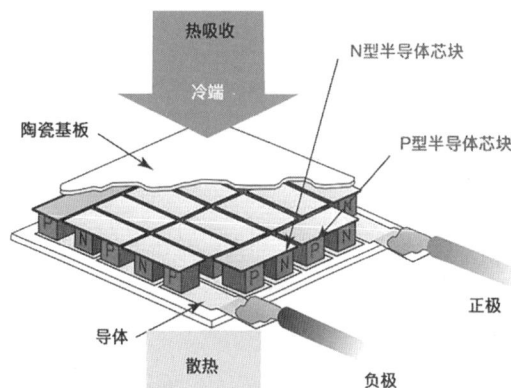

图 2-4-7 温差发电组件示意图[5]

3. 环境的影响

温差电组件工作环境中的湿气和高温都会加速温差电组件的损耗。长时间湿气的进入会产生电解腐蚀作用，最终使热电元件焊接头完全损坏。而高温会导致焊接处焊料的氧化、升华，从而引起热电材料的塞贝克系数和电导率逐渐降低。

（六）温差发电效率的影响因素

造成温差发电效率低的主要原因有两点，一方面是热电材料不够理想，另一方面是温差发电装置冷端与热端间温差维持的问题。

① 图片来源：https：//peakoil.com/2012/10
② 严李强，程江，刘茂元．浅谈温差发电 [J]. 太阳能，2015（1）：11–15.
③ 杨昭．关于温差发电系统的几点探究 [J]. 科技创业家，2014（6）：117.
④ 赵建云，朱冬生，周泽广，王长宏，陈宏．温差发电技术的研究进展及现状 [J]. 电源技术 .2010, 34（03）：310–313.
⑤ 同 4

1. 热电材料的限制

热电器件是温差发电装置的核心部分，而热电材料的性能好坏又直接决定热电器件效能的优劣。热电材料的性能可以由热电优值ZT来评估。热电优值ZT越高，热电材料性能越好，能量转换效率越高。[①]

2. 冷端与热端间的温差维持问题

温差发电器在工作时由于发电器热端向冷端和各部件之间的热传导以及温差发电回路中的热阻导致冷端温度逐渐升高，理想的工作温差也难以维持。而温差发电装置冷端与热端之间的工作温差直接影响着其发电效率与输出功率，因此保持合适的工作温差也是提升温差发电效率的关键因素。为了保持较高的工作温差，往往需要保持热端高温的同时在温差发电器的低温端增加散热装置来及时散热。这就涉及温差发电器的热设计，优秀的热设计能够使用与温差发电器匹配的散热方式与结构，让设备达到较好的工作状态，从而发挥发电器的最佳性能。因此，温差发电装置需要进行合理优化的热设计，保证其较高的温差发电效率。

四、影响发电效率的形态规律研究

（一）影响发电效率的形态研究

如前文所述，维持温差发电装置冷端与热端之间理想的工作温差是提高温差发电效率的主要方法。而通常保证冷端与热端之间稳定工作温差的关键在于冷端热量的及时散失，也就是温差发电装置的热设计。冷端的散热分为自然对流和强制对流，合理全面的自然对流热设计需要考虑到元器件布局是否合理；自然对流空间是否足够；散热器的设计与选用是否合理等问题。强制对流热设计可以使设备体积减小很多，但空气对流的风道设计非常重要。这些热设计中需要遵守的原则约束着温差发电装置整体与各构件的形态，同时，形态的设计与创新也可进一步实现辅助散热，并使整个热设计更加理想（图2-4-8）。

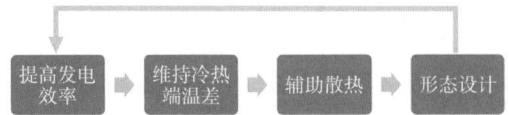

图2-4-8 温差发电效率与形态设计研究路线

在相同的工作环境下，冷端与热端的温差越大说明散热越理想，设备的热设计也就越合理，同时保证了温差发电理想的工作温差，发电效率就会提高。故将温差发电装置冷端的散热性能作为一般规律提取的落脚点，通过实验，对比利用不同形态散热结构的温差发电装置的冷端温度，得出提升温差发电效率的形态设计的理论指导。

（二）有限元方法分析与形态研究

本节使用有限元分析软件ANSYS来进行热力学物理模型的建立与仿真实验。实验中使用ANSYS Discovery Space Claim工具进行3D模型的创建与编辑，并使用ANSYS Fluent工具来进行热力学分析。热力学仿真实验要经过多组对照实验、提取记录仿真结果数据、迭代优化实验参数，最后进行仿真数据分析得出最终合理优化的结论，具体实验流程如图2-4-9所示。

热量传递（Heat Transfer）有三种机理：传导（conduction）、对流（convection）和热辐射（radiation）（图2-4-10）。在温差发电装置的热传导过程中，热量是通过热传导的方式由热源流经热端、热电模块、冷端和冷端散热器的。在本文的实验中，将空气作为冷源，冷端的热量传导至冷端散热器，冷端散热器再与空气之间以对流换热的方式实现热量传递。实验设计中将温差发电装置的最高工作温度设置为200℃，故实验结果可忽略热设计的影响。

本组实验中将温差发电器散热方式设置为自然对流散热，因为自然对流散热是散热器与冷空气之间以对流换热的方式来实现散热的，所以散热器与冷空气的热量交换面积的不同会影响散热效果。散热器散热面积是由散热器的形态决定的，散热器形态涉及散热器肋片的

---

① 赵建云，朱冬生，周泽广，王长宏，陈宏 . 温差发电技术的研究进展及现状 [J]. 电源技术 .2010，34（03）：310-313.

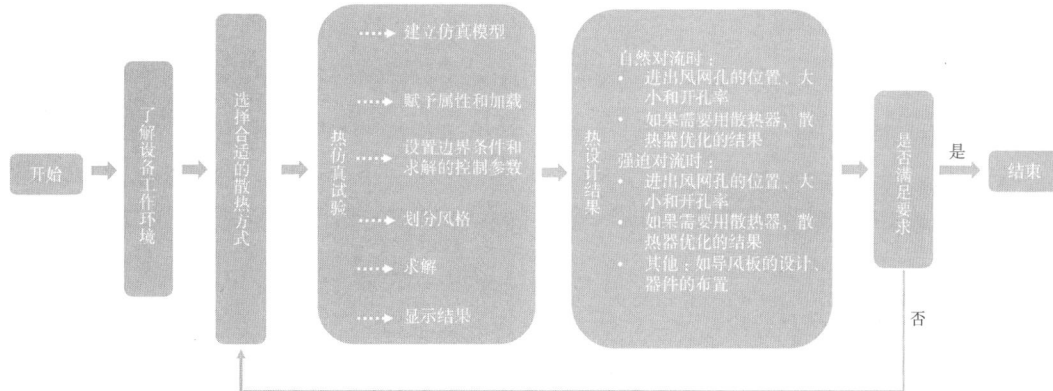

图 2-4-9　ANSYS 热仿真实验流程

图 2-4-10　热量传递的三种机理[1]

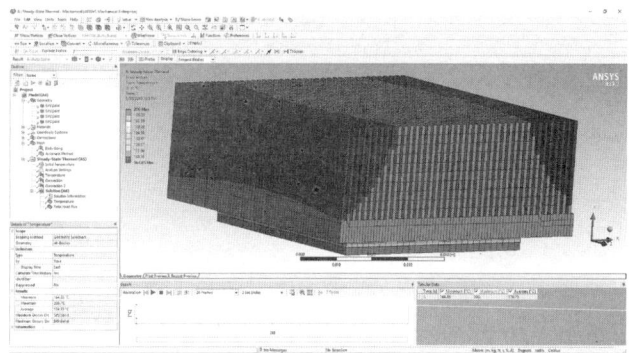

图 2-4-11　温度分布云图

高度、厚度和肋片间距等因素。在对流系数固定情况下，散热器的形态是影响散热效果的主要因素，因此需要对散热器形态进行设计并对不同形态散热器进行热力学仿真分析，评估散热结果。

　　实验以不同散热器类型、肋片高度和肋片间距等因素为依据，设计了两组共 6 种不同形态的散热器。实验载荷与约束及参数设置完成后在 Solution 模块中进行模型求解并在 Results 模块中观察分析计算结果（图 2-4-11）。

　　在散热器热力学仿真实验中，采用控制变量法，在相同的参数设置情况下对六种散热器分别进行了散热效果实验。实验结果如下：

　　图 2-4-12 是对照组 1 的截面温度分布云图，从图中可以看出当散热器肋片厚度间距都为 1mm，高度为 25mm 时，经散热后的温差发电组件冷端温度为173.5℃。对照组 2 将肋片高度调整为 55mm，散热片

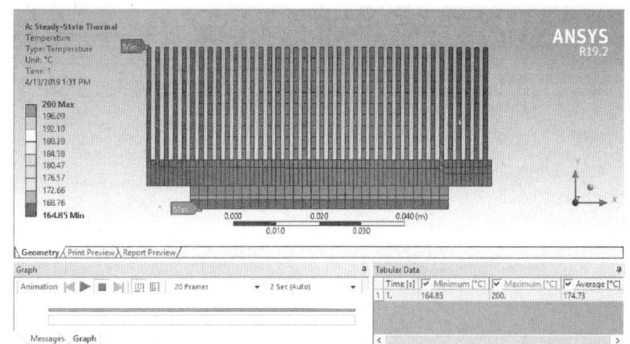

图 2-4-12　对照组 1 截面温度分布云图

面积变大，经散热后的温差发电组件冷端温度为 152℃（图 2-4-13）。

　　为了验证散热器肋片之间的间距对散热效果的影响，对照组 3 的肋片保持与对照组 2 相同的 55mm 的高度，将散热器肋片间距设定为 2mm，经过热仿真计算后，温差发电元件冷端温度为 164℃（图 2-4-14）。

　　对照组 4 在肋片厚度与间距上与对照组 2 相同，

---

① 图片来源：https://www.xianjichina.com/news/details_13713.html

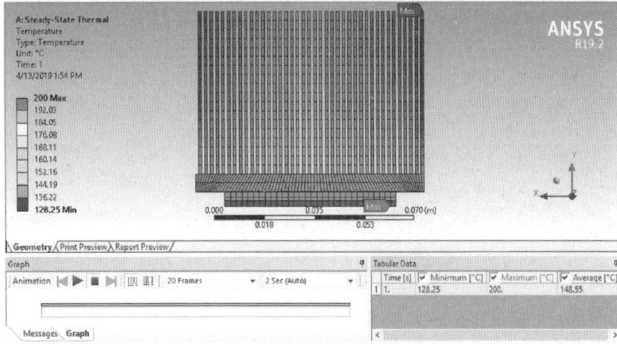

图 2-4-13　对照组 2 截面温度分布云图

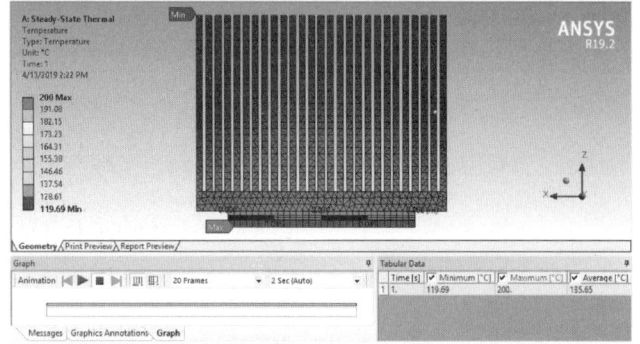

图 2-4-16　对照组 5 截面温度分布云图

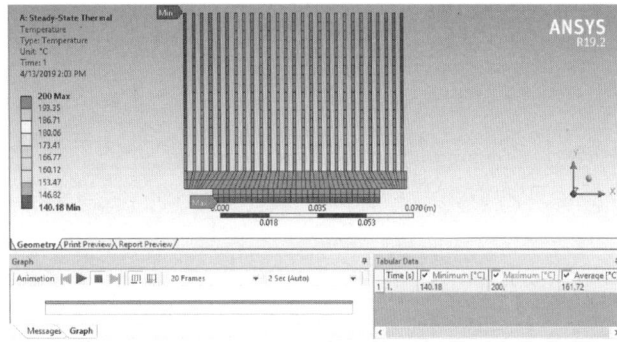

图 2-4-14　对照组 3 截面温度分布云图

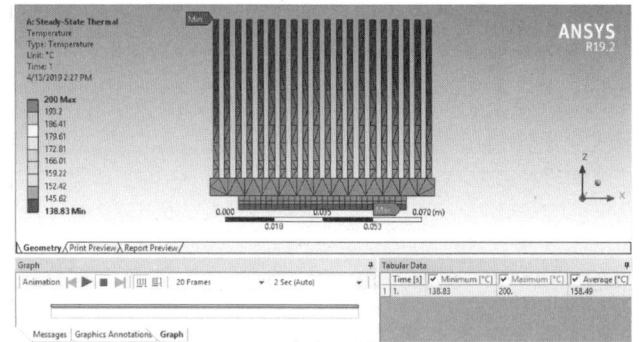

图 2-4-17　对照组 6 截面温度分布云图

但将散热器肋片设计为非常规形态。最终实验结果在图 2-4-15 中可以看到，发电器冷端温度为 156℃。

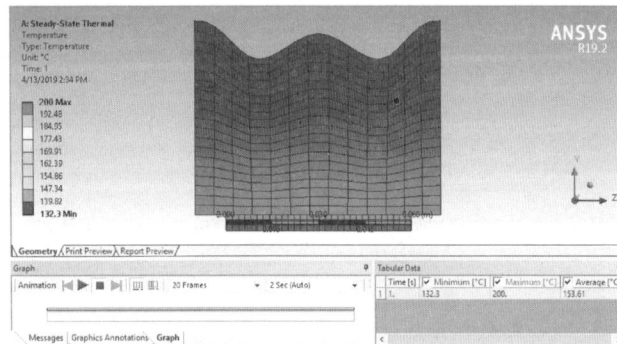

图 2-4-15　对照组 4 截面温度分布云图

对照组 5 将散热器肋片形态由片状变为若干独立的针状，每一个针状肋片长与宽皆为 2mm，在其他参数不变的情况下，热仿真计算后结果如图 2-4-16 所示，半导体温差发电元件冷端温度为 145℃。对照组 6 与对照组 5 的不同点在于，散热器针状肋片的间距由 1mm 增加到 2mm，实验结果如图 2-4-17 所示，散热后的冷端温度为 164.5℃。

图 2-4-18 是六组散热片热仿真实验结果的汇总。

在一般环境下，散热器散热效率随着散热器肋片的高度增加而增大，同时，散热器肋片间距的增大将导致散热器散热效率的降低。在相同散热面积、肋片间距和肋片高度的情况下，针状散热器能使空气对流由层流状态变为紊流状态，从而提升散热效率。

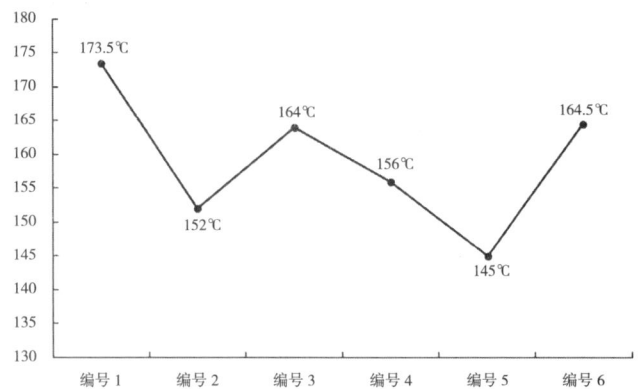

图 2-4-18　6 组散热片散热效果折线图

上组实验对散热器形态于温差发电器冷端散热的影响进行了仿真分析，并总结出了一般情况下能够提升散热效率的散热器形态规律。本组实验中将对温差发电器整体结构进行热力学仿真实验。由于加入散热孔、散热风扇等影响因素，将温差发电器散热方式设置为强制对流散热。

与第一组实验相同，首先进行几何模型的建立，温差发电器整体结构在半导体温差发电元件与散热器的基础上增加了进气口、散热孔等结构（图2-4-19）。

图2-4-19　温差发电器整体结构

实验载荷与约束施加完成后在Solution模块中进行模型求解并在Results模块中观察分析计算结果（图2-4-20）。

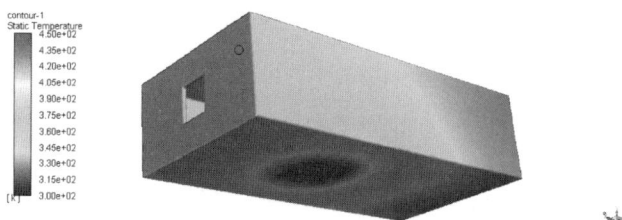

图2-4-20　温度分布云图

本组实验以不同气流路径对散热效率的影响作为依据，设计了两组不同散热孔位置的温差发电器整体结构进行热力学仿真实验。

对照组1中，进气孔位于散热器侧方，散热孔位于散热器另一侧，与进气孔相对。通过仿真实验，散热器的温度分布云图如图2-4-21所示。

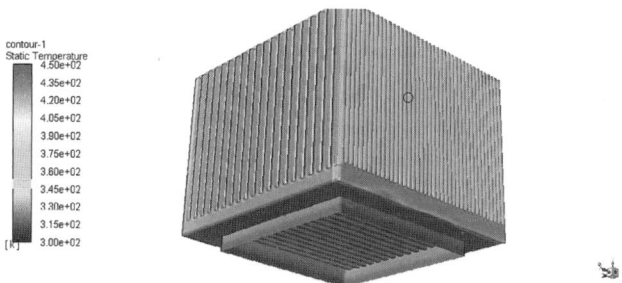

图2-4-21　对照组1散热器温度分布云图

对照组2中，进气孔位于散热器侧方，散热孔位于散热器正上方，如图2-4-21所示。通过仿真实验，散热器的温度分布见图2-4-22和图2-4-23。

图2-4-22　对照组2几何模型

图2-4-23　对照组2散热器温度分布云图

通过两组对照实验得出，散热孔位于散热器正上方时散热效果优于侧方。散热孔的布置原则应使进、出风孔尽量远离，散热孔应在散热器上方，以形成烟囱效应。散热孔配置在靠近发热体的位置散热效果更加明显。散热孔的位置决定气流路径，气流路径需保证散热模块散热均匀，避免局部产生热点。

五、基于温差发电技术的设计形态应用研究

（一）设计应用方向的筛选

在设计应用方向的筛选上，主要采用的是头脑风暴的方法。思路是根据温差发电技术的特性和应用场景两方面综合参考进行发散与联想。首先分析不同类型温差发电技术所具备的性能优势与所需的工作环境，再与不同应用场景的功能需求的匹配程度进行关联性思考。关联的契合点越多，温差发电工作环境越理想，技术实用性越高，并且功能需求越一致的方向即可确定为设计应用方向（图2-4-24）。

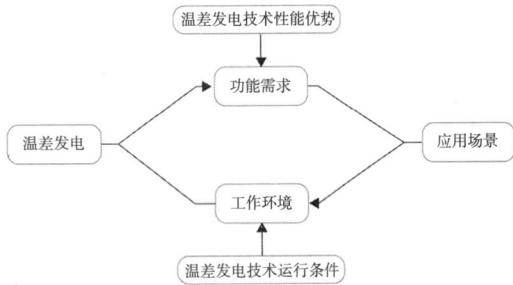

图 2-4-24　设计应用方向的筛选

（二）设计应用对象的确定

根据上文的思路，综合考虑温差发电技术工作环境与应用方向的匹配度、功能需求的一致性、设计方案的可行性等因素，发现利用炉具余热作为热源的温差发电方式在针对我国西北部偏远无电地区的用电问题方面有很好的结合点。温差发电技术只需有稳定的热源即可开始工作，而稳定的热源在烹饪、取暖等过程中都会产生，而且温差发电技术所具备的性能可靠、维修少、可在极端恶劣环境下长时间工作的优势都与偏远农村牧区无电地区的应用环境完美契合。

（三）基于炉具余热利用的温差发电装置设计

基于对温差发电技术的研究，推导并验证了设计形态与结构对温差发电效率的影响，通过思维发散，将其应用在基于炉具余热利用的温差发电装置的设计中，来解决我国西北部电力匮乏的农村牧区的供电问题。从新技术的研究到发掘与设计形态学的契合点，再到形态设计规范的提取与验证，最终进行产品设计上的转化，整体流程呈现出设计形态学的内容与方法。最后的产品设计应用层面，是对整个研究过程的总结与收尾。

在考虑温差发电装置与炉具的结合方式之前首先得考虑温差发电装置热端的导热方式。在使用炉灶内部燃烧热作为温差发电装置热源时一般有两种受热方式。其一为直接导热型，另一种为间接导热型。温差发电装置的核心部件是温差发电单元，温差发电单元由导热板、温差发电片、散热器、风扇和直流稳压模块等部分构成。如图 2-4-25 所示，直接导热型温差发电装置就是导热板直接与火焰接触，导热板一侧将热量从炉内火焰处传导至贴有温差发电片的导热板另一侧。

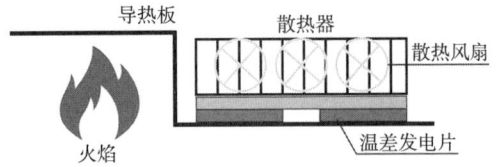

图 2-4-25　直接导热型示意图

而间接导热型则如图 2-4-26 所示，导热板并未直接接触火焰，而是贴在炉灶外壁。

直接导热型温差发电装置因为其导热板需要直接接触火焰，所以与炉具的结合方式考虑将温差发电装置整合在炉具内部或与炉具作为一个整体进行设计。而间接导热型温差发电装置可以直接贴附在炉灶外部，相较于直接导热型具有安装方便、成本更低和可以与多种传统炉具配合使用等诸多优点，所以本文考虑与炉具的结合方式使用间接导热型的外部挂载设计，如图 2-4-27 所示。

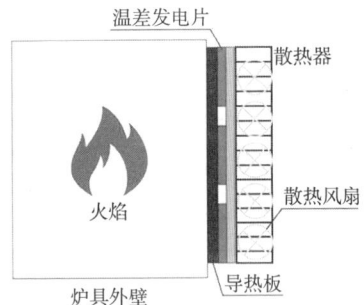

图 2-4-26　间接导热型示意图

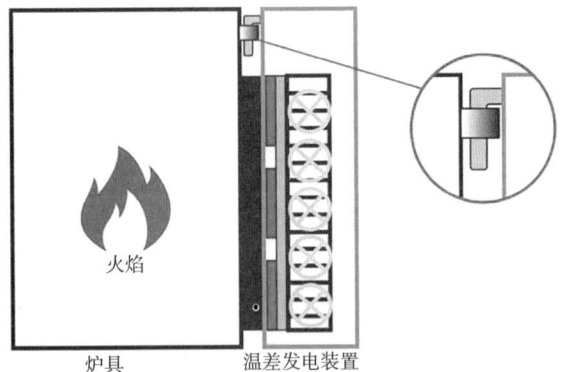

图 2-4-27　间接导热型温差发电装置连接示意图

设计路线如下：以实现功能为基础，将提升温差发电效率作为出发点，在准确把握发电装置与炉具的关系的基础上进行后续合理的形态设计优化。

间接导热型温差发电装置挂载于炉灶外部，导热板紧贴炉具外壁，为了能够保持导热板与炉具外壁尽量大的接触面积同时又不会占用太多空间，其造型应该以规则形态为主，外观线条尽量笔直。同时根据第四章的结论，温差发电器的进气孔与散热孔应尽量远离并形成顺畅的风道。

直接导热型温差发电装置将导热板伸入炉体内部直接接触火焰，所以考虑将炉具与温差发电装置作为一个整体进行设计，两者可组合亦可拆分。由于使用场景需考虑到一定程度的便携性，所以整体造型相较方案一要小巧（图 2-4-28~ 图 2-4-30 ）。

图 2-4-28 方案一效果图表现及构成示意

图 2-4-29 方案二效果图

六、小结

本文以温差发电技术为研究对象，从工作原理、技术优势和技术局限三个方面进行研究，对温差发电

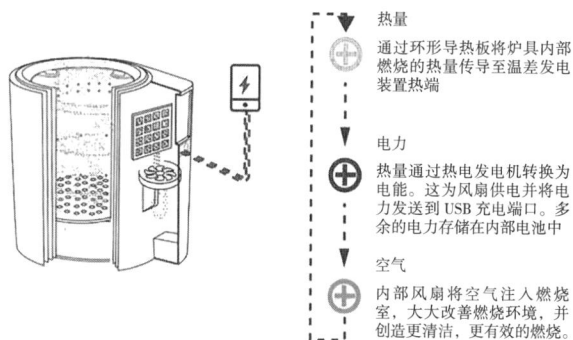

图 2-4-30 方案二工作示意图

技术有了一个较为全面的解读。总结概括了温差发电效率的影响因素，并从其中温差发电装置冷端与热端的工作温差这一影响因素入手，探究形态与结构和温差发电装置热设计之间关联，以此揭示了形态与结构对温差发电效率的影响。

利用有限元分析方法和 ANSYS 有限元分析软件对设计的不同形态与结构的温差发电装置进行流体热力学仿真实验。探究了在相同工作环境下，不同形态的散热器与散热孔的位置分布对温差发电装置冷端散热的影响。通过仿真实验得出以下结论：在一般环境下，散热器散热效率随着散热器肋片的高度增加而增大，同时，散热器肋片间距的增大将导致散热器散热效率的降低。在相同散热面积、肋片间距和肋片高度的情况下，针状散热器能使空气对流由层流状态变为紊流状态，从而提升散热效率。散热孔的布置原则应使进、出风孔尽量远离，散热孔应在散热器上方，以形成烟囱效应。散热孔配置在靠近发热体的位置散热效果更加明显。散热孔的位置决定气流路径，气流路径需保证散热模块散热均匀，避免局部产生热点。

在设计应用阶段，将热仿真实验中总结出的提升温差发电效率的设计形态与结构规律运用到基于炉具余热为热源的温差发电装置设计中，通过发电、储能等功能，解决我国西北部无电地区的用电问题，造型设计在保证美观的同时也与功能性相互影响。通过概念方案的设计，对整个研究过程进行完善和收尾，体现出完整的设计形态学方法论与流程。

本章结语

本章通过四个案例阐述了如何把"第二自然"研究应用到实践设计中。这些项目也多注重过程研究，以设计形态学相关的理论为基础，在过程中认识和理解材料、结构及工艺对造型的影响和制约，强调造型的功能和意义，以及形态、材料、结构和加工工艺关系的理解，探索新的造型原理和规律，并应用于实际产品设计中。

随着计算机科学、材料科学、结构工程、生物科学等学科不断融入设计形态学，设计形态学的研究范围不断扩大，影响力也将越来越深远。本章内容体现了多学科的交叉渗透，其中"基于新材料的建筑表皮设计研究"突破了学科界限，通过与材料学、建筑学甚至工程力学等知识的相互交叉融合，实现多学科的协同创新。基础科学同样重要，"基于温差发电技术的研究与应用设计"需要扎实的有限元分析基础，才能充分探讨发电效率与结构形态的关系，揭示形态与结构对温差发电效率的影响。研究成果应用在产品设计中解决电力匮乏地区的用电问题，体现了良好的实用性。由此可见，设计形态学不断与多学科协同创新，突破了传统的设计形态研究范围，扩大了研究视野，促进了协同创新设计的形成。"基于阿恩海姆视知觉理论的通感设计形态研究"以体验经济时代为背景，结合视觉信息传递的特点，论述了感官体验对于产品设计的重要性，这些理论为造型设计提供了重要的研究基础。

"第二自然"的研究需要去学习和探究人类经典的"人造形态"，通过对"已知形态"的研究，可以为"未知形态"的研究提供学习和借鉴，进而为未来的设计创造积累素材和经验。在设计形态学理论的指导下，不断地进行探索、实践，并在研究过程中寻找新的方法论。"第二自然"研究将会与时俱进，致力于将前沿技术应用到设计实践中。设计形态学的未来研究将更注重探索第三自然的"未知形态"，其研究成果也更加令人期待。

第三章

第三自然

"第三自然"有两重含义：一是有待被发现的"未知自然形态"，二是尚未创造出的"未知人造形态"。将其合二为一便统称为"智慧形态"。

那么，对还未存在的事物进行设计研究有意义吗？麻省理工学院媒体实验室（MIT Media Lab）的石井裕（Hiroshi Ishii）教授给出了他的答案。他提出"愿景驱动设计研究（Vision-Driven Design Research）"，并认为设计研究有三种方法："技术驱动（Technology-Driven）"、"需求驱动（Needs-Driven）"、"愿景驱动（Vision-Driven）"。之所以坚持"愿景驱动"，是因为"技术"往往在一年内就过时了，用户的"需求"大约在十年内也会快速质变。而"愿景"则不同，一个清晰的愿景甚至可以持续数百年。或许，可能需要几十年才能等到发明家实现设计方案的必要技术，但坚信对于未来的探索和研究，应该从今天开始。

国内外各高校和研究机构也都在从事针对"未来"的探索和研究。上文提到的石井裕教授所带领的"实体交互（Tangible Media）"团队，正在致力于未来人机交互的探索，他们先后提出了"有形比特"（Tangible Bits）和"激进原子"（Radical Atom）的概念，认为在未来会出现基于原子层面的可编程材料可以实现全新的人机交互体验。

同样身为媒体实验室教授的 Neri Oxman 提出了"受自然启发的设计"（Nature-inspired Design）和"受设计启发的自然"（Design-inspired Nature）观点，旨在通过研究自然与人造世界之间的互动机制进行设计与形态的创新。和 Oxman 教授相似理念的还有

图 3-0-1　Ross Lovegrove 设计的座椅 [1]

著名威尔士设计师 Ross Lovegrove、法国著名设计师 Ora Ito、美国著名设计工作室 Nervous Systems 等（图 3-0-1）。

除此以外，国内外还有一大批学者和设计师以自己的理解诠释着"未来"。比如著名的时尚设计师 Iris Van Herpen 使用数字设计与制造技术，探索新材料与时尚设计形态的新思路（图 3-0-2）；还有 Anouk Wiprecht 基于赛博智能（Cyborg）理念，探索时尚设计与身体增强技术相结合的可能性；还有致力于探索计算机模拟设计与数字制造技术的设计师 Bart Hess 和 Lucy McRae。在国内也不乏着眼于"未来"的优秀学者和设计师，如：跨界数字设计师张周捷，十年如一日专注于"未来座椅"的形态生成。

图 3-0-2　Iris　Van　Herpen 的作品 [2]

① 图片来源：http：//www.rosslovegrove.com/custom_type/go-chair/
② 图片来源：https：//www.irisvanherpen.com

上文列举了国内外设计大师以及研究机构都在进行着眼于"未来"的探索。"未来"是"设计学"一个永恒的主题，因为它与设计的本质有着密切的关系。作为设计研究者，课题组总是对一个问题进行着无休止的自我拷问：设计的本质是什么？大到摩天楼、宇宙空间站，小到芯片、微型处理器，设计是无处不在的，有人类智慧的参与，加之工业制造技术的实现，便有了工业设计。甚至，设计也可以没有人类智慧的参与，其实，大千世界就是宇宙自然造就的伟大设计。

老子在《道德经》中关于"道"有这样一段描述：道之为物，惟恍惟惚。惚兮恍兮，其中有象；恍兮惚兮，其中有物；窈兮冥兮，其中有精。其精甚真，其中有信。其大意是：道是这样一种东西，它恍恍惚惚。在恍惚之中，有形有象，含藏万物。在深远幽暗的道中，充满着无形的能量与信息。或许，这就是设计的本质吧。恍恍惚惚，若隐若现，随着时代和技术的快速发展，设计本质也在发生着微妙的变化，并且是永无止境的。"第三自然"的使命，正是在这"恍惚"之间，打破已知与未知的壁垒，敲开现实与未来的大门，探索现象背后的本质，揭示有形之下的无形。

对于未来的思考，人们充满着想象力；对于未来的探索，其实早已开始。本章共四小节，分别从"参数化设计"，"个性化设计"，"未来制造技术及 3D 打印"，"人工智能"，"未来建筑及人居环境"等多个议题展开探讨。

第一节　参数化设计研究与应用

本节主要研究内容为参数化设计及其在工业产品设计中的应用，以坐具、灯具等产品作为主要的设计研究载体，探索以"功能主义"思想为核心，"形式追随行为"理念为依据的参数化工业产品设计程序与方法。本节的研究路径将围绕参数化设计定义中两大重要组成部分展开，即参数关系的构建与参数的获取。

这一部分重点研究参数关系的构建，结合跨学科的研究方法，探索参数化设计形态学中形式的来源，即"找形"法则。通过调研国内外研究动态可以发现，对于如何"找形"，从何处"找形"是数字化形态研究中尤为重要的内容，如安东尼奥·高迪通过逆吊实验法进行形态研究；弗雷·奥拓通过分形几何学实验进行形式探索等。参数化软件平台提供了便利的虚拟实验场所，可以使用 kangaroo 在软件中进行物理力学的形态试验；利用 L-system 算法进行植物生长规律的研究等。

本节的重点便是参数的获取。本研究将通过参数化实验，使用 Arduino、Kinect、Leap Motion 等智能工具，将实验参与者的行为参数输入到参数化设计软件 Rhino 与 Grasshopper 中，进而生成符合实验参与者行为特征的产品设计。设计并实施参数化实验，分析实验结果并完善设计是本课题的重要内容。

本节将从参数化设计中"参数关系的构建"入手，运用智能工具完成"参数的获取"，探索参数化工业产品设计的规律、程序与方法。同时输出满足用户个性化需求的用户参与式设计的自组织性座椅设计方案，以及设计研究过程中的灯具及生活用品设计方案。

一、参数化关系的建立

（一）泰森多边形（Voronoi）

泰森多边形的发明，最初是用于降雨量观测点的

观测范围的划定，即在一定的区域内有若干个降雨量观测点，由于观测点的排布是随机的，并不是按照矩形网格的形式均匀分布，所以要为每一个观测点划分它自己的观测范围，即要保证某一点的观测范围中的任意点到观测点的距离，是在该区域内该点到所有观测点距离最短的。

因此，正如泰森多边形成型原理中所描绘的那样，泰森多边形的生成过程，实际是由各个随机点上不断长大的圆，共同作用的结果。

将 2D 泰森多边形作为截平面进行挤出，得到"奇物柜"的设计，泰森多边形并不会因为其不规则的形式与排列方式，从而给用户造成视觉不适的麻烦。其每个小格子的方向不同，反而会给用户带来视觉上的舒适与和谐之感，而不会造成用户的视觉晕眩（图 3-1-1）。

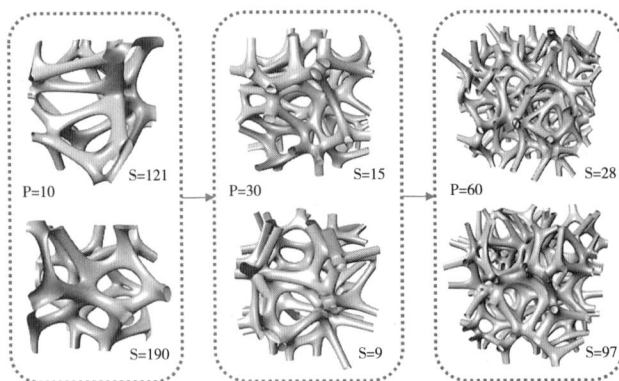

图 3-1-1　3D 泰森多边形的参数化设计深化

在进行 2D 泰森多边形参数化设计初探之后，笔者运用参数化设计软件，通过参数的调节与拓扑关系的改变尝试多种 3D 泰森多边形形态与结构的变化。并经过多轮筛选，最终选定形态与结构进行参数化设计的深化。

在参数化设计过程中，P 代表 3D 空间中的随机点个数，S 代表随机因子的变化值。在已构建好的 3D 泰

森多边形参数关系程序中，通过调节 P 和 S 两个参数，可以得到多种变化的结果，以供之后设计过程的筛选。

通过泰森多边形 3D 结构与形态的参数化设计研究，最终得到可作为 3D 打印灯具的应用形态方案。该形态研究的成果是对于此类造型参数化形态设计的推敲，以及针对 3D 打印工艺的结构合理性的探讨。

（二）极小曲面（minimal surface）

极小曲面是在一定限定条件下，物理性质最稳定的曲面，同时也是表面积最小的曲面，其平均曲率为零[①]。如果多个极小曲面的边缘与边缘之间可以进行平滑的连接与过渡，同时该单体极小曲面可以以某种方式无限地阵列开来，这便是无限性极小曲面（IPMS）。极小曲面以及无限性极小曲面被广泛用于参数化形态设计研究中。其中大部分 IPMS 的形式来自于 Alan Schoen 和 H.A.Schwarz 的研究[②]（图 3-1-2）。

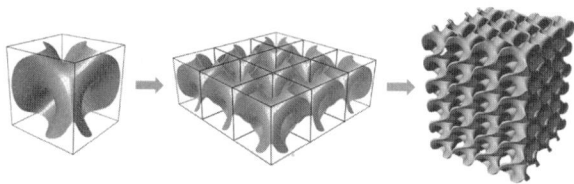

图 3-1-2 极小曲面 IPMS 结构扩展

本课题研究参考了萨斯克汗那大学（Susquehanna University）的 Ken Brake Mathematics Department 关于极小曲面的研究和 Alan H. Scboen 在 1970 年 NASA 的技术报告《Infinite Periodic Minimal Surface Without Self-Intersections》。

本文通过大量的研究与探索，进行无限性极小曲面的参数化设计尝试，得到一系列无限性极小曲面的设计形态，可以供后续研究挑选与使用。通过比较与筛选，课题组最终决定选用 Batwing 极小曲面进行参数化设计研究与深化。改变其单体结构组合的方式以及无限性极小曲面（IPMS）的组合方式设计，都是该极小曲面结构的设计点与创新点。

在得到 Batwing 极小曲面的 IPMS 阵列结构后，用球体与其进行布尔运算得到 3D 打印灯具的设计方案（图 3-1-3）。

图 3-1-3 泰森多边形与极小曲面灯具

（三）分形几何学研究与设计应用

1968 年，美国的生物学家 Aristid Lindermayer（1925—1989）提出了 Lindenmayer 系统，简称 L-System。它是一种描述植物，尤其是树枝生长过程的数学模型，它将复杂的树木生长过程概括为一种简单的、理想化的生成逻辑，即从第一根树枝的尖端生长出两根或多根子树枝，而在此之后，每一根子树枝都将按照最开始第一根树枝分化的方式进行新的生长。这便是生成的体现，即以一种事物本身的逻辑进行自组织生成的过程。

采用 L-system 的树形结构的形式，细分 Mesh 曲面的网格线分布形状，即网格线越到边缘就越细密。同时结合 Enneper surface 的变形原理，将 Mesh 曲面进行自组织性地变换。

在细分网格曲面的变形过程中，新曲面犹如正在绽放的花朵。曲面被折叠得非常自然，然而这一过程在短短的几十秒内便完成了。参数化设计的高效性以及构建自然形态的能力非常强大。将花朵绽放的造型与花瓶的造型结合起来，考虑一种全新的"瓶花一体"的造型设计方案。从参数化设计生成的多个结果中，选出两个最优的造型，用以设计 3D 打印灯具。

① 邢家省，贺慧霞，高建全 . 给定边界面积最小的曲面的平均曲率为零的证明方法 [J]. 四川理工学院学报，2014（2）：83-86.
② 包瑞清 . 面向设计师的编程设计知识系统 PADKS：折叠的程序 [M]. 南京：江苏凤凰科学技术出版社，2015.

参数化设计的特点是通过参数的调节，可以自由地改变设计的形态。它能够使设计者在短时间内得到大量的方案，便于展开多方位的比选。所以参数化设计在某种程度上可以是一个以感性为源、以理性为思的过程，它是一个从感性到理性，再到感性的过程。感性因素在参数化设计中所扮演的角色是不可忽视的，在方案的创意、概念发散以及方案评价中，感性因素起到非常重要的作用。

（四）自然界中的"参数化"——斐波那契数列

在自然形态中，漩涡的造型广泛存在，这些漩涡造型均满足同一个规律，用数学的公式加以描绘并证明，便得到了斐波那契数列。

斐波那契数列，其数列中前项与后项之比为黄金分割比 0.618，因此它又被称做黄金分割比数列[①]。它是"0、1、1、2、3、5、8、13、21、34……"这样一组数列，其规律是第三项的值等于前两项之和，在现代物理、化学等领域，斐波那契数列都有着重要的应用。曾经，美国数学学会从 1963 年起开始出版《斐波那契数列季刊》数学研究杂志，专门用于刊载关于斐波那契数列的研究成果[②]。

斐波那契数列的数学表达式及递推式为：

$F_n+2 = F_n+1 + F_n$（n=0，1，2，3…）；

$F_n+1/F_n \approx 1.618$（$n \rightarrow \infty$）；

其中：F_0=0，F_1=1。

在自然形态中，基于斐波那契数列生成原理所构成的造型与结构比比皆是，其中最具代表性的是植物的形态及其生长规律。通过对松塔与向日葵的观察和研究，可以发现一个神奇的规律：如果从正视角度观察松塔种子中螺旋线的结构，可以发现其左旋的螺旋线是13 条，右旋的螺旋线为 8 条；同时观察向日葵花心可知其花心螺旋线结构中左旋螺旋线是 55 条，右旋螺旋

线是 34 条，其中，13、8、55、34 均是斐波那契数列中的数[③]。笔者进而观察了大量的松塔与向日葵，发现它们中的螺旋线数并不一定是 13、8、55、34 这几个数，也是存在差异的，但是，非常重要的一点是，无论它们之间存在着多么大的差异，它们的螺旋线数（左旋数、右旋数、螺旋线总数），无论如何变化，均符合斐波那契数列中的数字（图 3-1-4）。

松塔螺线数：左旋13，右旋8　　向日葵花序的螺线：左旋55，右旋34

图 3-1-4　斐波那契数列在植物形态中的体现

笔者进而对斐波那契数列与植物的生长规律进行更为深入的研究以及相关资料的查阅。了解到斐波那契数列是植物生长规律的密码，因为植物的一项重要生物活动便是光合作用，植物的树枝以及树叶的排布方式直接受到了阳光的影响，只有那些能够最大程度利用阳光的植物才能够在长期的优胜劣汰与自然选择中幸存下来。这些植物枝叶的排布方式便是按照斐波那契数列的原理生成，因为按照这种方式排列的枝叶能够最大程度并且最为公平地接受阳光。因此，便出现了刚才所见到的松塔与向日葵螺旋线数值的奇妙现象（图 3-1-5）。

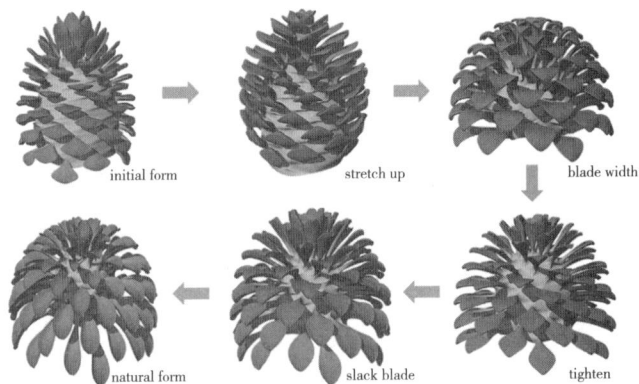

图 3-1-5　通过改变参数调节方案的造型

① 孙重冰 . 斐波那契数列与平面设计 [J]. 设计，2014（11）：109-110.
② 庞荣波 . 四阶斐波那契数列性质及应用 [J]. 烟台大学学报，2015（1）：3-5.
③ 赵尚泉 . 植物惊人的 " 数学天赋 "[J]. 大科技·科学之谜，2006（2）：26-28.

通过前面观察植物形态，研究斐波那契数列的数学原理，同时研究仿生设计的相关理论与方法。笔者运用参数化设计的方法结合斐波那契数列的数理逻辑以及植物形态的生成规律，进行参数化设计的研究与应用。在得到设计方案的基础形态之后，进而对于参数化程序中的参数进行调节，得到不同的方案造型（图 3-1-6）。

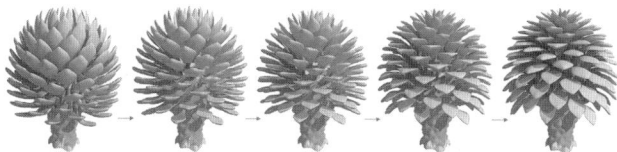

图 3-1-6　不同参数设置下的方案造型

二、参数的获取

从参数化设计的名称便可以看出"参数"是至关重要的元素，本课题的重中之重便是参数的获取。在前文中已经提到，本研究区别于其他当下的参数化设计研究的地方在于，本着"形式服从功能"、"形式追随行为"的现代设计理念，旨在将参数化设计"形式主义"、"乌托邦主义"的标签撕去，为参数化设计正名。这个切入点，便是参数的获取。本研究将通过参数化实验，使用 Arduino、Kinect、Leap Motion 等智能工具，将实验参与者的行为参数输入到参数化设计软件 Rhino 与 Grasshopper 中，进而生成符合实验参与者行为特征的产品设计。设计并实施参数化实验，分析实验结果并完善设计是本课题最重要的内容。

以下以人机工程学座椅设计为例说明参数化设计的过程

1. 单人座椅的形态生成

邀请实验参与者坐在四张不同的座椅上，放松并以最舒适的姿势端坐。四张座椅分别为：有靠背硬质座椅、无靠背硬质座椅、有靠背软质座椅、无靠背软质座椅。与此同时参与者的姿态均被 Kinect 体感摄像头捕捉并记录在 Rhino 软件中，此刻实验员通过观察 Rhino 中的数据并同时和参与者进行交流，记录使参与者最为舒适的坐姿。此次试验共记录五种坐姿。在记录坐姿的同时，Grasshopper 已经使用预先设定好

的程序为该坐姿生成了适合的座椅造型。本次试验中，座椅造型分为两步骤生成：1）在坐姿虚拟骨骼的基础上，以身体上的十个关键着力点至地面中心生成杆件；2）使用 Kangaroo 以上一步生成的杆件为基础生成 Membrane。座椅的设计与生成过程，其造型满足参与者最舒适坐姿（图 3-1-7）。

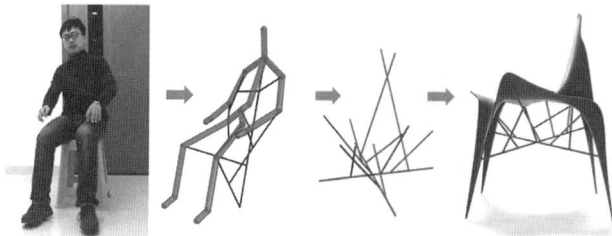

图 3-1-7　实验中坐具的生成过程

2. 由实验参与者的五种最舒适坐姿生成的五种座椅造型

标准化的座椅，是根据使用者坐姿常态设计的，标准化的设计是为了满足众多使用群体的平均需求，从而忽视了每个个体的特殊差异。本次实验中的五种最舒适坐姿来源于各个实验参与者自身的无意识常态姿势，包括一些一般不会被设计师注意到的细微动作与姿态（图 3-1-8）。

图 3-1-8　由设计实验得到的五种满足参与者最适姿态的座椅造型

3. 设计实验所得参与者最适坐姿形态的平均化整合

1）使用 Morph Surface 获得两种造型曲面的中间形态

将五种形态座椅两两对比，从中筛选同时满足父本与母本造型 DNA 及功能形态要素的最优方案。

使用参数化软件进行 Morph Surface，从两种不同形态的造型之间获取同时满足两种曲面造型特征的曲

面形态。以设计实验中 3 号座椅与 5 号座椅的筛选过程为例。

2）使用 Galapagos 遗传算法筛选最优曲面

在 Morph Surface 过程中，增加过渡曲面的数量，从而可以使用 Galapagos 遗传算法最优解筛选机制，得到更为精确的平均曲面。

Galagapos 遗传算法模拟器计算得出同时符合两种座椅造型的最优解，并发现一定规律：最优解大约在接近黄金分割比 0.618 的位置（图 3-1-9）。

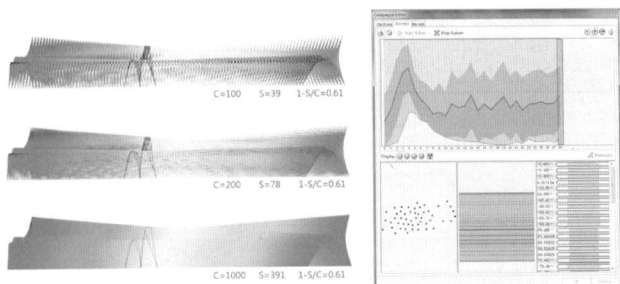

图 3-1-9　Galagapos 遗传算法最优解筛选的过程

3）从五种用户最适姿态的座椅造型中筛选最优方案

经过四轮两两对比的形态筛选过程，得到同时满足父本与母本造型 DNA 及功能形态要素的最优方案（图 3-1-10）。

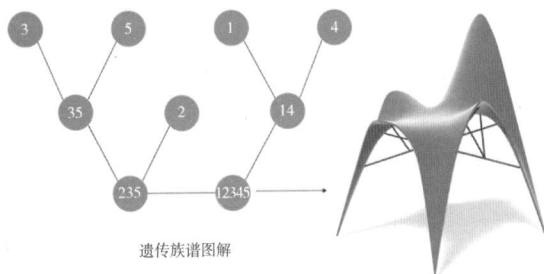

遗传族谱图解

图 3-1-10　Galagapos 遗传算法最优解筛选的过程

通过进行五种特征形态曲面的结合，得到最终座椅形态，从课题组预想的设计结果判断，该形态的座椅同时包含上述五种满足参与者最适坐姿的造型特征 DNA，进而可以同时满足实验参与者的五种最舒适坐姿。然而，设计方案是否能够满足笔者的预先设定，还需要进行设计成果的进一步验证。因此，需要快速、低成本地将设计方案实现出来（图 3-1-11）。

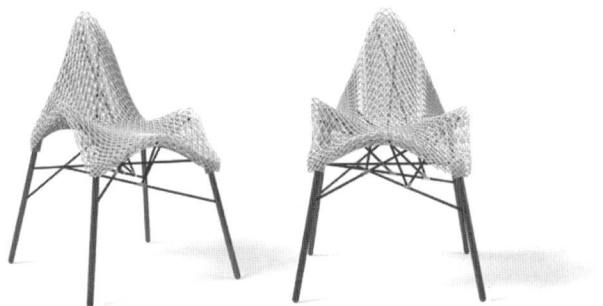

图 3-1-11　结构优化方案

4）设计实验所得参与者最适坐姿形态的平均化整合

课题组使用 Kinect 的 3D 扫描功能，与 Skeleton Tracker 功能相配合使用，捕捉实验参与者的两种使用座椅时的身体姿态："坐与躺"，进而生成与这两种姿态相匹配的座椅造型。"坐与躺"这两种坐姿，是使用者对于座椅的诸多需求中权重所占比重最高的两类动作，因此该座椅的设计围绕着这两种姿态进行。将由参数化设计实验生成的座椅造型，使用瓦楞纸插接组合的方式制造出来（图 3-1-12）。

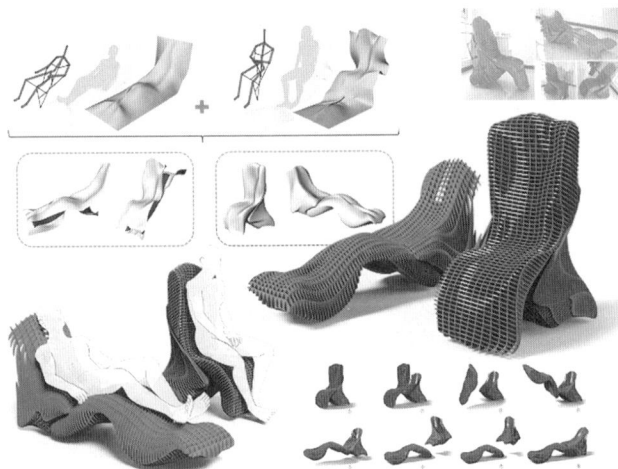

图 3-1-12　"坐与躺"变形座椅设计

5）设计实验所得参与者最适坐姿形态的综合整合方案

使用 Kinect 的 Skeleton Tracker 可以获得 20 个人体关键点的空间相对位置，进而可以快速得到人体的大致姿态，然而这对于坐具设计，尤其是对于人机工程学要求较高的坐具是不够的。因此笔者在实验过程中添加了新的智能工具——压力传感器，并用 Arduino

与其相连，返回给计算机压力值。这样可以得到实验参与者身体与椅面接触时所产生的压力。

同时 Kinect 具有一定的 3D 扫描功能，这样可以更为准确地得到实验参与者身体的体态，对实验过程的精细程度有所提升。将 Kinect 与 Arduino 发送给计算机的数据加以整合和利用，使用 Grasshopper 构建曲面生成的程序，得到受实验参与者身体影响的 Rhino 曲面。

进而邀请实验参与者进入一个摆放了若干椅子的空间自由活动，参与者可以任意改变椅子的位置，椅子上装有压力传感器用以获得参与者与椅子接触时的压力数值，同时在空间内放置 kinect 体感摄像装置进行实验参与者行为的观察与捕捉，进而得到一系列与实验参与者身体姿态相适应的造型曲面（图 3-1-13）。

进而，将由实验得到的契合实验参与者最舒适姿态的造型曲面有机结合起来，生成长椅的造型。因为实验得到的曲面造型是紧贴人体的，因此没有足够的冗余空间，这样的造型还需要进行一定程度的曲面柔化，

因此笔者将所有的曲面进行柔化，再将柔化之后的各曲面整合为一体化的长椅造型初步方案。

自组织座椅造型生成实验，通过实验参与者在一定区域内的活动，观察并捕捉参与者的行为从而发现其潜在需求，为其行为背后的需求生成长椅造型，换句话说，该长椅造型不是笔者刻意"设计"的结果，而是实验参与者（即用户）一定时间内肢体行为的动态转译。经过数次方案的调整与深化，以及结构上的优化得到最终的设计方案如图 3-1-14 所示。

三、研究的价值与意义

在本节的研究过程中，需要不断学习、实践，并将智能工具应用于参数化设计研究中。通过研究、使用 Arduino、Kinect、Leap Motion、TouchOSC 等硬件工具，以及 Firefly、Ghowl 等软件工具，成功地将真实世界中的物理变量转变为可供 Grasshopper 使用的设计参数。与参数的获取同样重要的板块便是参数关系的构建，相

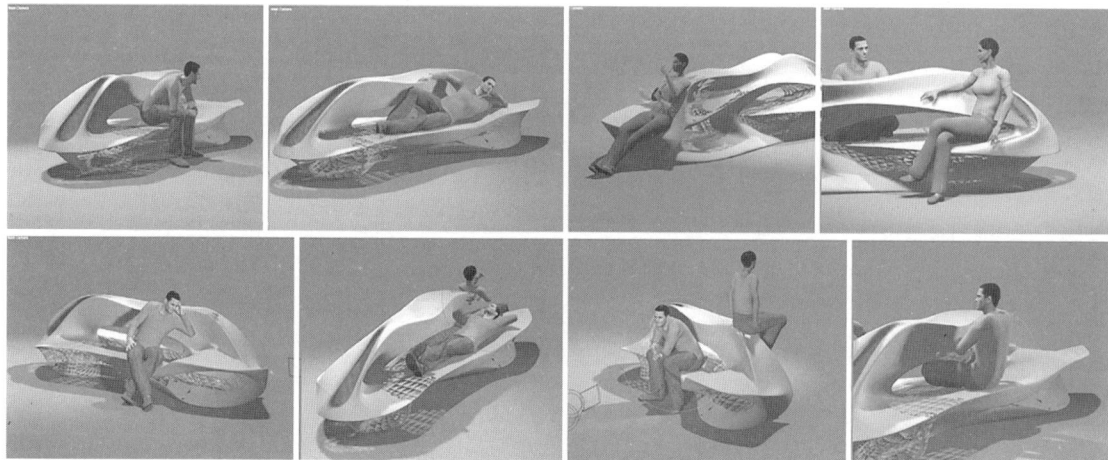

图 3-1-13 长椅使用方式情境预演

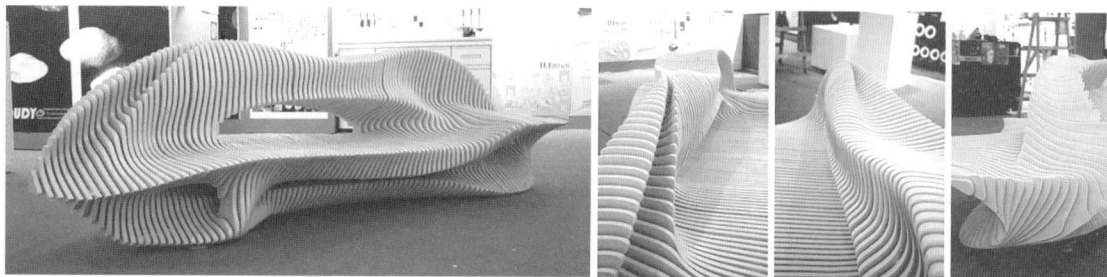

图 3-1-14 多人长椅最终方案

当于 SOC 集成电路专业的数据采集系统，参数化设计软件 Grasshopper 使得数据采集系统的编程变得容易且友好，视觉化、节点式的编程方式易于非计算机背景的设计师快速学习。同时 Grasshopper 拥有强大的插件系统，几乎可以满足设计师们所有的奇思妙想。

通过探索参数化关系的构建，并将所学到的软件技巧应用于设计实验中参数化模型的生成，以及综合设计部分方案的生成（图 3-1-15）。

本节最终生成的设计方案，并不是基于大批量生产语境中关于标准件的同质化生产。其研究背景是基于个体的个性化需求、定制化、小批量化生产的产品。因此，本节最终方案的制造及工艺技术的使用完全符合课题开题伊始的初衷，成本控制在一个较低的水平，让绝大多数消费者可以并愿意接受。

四、小结

本研究的实验涉及了一些虚拟现实的理念与技术，Kinect 与 Leap Motion 均是虚拟现实工具。人工智能技术主要依靠于计算机算法，因此参数化设计将在这一领域拥有广阔的应用空间。或许在未来，计算机与机器人将代替现在的设计师，智能地完成设计方案以满足用户诉求。

参数化设计也许不适用于现有的材料与工艺，在建筑中参数化设计或许也不适于钢筋混凝土及玻璃幕墙这些工业化产物。然而，智能的、自组织性的、会自主变化的新型材料可能会更适合参数化设计，因为，参数化设计代表性的有机形态只有在不断变化的材质媒介中才更有意义，如 4D 打印材料、记忆合金、智能材料等。

尽管今天我们都在提倡设计师的跨界，然而，跨界的前提应是认清自身专业与其他学科间的壁垒，参数化设计仍然属于设计学的范畴，因而仍然以设计思维作为核心。尽管，计算机技术在参数化设计中扮演着重要的角色，然而无论技术有多么高端，它仍然需要设计思维来主导，沉溺于技术的参数化设计必将失败。

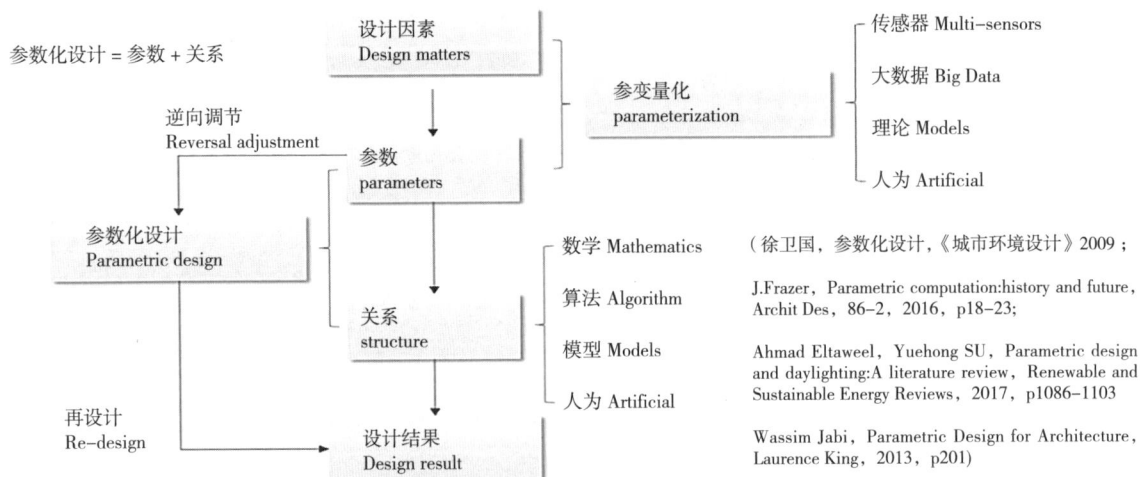

图 3-1-15　参数化设计关系图 [①]

第二节　个性化 3D 打印运动鞋参数化设计

本节主要以参数化设计思想为核心,通过对参数化设计理论、数据处理方法和形态生成算法的研究,探索以数据为主导的工业产品设计流程与方法,并将研究成果应用于 3D 打印定制化运动鞋设计实例中。

该研究在设计形态学基础上,针对参数化设计的理论和思想进行总结和归纳,并分析了国内外代表性设计案例,形成了研究的理论基础。随后基于 Grasshopper 参数化构建平台和 Python 程序语言,研究了参数化设计的基本元素及数据结构和数据处理方法,为之后的算法研究和综合设计实践奠定技术基础。本节对反应扩散算法、遗传算法、结构优化算法和形态优化算法等计算机算法的原理和规律进行探索,提炼出对设计研究有价值的部分,展现出算法和数字建模技术在工业产品设计中运用的潜能。

设计实例基于参数化设计理论与技术成果,以 3D 打印定制化运动鞋设计为载体,针对每个人的体重、脚型、足底压力分布的不同,研究以数据驱动的工业产品设计流程与方法。该案例把参数化设计思想和人体数据分析相关联,把人与产品的关系转换为计算机语言,以数据分析为设计重点,实现产品的功能性为设计目标,深入研究分析了产品几何形态和结构性能的关系。该设计研究对以"智慧形态"构筑的"第三自然"具有垂范作用,也为未来的协同创新设计奠定了坚实基础。

一、背景介绍

随着科技的发展,3D 扫描、机械臂、3D 打印设备已经逐渐进入设计师的视野。3D 打印技术的发展使设计师的创新力和想象力不会受到传统生产工艺的束缚,即便外形再复杂的形态都可以被生产加工。3D 打印技术加快了产品的研发周期,减少了生产材料消耗,

并使产品的个性化设计生产成为可能。新的制造技术为设计师带来了新的机遇,提供了更广阔的设计空间。从设计师的角度来说新技术的介入提供了一种新的设计思路,设计到建造的过程更加游刃有余,还可以直接影响到形态设计的创新。

随着数字化设计方法的不断发展,新的设计手段与其他领域的结合带来了全新的设计观念。生成式设计就是一种较新的设计流程,这个流程基于一定的逻辑算法及计算机强大的算力,可以高效地生成大量设计方案。

数据是参数化的核心,以前由于技术的限制,传统的工业产品设计中很少会考虑到数据的驱动,也很难把数据变成设计的依据。随着信息技术、大数据和各种数据收集硬件的发展,现阶段数据对绝大部分产品的设计有着很重要的价值。对于穿戴类产品来说,由于每个人都是不同的,他们所产生的数据就会不一样,因此他们使用的产品也不会全部都一样。传统的鞋类产品设计模式是让用户的足型与运动习惯去适应有限的尺码与型号,随着人们的生活水平提高,传统按鞋码生产的鞋已经无法满足部分用户的需求,在未来个性化定制服务的需求量将会大大提高。

本实践主要针对每个人的体重、脚型、跑步姿态、落地方式的不同,完成以数据驱动的 3D 打印运动鞋设计。设计的前期需要先对用户足部进行三维扫描,获取足部的形态数据,并检测用户的运动过程,得到足底动态分布的压力数据。将足部数据与体重作为参数,根据脚底压力的分布而生成相应的结构,分散足部压力并且保证足够的稳定性,生成符合个人运动情况的运动鞋。

二、同类产品调研

目前由于 3D 打印技术的发展,一些世界顶级运动

品牌公司都推出了 3D 打印运动鞋，如 Adidas、New Balance 和 UA 等。这些运动鞋的打印部分主要集中在鞋底，通过算法生成传统工艺所无法完成的结构，这些结构在轻量化、减震性能上有明显的优势，且外观科技感十足。

Nervous System 设计 New Balance 打印跑鞋。灵感来源于鸟骨骼坚固而轻盈的结构，把这种结构用于鞋底支撑结构设计可以减轻鞋底的重量，加强稳定性以及提高弹性，实现了 3D 打印鞋底性能的突破。与 Adidas Future 4D 的设计手法一样，还是基于传统的设计理念，只不过鞋底部分的设计是运用一些算法对自然形态进行模拟。但是这些运动鞋和传统鞋类产品设计生产流程几乎一样，没有大的改进。还是基于传统的制鞋标准，按鞋码生产，流程增加了 3D 打印后反而成本上涨，没有充分发挥 3D 打印的优势（图 3-2-1）。

图 3-2-1　3D 打印运动鞋 [1]

除了量产的 3D 打印运动鞋，还有一些独立设计师或者机构基于定制化设计的运动鞋，如 Feet Z 公司研发的定制鞋和 One/1 概念运动鞋、扎哈·哈迪得设计的时尚鞋。这些设计不再依赖于传统制造流程，整鞋一体 3D 打印，而且基于用户脚型设计造型，具有一定的前瞻性。但是对人体行为数据和产品功能数据深入设计的却几乎没有，都停留在表面形态和对脚型分析的阶段上。所以本实践的重点应放在人体数据分析和形态与功能的关系上（图 3-2-2）。

Biorunner 是 3D 打印一体运动鞋。Biorunner 从设计方式到生产不再依靠传统的设计生产流程，大大提高了研发效率。这款设计虽然引入了数据分析的概

图 3-2-2　3D 打印运动鞋 [2]

念，但是设计的结构比较单一，对数据的分析相对较浅，没有突出数据应用于设计的优势，因此需要在这个设计的基础上更加深入地研究数据与设计的关系。

三、设计方法

（一）数据收集与分析

1. 人体数据采集

设计过程中主要有两种数据对鞋的设计至关重要，一种是用户足部的 3D 模型，另一种是用户运动状态的脚底压力分布图。主流的收集用户脚型数据的方法是使用 3D 扫描设备、收集压力分布的方法是使用压力测试板。本实践收集的数据主要有足型数据、足底压力数据、足底热力图与鞋面形变数值。

2. 足型数据分析

当脚在运动状态下，其形状、尺寸、应力等都有变化，因此 3D 足部模型并不能直接生成鞋的形态，需要先转换成适合用户的定制化鞋楦。在传统的定制鞋过程中，楦型师依靠个人经验测量脚型制定鞋楦。而现阶段可以利用 3D 扫描技术，根据不同足型的关键点参数重新生成鞋楦。

3. 足底压力数据分析

足部压力图以 RGB 的形式输出。在分析压力图数据前，需要建立栅格，栅格的大小决定分析结果精度的大小，栅格越密集，提取的数据也就越多，精度则越高。通过栅格的中心点对应的压力图 RGB 的数值来提取压力数据。R 值（红色）越高则说明受力越大，B

---

① 图片来源：https://3dprintingindustry.com/news/63131-63131/

② 图片来源：https://www.behance.net/gallery/29179253/Design-Thesis-3D-printing-the-future-of-footwear、http://conceptkicks.com/author/cncptkicks/page/20/

值（蓝色）越高受力越小。当所有点获取受力数据后，即可根据压力值建立高程分析，压力越大的点 Z 值越大。如要得到脚底每个位置的受力大小，只需要把该点垂直映射到压力信息图上，压力图对应点的 Z 值就是该点受力的大小。

4. 运动鞋区域功能分析

运动鞋的核心在于其功能特性，主要有轻量化、透气性、弹性、减振性、防滑性和稳定性。关键功能特性可以概括为如下三点：支撑性确保运动中不易扭伤；反弹性减少运动中能量消耗，给予人体能量回馈；减振性，所有减振的目的都是减小地面对人体的冲击力，从而减少运动中人体的损伤程度。

一个好的鞋底结构要在受压形变时相对柔软而在反弹阶段足够强劲。对鞋底进行功能分区，生成不同的结构去满足相应的功能。需要反弹的区域生成弹性好的结构，需要缓振的区域生成减振性能好的结构，稳定性好的结构运用在需要支撑的区域，这样可以最大地发挥鞋底的性能优势。

对于主要发力部位鞋底可以做加强防滑功能的设计，并对磨损较多的部位加强耐磨性。在前后掌内外侧的结构，可以在足部侧向移动时给予足部足够的反作用力并防止足部超过合理的运动范围。用作足弓支撑的结构可防止足弓的过度伸展以及前后掌的过度扭转。

（二）模型构建

1. 单元模块构建

单元模块是指构成整个鞋底的每一个小部分，单元模块的种类越多，鞋底出现的形态也就越丰富。单元模块分为两种，壳体（infill）和晶格结构（lattice）。

壳体，如极小曲面，具有很好的几何结构性能，满足轻量化的需求，而且无限性极小曲面（IPMS）可以对极小曲面进行无限周期扩展。使用三角函数来确定 $v=f(x, y, z)$，当三角函数在 -1 和 1 之间振荡时，等值面以相等的比例将空间分为固体和孔隙。自从 Schwarz（1871）描述了第一个周期极小曲面以来，已经发现了大量的三层周期极小曲面（TPMS），Schoen（1970）对其进行了更多的补充。

晶格，就是将微观结构定义为空间的构架线，然后沿着这些线生成管并将其加厚。理论上，从完全随机（例如，3D Voronoi 细胞结构）到严格有序的三层周期性正交网格，任何线的集合都可以构成晶格。对于三重周期结构，只需要定义一个单元的八分之一，这个八分区在 XY、YZ 和 XZ 三个平面上进行镜像，然后进行复制以填充整个空间。采用晶格结构可以在达到相同强度的情况下，降低 40% 的重量。而且相比于壳体，晶格结构可以很好地应用于选择性激光烧结 3D 打印技术（Selective Laser Sintering, SLS），便于清理粉尘。所以鞋底的设计采用晶格结构去填充。

本次研究生成了不同单元模块进行实验测试，对比发现不同结构的模块其性能也不同。对每种模块的弹性、支撑性、减振性、重量等数据进行标记，寻找形态与性能的规律。

2. 鞋底晶格结构构建

设计完单元模块后需要有相应的晶格结构做鞋底设计的框架。New Balance 的设计中没有用到晶格结构，而是基于点的分布来生成结构。而 Adidas 是基于晶格结构设计的。设计晶格结构的方法有两种，第一种是用相同的正方形对鞋底进行填充，这种方式可以保证每个晶格不发生变形，第二种是随着鞋底的形态进行晶格填充，随着鞋底形态的变化其晶格也会发生形态变化。因为第二种方法有较好的形态塑造性，所以选择随形晶格填充。随型的晶格结构会随着鞋底网格面的拓扑结构分布，不同的网格面布线会影响整体结构的性能和外观。晶格的数量应控制在一定范围内，满足鞋底功能性，单元结构需要填充进每个晶格结构之中，从而生成整个鞋底结构。

3. 鞋面结构

鞋面形态设计选取了生物纹路，与人体皮肤纹路相接近。鞋面纹路的构建主要模拟了一个细胞形成完整生物的过程，使用了反应扩散算法，通过参数化控制反应扩散方程的关键参数来生成设计所需要的形态。鞋面形态的设计需要考虑到鞋面相应的功能，例如弯折性、透气性和支撑性等，并在相应功能区生成满足该功能的形态。不同的生物纹理会有各异的功能，如垂直的纹理可以保证良好的支撑性，开口的点状纹理可以保证透气性等，这些形态应与鞋面相应的功能区匹配。

把鞋面进行功能分区，各个功能区生成特定的细胞 A 与细胞 B，最后经过细胞的自组织逐渐形成鞋面的特征纹路。随着每个人数据的不同，鞋面的形态和功能区的位置也不一样，所以自组织生成的鞋面纹路形态也会有一定的区别。

4. 形态生成与优化

生成形态有两种方法，基于 BRep 的构造和基于 FRep 构建方法。

（1）基于 BRep 的构造：本文对两种不同的结构线加厚方法进行了比较。基于 BRep 的构造通常在每条线的两端构造两个点环，每个点的端点都有一个预先补偿的偏移量，并将这些环连接到圆柱体上。对于每个节点，收集所有的环点，计算凸包多面体，并将圆柱体之间的面添加到网格中。这在许多情况下都能很好地工作，并产生相当小的网格。但是当两连接线之间的角度很小的时候，会导致模型表面的自交。

（2）基于 FRep 构建方法：使用构建等值面 Isosurface 的 Marching Cubes 算法（Lorensen and Cline 1987）。晶格结构的表示可以用一个函数 $v=f(x,y,z)$ 来定义距离场，使用基本的布尔运算（交集、并集和差集），以及通过指数或对数函数平滑地混合尖锐和圆润的特征，可以创建出传统 CAD 软件中难以实现的几何形状部件。基于 FRep 的结构将增厚处理为多个柱面函数的并集。随着圆柱直径的增大，孔洞会变成一个实体节点，而且不会引起拓扑问题（图 3-2-3）。

由于 FRep 构建方法有良好的拓扑性能，所以本次研究采用这种方法生成形态。晶格结构线依据所受压力的值加厚，形成实体结构。鞋面则依据点阵的分布生成形态。鞋底结构与鞋面的纹路同时计算，Marching Cubes 算法可以把两者自然地融合为一个整体。形态的设计理念主要为有机形态，这种造型与自然形态类似，与棱角分明的人造物有很大的区别。最后运用网格平滑算法减少网格噪声，使形态平滑。

（三）模型检测

鞋底结构有限元分析

传统鞋类产品设计中，只能根据设计师的经验判断设计的结构是否符合标准，要进行大量的测试才能找到合适的方案，造成时间和材料上的浪费。为了在打印前对结果有一定的预测，需要对打印前的模型进行有限元分析，检测出哪些地方不符合受力要求或者容易损坏。鞋底结构的有限元分析方法可以在设计阶段模拟结构的承重范围、弹性、强度等，提高 3D 打印鞋底结构设计的准确性。

使用基于 Grasshopper 平台的 Karamba 有限元分析插件（FEA）进行鞋底结构分析与优化。分析的基本流程如下：

1. 首先依据要分析的参数模型构建能被有限元分析的 FEA 模型，鞋底的支撑（line）被转化成梁体（beam），鞋的帮面（surface）被转化成壳体（shell）。

2. 然后设定鞋底模型的支撑点（support），也就是鞋底的支撑结构与地面接触的点。设定鞋底的承重

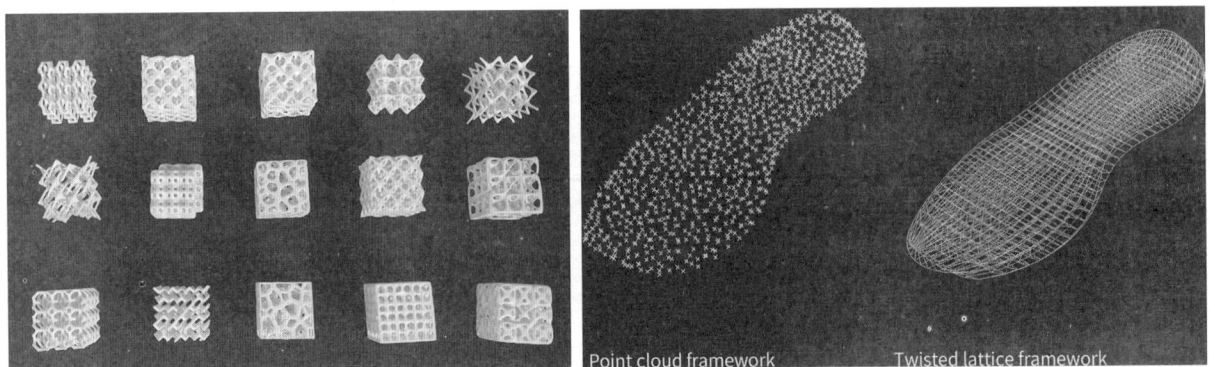

图 3-2-3　BPep 与 FRep 构建方法

（load），依据用户脚底的压力数据提取出作用于每个区域的压力值。

3. 设定鞋底结构的材料密度、截面和节点等必要参数。

4. 最后需要选择有限元分析算法来计算模型，输出计算后的模型参数，最后可以对计算的结果进行可视化。

当有限元模型构建好后，选择合适的算法很重要，不同算法对应不同分析结果。Karamba 提供了几种不同的算法来解析结构模型，用于计算鞋底模型在用户脚底压力作用下的形变量，就要用到 Analyze 算法。该算法不仅计算了模型的形变量，而且输出了应变势能（KNM），应变势能就是这个结构变形之后产生的不稳定性，这些参数可以用于模型的结构优化，模型的最大形变、材料的消耗和应变势能越小，则表示这个结构越高效（图 3-2-4）。

四、设计生产与实验室测试

在模型输出前需要检查模型是否有开放的边和破损的面，当三个面共用一条边，或两个面没有衔接边且只共用一个顶点时为非标准网格面，非标准网格面无法加工生产，在模型构建中应该避免出现。3D 打印机最常用的文件格式分别为 obj 格式和 stl 格式。为了保证模型打印的精度，选择激光烧结技术进行 3D 打印。加工材料为 TPU 材料，TPU 材料质地柔软而且有很好的亲肤性，非常适用于运动鞋类产品。

产品生产完成后，通过在北京体育大学运动生物力学实验室参与专业运动的测试，来检验本研究设计出的运动鞋的性能。实验对比了不同运动鞋的动态稳定性数据、静态稳定性数据及运动压力数据，最后得出 3D 打印定制化运动鞋可以达到专业运动鞋的标准。与 ASICS 品牌专业跑鞋 GT2000 的实验数据比对如图 3-2-5 所示，最终效果见图 3-2-6。

五、小结

本节详细阐述了以数据驱动的 3D 打印定制化运动鞋设计方法。研究基于产品的美观与性能，发掘各个设计要素之间的关系并构建参数模型。研究通过输入不同用户的足型和运动数据，自动生成专门适用于用户的运动鞋。

本文以研究参数化设计在工业产品设计领域中的应用方法为目标，总结了相关理论与方法，并进行了

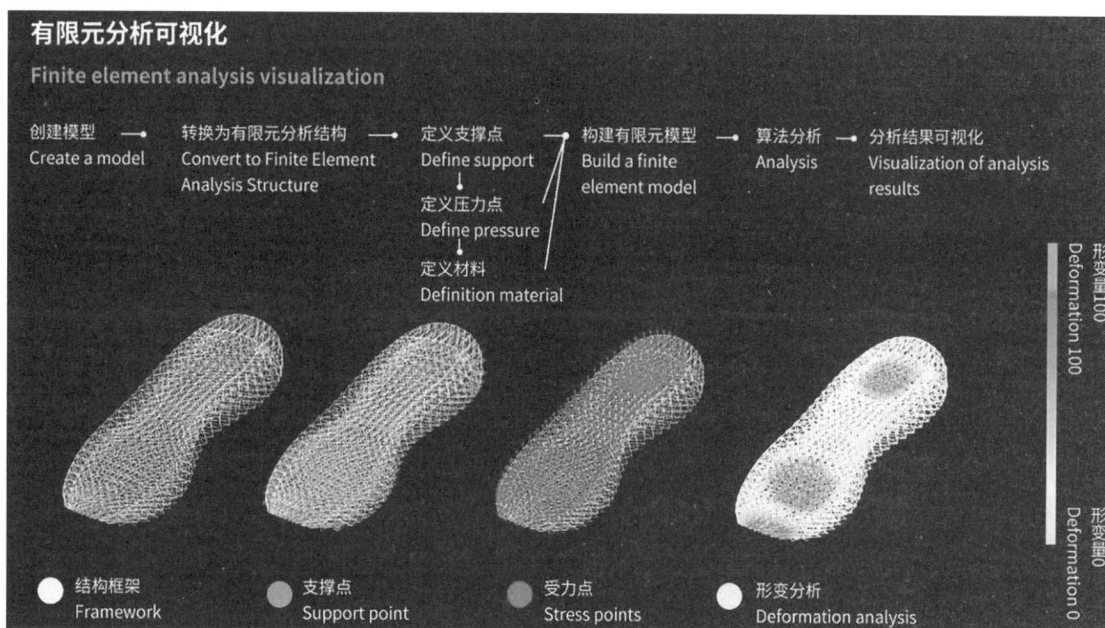

图 3-2-4　有限元分析可视化

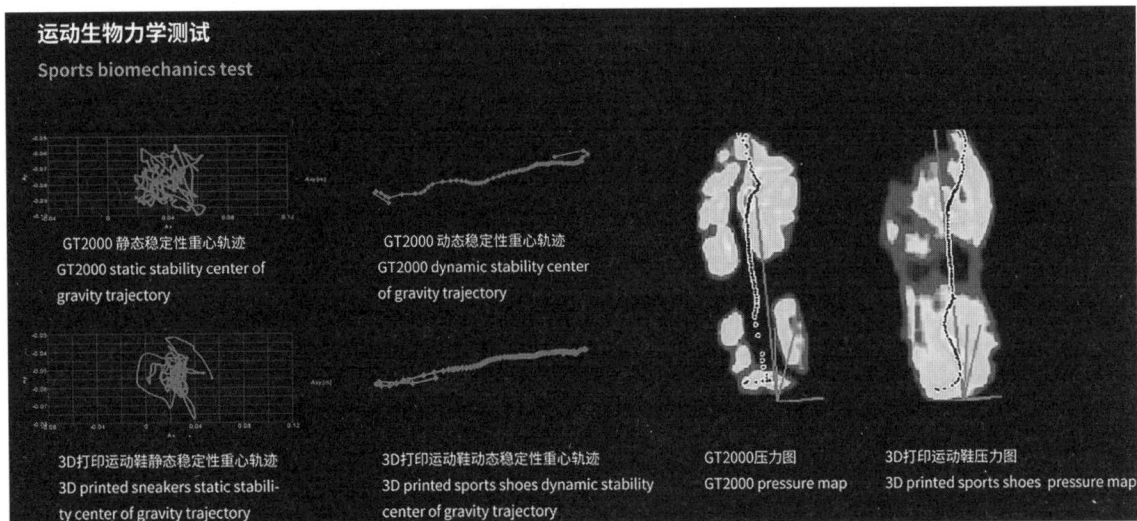

图 3-2-5　实验数据比对

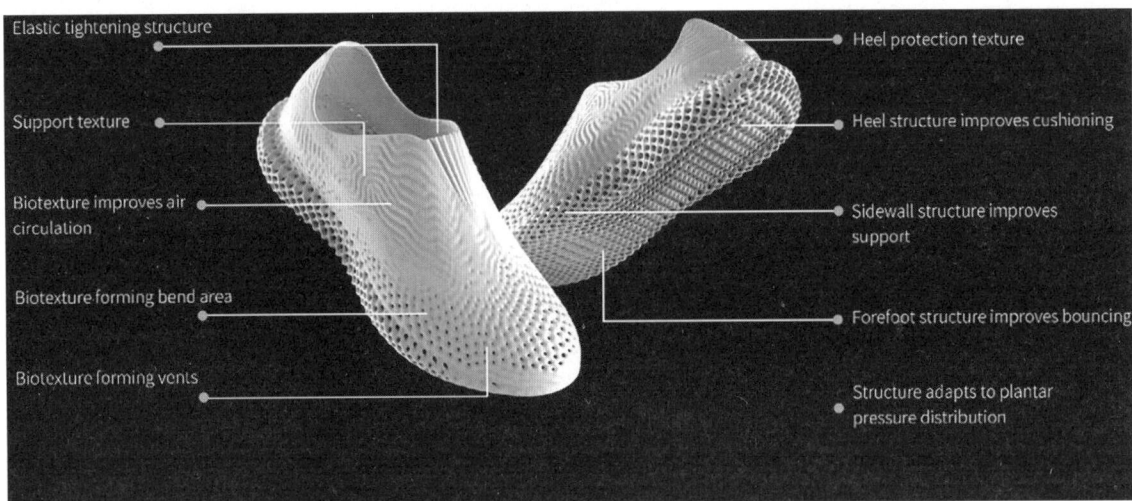

图 3-2-6　最终效果图

完整的设计实践。主要内容如下：

1. 首先以工业设计师的视角对参数化设计的理论和思想进行总结和归纳，复杂性科学给参数化设计提供了理论基础，德勒兹哲学思想则为参数化设计提供了思想依据。

2. 从基本参数化设计元素出发，如向量计算、多边形网格面构建和参数化曲率分析等。研究了 Grasshopper 平台和 Python 编程语言中的数据结构与数据处理，并探讨了两者结合处理复杂数据结构的方法。

3. 研究适用于工业设计领域的计算机复杂算法，如反应扩散算法、遗传算法、形态优化算法等，展现了算法和数字建模技术在工业产品设计中运用的潜能。

4. 最后文章以数据分析为重点，结合实际设计案例详细研究了参数化设计在工业产品设计中应用的过程与方法。针对每个人的体重、脚型、足底压力分布的不同，完成以数据驱动的 3D 打印定制化运动鞋设计。

参数化设计是适应信息时代设计需求的重要设计手段，其借助计算机强大的计算能力，能够辅助设计师理性地分析处理庞大的数据，使传统设计方法无法实现的复杂方案成为现实。参数化设计作为一种更科学系统的设计方式，为工业产品设计提供了新的探索和实验方向。参数化设计也是设计形态学依托的重要研究手段，是有别于传统设计的显著特征。同时，它也为"第三自然"的探索与研究起到非常重要的推动作用。

第三节　人工智能技术驱动设计创新

人工智能技术（AI）从诞生至今日趋成熟，对更加专业化的健康医疗产业产生了极大的推动作用，特别是在疑难杂症的攻克上提供了更多的可能性。设计作为一个整合创新的方法，从技术角度切入，发掘需求，可以更好地帮助解决实际问题。本文在包容性设计的指导下，通过对肌萎缩侧索硬化症（渐冻症）患者的日常生活和康复过程研究，从病患的需求出发，整合人工智能技术，针对渐冻症患者的需求提出创新性的解决方案。在新的语境下，设计更为关注需求的转换，逐渐从"为大众 - 普遍性"转变到"为小众 - 针对性"，技术驱动、设计整合的创新路径不但能够更好地解决医疗行业面临的问题，还能够为设计的发展提供新的机遇。

随着技术和生产力的进步，设计作为协同创新的知识体系，需要更多从同理心、关怀心角度出发，利用技术优势，去解决特殊群体的需求。但由于学科背景关注点的不同，现有的辅助产品更多的是解决功能上的基本需求，缺乏对于患者内心诉求的理解。通过长期的研究和观察，本文以肌萎缩侧索硬化症患者为对象，从设计研究的角度出发，发掘患者的需求，整合人工智能相关的技术，在包容性设计思想的指导下，以产品功能和人性关怀双重视角去探索技术驱动、设计协同创新的机会。

一、前沿人工智能技术应用的发展

脑机接口技术（Brain-computer Interface，BCI）的研究是人工智能技术的前沿领域，是一种直接通过脑电信号建立人与外界的交流通道的技术，不依赖外周神经和肌肉的正常路径。脑机接口技术诞生的初衷是为失去运动能力的疾病患者提供与外界交互、控制机器的可替代操作手段和交互路径，帮助他们进行神经康复与辅助，如渐冻症患者、骨髓损伤患者、脑瘫患者和闭锁综合症患者。脑机接口的原理是，当人受到外界刺激或进行某种意识活动时，大脑中会产生微弱的神经电信号，并传到大脑皮层，从而产生节律性或空间分布特征，实质上是通过特定的手段对人的脑电信号进行采集，然后对脑电信号进行特征识别与特征分辨，最后通过计算机将人的意识活动编码成为控制指令，从而控制外部设备，同时将结果反馈给使用者。脑机接口分为侵入式和非侵入式，侵入式需要将信号采集电极经过手术植入人脑内，而非侵入式则以头戴设备的形式在头皮上方获取脑电信号，操作简便安全。脑机一体化目前是脑机接口技术应用的方向，将脑机接口与智能机器结合在一起，形成人脑决策，机器操控，机器试运作的脑机一体化系统，进一步拓展人脑控制机器的可能性，见图3-3-1。

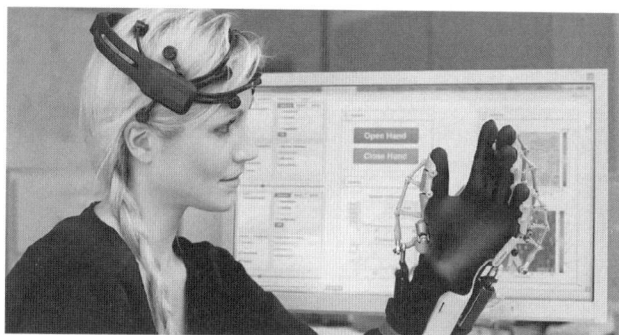

图 3-3-1　脑机接口技术应用 [1]

二、渐冻症患者的需求

渐冻症也叫肌萎缩侧索硬化症，是由于运动神经出现障碍，病人体内负责肌肉运动的神经细胞大量死亡，而这些神经细胞不可再生，一旦损伤数目超过50%，就可能会出现肌肉萎缩症状，从而引发不可逆转的肌肉萎缩。对患者来说最为残忍的是，即使他们到了四肢无法动弹、无法自行呼吸的程度，但心智依然正常，意识依旧清楚，感觉也是敏锐一如常人。虽然意识完全清醒但无法通过控制肌肉来完成情感的表达，眼睁睁地看着自己逐渐无法动弹、不能说话、无法呼吸，甚至最后连求死都无能为力。

在我国，渐冻症的发病率也一直居高不下，根据北京大学第三医院神经内科公布的数据，2010~2015年渐冻症年均发病率为 2.708 人 /10 万人，其中男性发病率为 3.308 人 /10 万人，平均发病年龄在 53.89 岁；女性为 2.069 人 /10 万人，平均发病年龄在 52.42 岁。男女发病比为 1.698 ：1，整体发病率从 2 人 /10 万人增加为 4 人 /10 万人，主要发病年龄集中在 30~65 岁之间。由此可见，渐冻症虽然发病人数不及癌症等病症，但发病率的逐年升高对其周边的配套服务、产品的升级提出了急迫的需求。

1. 渐冻症患者日常生活中的诉求

渐冻症患者在患病后，面临着以下五个大的问题：行动、进食、呼吸、情绪表达和语言表达。在机械工程和自动化控制领域，工程师们早在 20 世纪 90 年代就为渐冻症患者们提供了较为成熟的辅助行动、进食和呼吸的解决方案，最典型的便是 Intel 公司为英国著名学者史蒂芬.霍金设计的轮椅。如图 3-3-2 所示，在霍金教授只剩两根手指能够自主控制时，仍然能够通过眼动，摇杆来操作轮椅运动，并通过手指打字的方式在镶嵌屏幕上显示文字，模拟语音。

虽然渐冻症患者面无表情，甚至表情呆滞，无法通过控制面部肌肉来转换表情，但他们的心智是依然敏

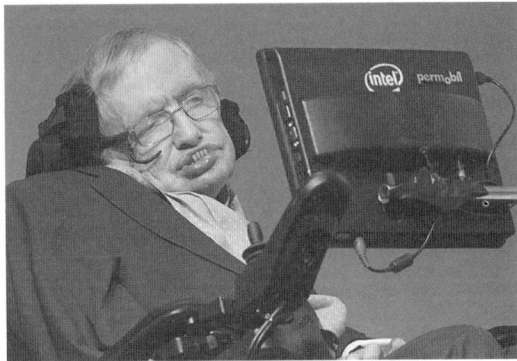

图 3-3-2　Intel 为霍金设计的助行轮椅[①]

锐如常人的，在情绪发生变化时，脑电波的反应也是和正常人没有区别的。通过机械物理的手段迫使患者进行心情选择，冰冷且没有感情的机器模拟发声，无疑使患者失去了最基本的尊严。从关怀性设计和设计伦理的角度思考，渐冻症患者需要解决的决非仅仅是生理上的需求，他们情感上的需求和表达更是值得设计师关注的。情感的宣泄是灵魂存在的标志，一旦渐冻症患者无法通过表情宣泄情绪，传达情感时，灵魂的逐渐丧失便成为了渐冻症患者面临的最大问题。从设计伦理的角度思考，如何通过设计既能解决功能需求，也能给患者足够的尊严成为了本文研究的重点。

2. 辅助渐冻症患者的前端与后端技术

渐冻症患者面临的三大运动功能障碍：自主行动、进食以及呼吸，均能通过前端的机械物理手段来进行较好的辅助。在现有的加工制造工艺基础之上，机械类的辅助产品在市场上有着较好的普及。但患者在情感表达上的诉求，即情绪表达和语言表达，则需要通过以人工智能相关技术（大数据与深度学习）为基础，脑电波检测技术为手段的后端技术来实现，见图 3-3-3。

由于渐冻症患者在情绪发生波动时脑电波的反应同正常人没有区别，所以在辅助产品信息采集环节可以引入脑电波检测技术作为媒介来对患者情绪进行识别和理解。脑电波信号（EEG）作为一种可以反映大脑活动的生物电现象，已经被广泛应用于生物特征识别、身份识别和多模态识别，具有较高的实际价值。目前

[①]　图片来源：https://tech.huanqiu.com/article/9CaKrnJTEWI

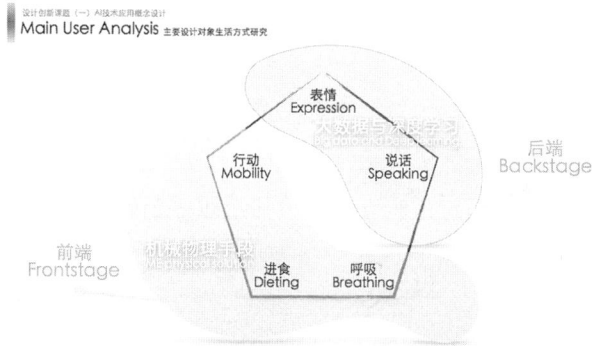

图 3-3-3　辅助渐冻症患者的前端与后端技术

脑电波检测技术已经被应用于各个领域，信号的准确率也极高。例如采集脑电波信号，通过 mindband 脑电波传感器来控制智能汽车；通过脑电波信号来防止疲劳驾驶等。高精度的脑电信号采集可以与脑机接口技术进行高效整合，从而形成完整的脑机一体化系统。全息投影技术（Hologram）是近年来虚拟现实和增强现实技术流行的产物。此技术常与人工智能相关的可穿戴设备结合作为视觉呈现的手段，不会受到时间地点的影响，不需要常规的呈现媒介，随时随地即可完成高保真度的图形信息输出。

三、渐冻症患者辅助产品设计创新

社会结构的变化和日益增加的健康关怀意识，推动了设计范式的转变。经过了无障碍设计和通用设计的演变，包容性设计逐渐形成了独立的设计理论方法。包容性设计要求设计师广泛地满足用户的需要，在很大程度上指导了与健康相关的辅助类产品设计。英国工业部在 20 世纪 90 年代定义：包容性旨在创造兼容不同年龄和用户的需要，不受到年龄和能力的限制的设计。作为一款为渐冻症患者所设计的产品，需要更加关注患者的自主操作能力，并且尽可能地减少使用时的误操作。在人工智能相关技术的支持下，本文旨在从设计方法和设计策略的角度，对渐冻症患者的需求进行观察；从现有技术出发，探索技术与患者需求有效结合的方式，寻找技术在产品端应用的突破口，提出了全新的软件、硬件相结合的可穿戴式协助渐冻症患者交流的产品解决方案。在信息采集的阶段，通过与患者直接接

触的可穿戴设备，对患者的脑电波信号进行实时检测。在人工智能识别和处理阶段，将患者的脑电、振动信号输入到对比库和模型库中进行处理和学习，如图 3-3-4 所示。在视觉呈现阶段，通过全息影像模拟化身出患者的表情，为患者的情绪表达提供路径，并通过人工智能的学习能力在模型库中进行有意识的脑补，在一定程度上实现人工智能在机器意识领域的突破。在最初的设计概念提出阶段，化身成为渐冻症患者守护精灵的卡通公仔成为了患者情绪和语言的"代理"，课题组希望通过这种生动有趣的形式来表达患者被行动受限的躯体所压抑的内心情感。

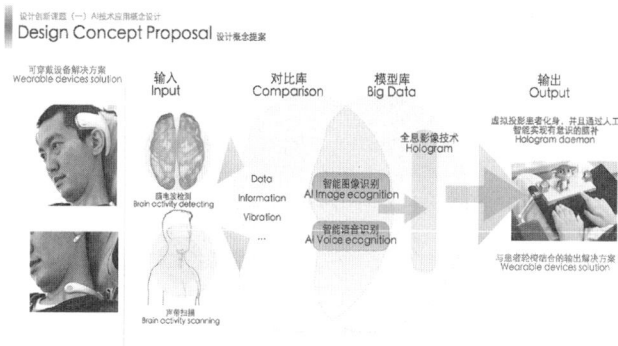

图 3-3-4　设计概念提案

在本文所提出的可穿戴硬件设计主要是围绕着非侵入式头戴脑电波检测设备和将渐冻症患者情绪可视化的全息投影设备进行的，同时将不同的造型语言、使用方式融合到方案迭代过程中。课题组探讨的第一种形式为脑电波检测设备与情绪呈现设备分立式。头戴式脑电波检测器供患者佩戴于头部，后部头梁内置脑电波捕捉传感器，上部头梁用于固定。情绪呈现则通过可穿戴式的全息投影仪，供患者佩戴于两肩，在保证成像稳定性的同时，不必借助其他的外力支持即可实现实时的守护精灵投影。此形式的优点在于成像稳定，缺点在于无法适应患者不同的体位姿势，且厚重的可穿戴式全息投影仪对佩戴的舒适度有极大的负面影响。

课题组探讨的第二种方式为脑电波检测设备、情绪呈现设备一体式的发箍式，从神经元的造型中获取灵感，呈现出较为有机的产品形态。在使用设备时，轻质、柔软的硬件设备参考了发箍的佩戴方式，保证舒适度的同时，参考神经元的突触和神经末梢，将脑电波捕捉传感

器嵌入至可以活动的检测触角中。考虑到患者在与他人交流时小精灵的形象与人的体量差距过于悬殊，会容易引起他人异样的眼光，不够严肃的形式反而可能造成患者受到冷遇，因此课题组希望在设计提案的迭代中优化病患的虚拟形象，而不是仅仅停留在卡通小精灵上。因此在此设计提案中，在患者耳部的位置，左右各内置有一个小型全息投影，全息投影可以通过将患者的表情投射在面部前方空间的方式，传达患者的情绪变化。此方案的优点在于造型独特且整体轻质，佩戴舒适，但加工难度大、可实现性弱，同时脑电波检测点位数量少导致检测效率低下的缺陷也十分突出，如图3-3-5所示。

在产品的最终实体输出环节，课题组综合考虑了设计方案的加工工艺、技术环节可操作性以及在产品端的可实现性，基于前期设计迭代过程优缺点进行提升。在产品功能方面，最终设计提案轻质的造型可以通过陪护、家人将其佩戴在渐冻症患者的头部。轻便灵活、无棱角的造型和安全材料不会使患者在长时间佩戴后出现不适感；拥有宽泛可调节尺寸的结构也可以保证患者的舒适度。在头梁部位，内置非嵌入式脑电波捕捉传感器，可以精准地捕捉患者的脑电波信号，并通过人工智能技术进行学习和理解。在靠近患者耳部的位置，左右各安装了一个插接结构的小型全息投影，可以通过全息投影的形式将患者的情绪变化通过模拟患者的表情投射出来（图3-3-6）。在靠近患者的颧骨位置内置了发声装置，可以通过内置发声的形式将患者的语音对外播放出来。在产品的里衬包含了两个骨传导模块，可以将患者说出的语音先于发声装置反馈给患者。在设备的顶部，内置了呼吸灯装置，当设备捕捉到脑电波信号时，呼吸灯会立即闪烁，告知陪护和患者家属辅助设备的工作状态；当设备出现故障时呼吸灯也会变色并快速闪烁以此进行及时提示，如图3-3-7、图3-3-8所示。

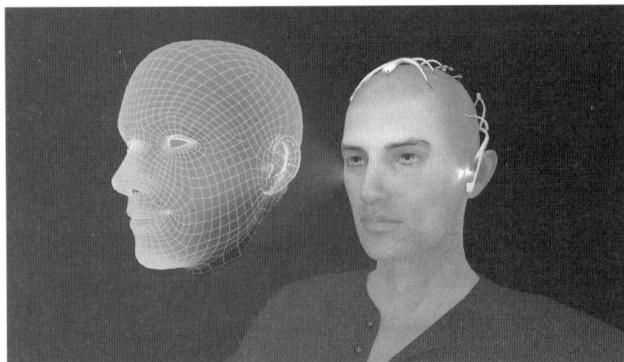

图3-3-7 产品使用情景

图3-3-8 产品设计提案

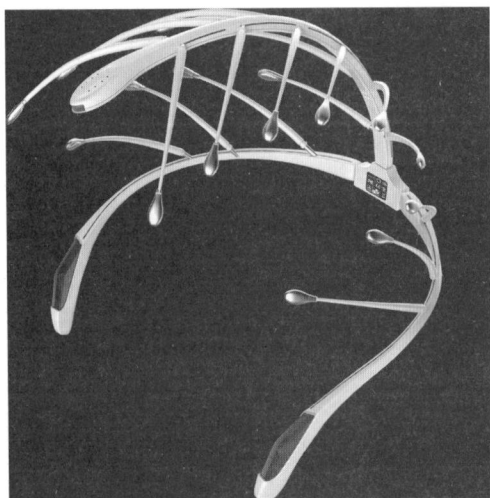

图3-3-5 发簪式概念图一

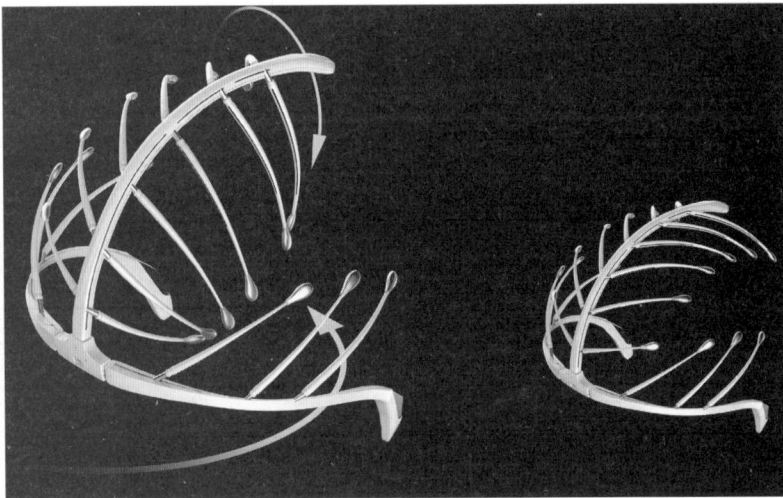

图3-3-6 发簪式概念图二

基于渐冻症患者需求的辅助产品设计很好地解决了患者情绪表达和沟通交流问题，跳出了一味关注患者行动、进食等外在需求的桎梏，通过人工智能技术的应用解决了患者语言交流、情感宣泄的内在需求，利用技术优势使患者能够像正常人一般具备尊严地进行沟通交流。以可穿戴设备的形式将非嵌入式脑机接口技术应用在疑难杂症的辅助产品上突破了原有的形式，综合考虑到了加工工艺，患者需求和患者体验，较好地将技术原型孵化整合，对未来健康医疗产业的"人本位"设计推动有着较大的意义。同时，团队的研究成果具有一定的开创性，以脑机接口为基础，人工智能技术为驱动的罕见病辅助产品设计的思路，在未来的医疗健康领域将不仅仅只围绕渐冻症患者，研究成果同样可以应用到其他类型的神经性疾病患者的辅助康复中，例如骨髓损伤患者、脑瘫患者和闭锁综合症患者。

四、小结

基于第三自然的"智慧形态"创新，往往需要多学科交叉融合，最终实现协同创新设计，服务于终端用户。科学研究往往只关注学科的纵深发展，强调技术的创新和性能提升，而较少关心技术与技术之间的联系，更缺乏对技术应用突破口的洞察。设计研究则会对问题的发掘，用户的体验有着较为敏锐的判断，但缺乏对于前瞻性技术的认知，因而难以提出具有前瞻性的解决方案。

实际上，针对医疗健康领域的科研成果、设计创新案例均不少，但是由于两者彼此独立，难以形成合力进行协同创新。本研究以渐冻症患者辅助产品的设计为例，从设计学视角，整合前沿科学技术，在人性关怀的基础下，提出技术与设计相互结合、相互包容的设计方法和设计流程，对设计与技术间的跨学科合作方式的推动具有现实意义。与此同时，设计学科的介入可以更为广泛地延展人工智能平台，通过设计整合创新的方式将具有极大潜力的技术原型进一步开发并以产品的形式落地，更为广泛地关注用户的需求，使技术能够真正造福于人类。对于未来的医疗健康产业，技术驱动、设计创新的方式将起到极大的推动作用，整合创新的方法可以更好地发掘患者需求，将技术优势最大化，为人类疑难杂症的攻克提供新的方法和途径。

第四节 设计形态学未来建筑探索——通天沙塔

在现代与未来的人类社会中，拥有舒适的居住空间是每一个人的基本诉求。然而，随着技术与理念的不断进步，人的生活方式与模式也随之改善，最显而易见的结果是人类的平均寿命越来越长。而随之产生的一个情况便是全球人口以前所未有的速度不断攀升，预计到2030年前后，全球人口将达85亿。面对这一情况，如何更好地满足个人与群体的居住需求成为一道难题。如果以现有的增量设计思路，势必会对自然环境造成更加严重的、无法挽回的破坏。因此，在将对自然环境的不良影响降到最低的这一前提下，一是要尝试在以前未曾涉及的自然环境中就地取材，实现人的诉求与自然环境之间的平衡；二是尝试就已有的城市环境做存量设计，以满足更多人的居住需求。

在2014年，课题组的作品"SAND BABEL"在来自43个国家的525份作品中脱颖而出，荣获了2014年的摩天楼设计竞赛荣誉提名（排名第一）。而课题组是首次跨界参加建筑设计领域大赛，要与来自全球各地的建筑专业人士竞争，很有挑战性。这次获荣誉提名，也再次彰显了跨界设计的魅力和发展前景（图3-4-1）。

图3-4-1 摩天楼设计 SAND BABEL

一、项目简述

"SAND BABEL"即"通天沙塔"，建于广袤的沙漠之中，是一个可供科学考察和休闲观光的生态建筑

群。"建筑群"可划分为两个部分，地上部分由众多独立的建筑单体构筑，形成了错落有致的"沙漠社区"；地下和地表部分由建筑群相互连接，形成了多种功能的"管网系统"。每栋建筑的主体部分，均通过太阳能3D打印技术将沙子烧结后构筑而成。地上部分的建筑造型源于沙漠中"龙卷风"和"风蚀蘑菇"的形态，造型采用了多组螺旋骨架结构，挺拔而颇具张力，主要用来满足人们居住、观光和科考等功能。"双漏斗"造型不仅有利于建筑内部的空气对流，而且还能利用地表与高空的温差效应在建筑顶部形成冷凝水，待汇集后为建筑提供宝贵的水源。建筑的地下及地表部分造型呈网状结构，宛如树的根系，一方面有助于固定"流动"的沙丘，帮助建筑"生根"；另一方面又能为建筑间的沟通提供便利。"通天沙塔"也是基于可持续发展的未来型"绿色建筑"。它就地取材，通过3D打印技术直接将沙子转化为建材，从而大大节省了建材和运输成本，并有效地解决了固沙问题。此外，建筑还能借助温差效应实现内部的空气流动和水汽凝结，并利用太阳能、风沙能以及温差发电等为建筑提供清洁能源，实现零排碳目标。

二、设计背景

近年来，随着全球人口的激增，有限的土地资源给人类的居住环境带来了巨大的挑战。据联合国人口基金的统计，截至2012年全球人口已经突破70亿大关，而全球人口从10亿增长到20亿用了一个多世纪，从20亿增长到30亿用了32年，而从1987年开始，每12年就增长10亿。尽管当今不少国家，主要是西方发达国家，人口出现了零增长甚至负增长的发展趋势，但就全球而言，人口的持续增长在未来几十年内依

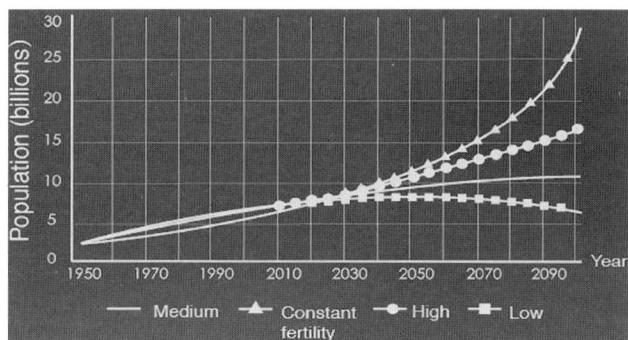

图 3-4-2　人口增长形势

然是主旋律。如何解决因人口膨胀而带来的居住问题，已是人类面临的巨大难题（图 3-4-2）。

更令人担忧的是，目前地球约三分之一陆地面积（约 5 亿平方公里）的土地已经被沙漠侵蚀，成为干旱和半干旱荒漠地区，且全球沙化土壤正以每年约 5 到 7 万平方公里的速度扩展，有超过 10 亿人口和 40% 以上的陆地面积正遭受荒漠化的侵害和威胁。所谓"荒漠化"是指由于气候变异和人类活动等各种因素所造成的干旱、半干旱和具有干旱的半湿润地区的土地退化。实际上，沙漠是一种风蚀地貌，是风蚀产生的结果，它拥有丰富的太阳光照和沙石原料。如何充分利用最新的科技成果改造沙漠化土地，挖掘沙漠的巨大潜力，变害为宝，让沙漠变成人类社会和经济发展的新的"着力点"，正是该项目设计的目的和意义所在（图 3-4-3）。

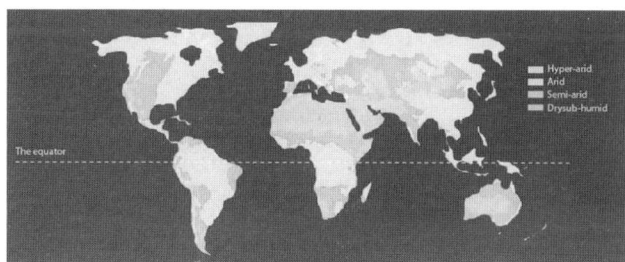

图 3-4-3　全球土地沙漠化形势

三、设计理念和基本思路

绿色生态人居是现代建筑设计的重要理念。它将人、建筑、自然和社会等生态环境和谐地融为一体，以绿色环保和可持续发展为核心，利用先进的技术和清洁的能源，系统、科学地构筑宜人乐居的建筑及环境。"通天沙塔"正是基于这一设计理念构筑的未来型"绿色建筑"。此外，该项目设计过程还恪守因势利导、因地制宜、适可而止、过犹不及等中国传统哲学理念，力求将"以人为本"的思想融入"生态美学"之中，使人、建筑和自然完美地结合在一起，形成一个"共生"的生态环境。

"通天沙塔"是基于沙漠化地区生态环境的未来建筑设计项目。它充分利用了沙漠地区最丰富的两大资源——沙子和阳光，并结合现代最新的科技成果，将松软沙子直接转化成坚固的建筑材料。这样，不仅极大地节省了建筑资源和材料，大幅度降低了运输建材过程中人力和能源的消耗，而且在建设过程中不会遗留大量建筑废料。因此，与传统建筑相比，本项目在节能环保上具有极大的优势。

在当前土地资源十分紧缺的情况下，该项目不仅能够节省有限的土地资源，还可以通过对沙漠环境的改造，大规模地拓展人类居住的空间。从现有的技术条件来看，"通天沙塔"完全能够满足人们日常的生活所需，并为居民提供良好的生活环境和品质，实际上，它也十分符合人们对城市生活的期待和定位。该项目不仅创造性地解决了人口不断膨胀与土地日趋紧张之矛盾，而且也为人类探究和利用沙漠提供了很好的平台和新思路。

"通天沙塔"也对周边环境产生了积极的影响。建筑群采用社区化设计，建筑与建筑之间在地下互相连通，不仅可以实现建筑物之间的沟通，避免沙漠地表恶劣环境对人们出行带来的不便，而且还具有防风固沙，自下而上改善沙漠的土壤特性的优点，有效地改善周边的生态环境，以利于植树造林，建构和加强安全稳定的生态维护系统。

该项目还为新能源的研究和利用提供了理想的实验室，也为人类充分利用资源，改善居住环境积累了经验。该建筑群的主要原材料为沙子，即使建筑物将来废弃了，也不会对环境造成危害，甚至还可以重复利用。由于"通天沙塔"具有节能环保、合理利用资源等众多优势，因而必将成为人类可持续绿色生态建筑的典范。

四、设计过程

1. 项目研究阶段

该项目的前期研究阶段主要从两个方面展开：一是从"自然形态"出发，针对沙漠中的自然形态进行深入细致的研究，探寻其独特的形态特征和规律；二是从"人造形态"着手，针对沙漠中构筑大型建筑群所需的材料、结构、技术等进行广泛的调研和分析，从中筛选适合沙漠环境的方案。

沙漠中的自然形态具有不同寻常的特征，自然形态之所以能在十分恶劣的环境中顽强地生存下来，就说明其形态特征非常适宜于沙漠环境条件。因此，探寻有利于在沙漠环境中生存的自然形态规律，能够帮助课题组找寻在沙漠中构筑建筑的设计灵感和依据。沙漠中的自然形态主要包括：动物、植物、沙漠、岩石以及气象等形态特征。

生长在沙漠中的植物，由于环境特殊，其地上的主干和枝叶形态普遍矮小，但其地下的根系部分却异常发达，它们深深地扎根于沙下，形成了相对稳定的网络状根系结构，这种结构不仅有利于植物吸收地下的水分和养分，而且还能有效地锁住松散的沙子，迫使"流沙"固定下来。最具代表性的植物是"梭梭"，它有不同种类，均为超旱生落叶灌木或小乔木，其生长方式为小枝对生，叶片已退化成三角形鳞片状，以同化枝进行光合作用，可以大规模地改变沙漠空旷地对太阳辐射吸收与辐射散失的过程，其根系十分发达，分布宽广而深厚，具有良好的防风固沙作用，能够有效地改善沙漠生态环境体系。显然，这对将要创造的建筑形态及构造具有很高的参考价值（图3-4-4）。

图3-4-4　梭梭果（a）、沙葱（b）、胡杨（c）[①]

通过对沙漠中动物巢穴的研究，项目组也发现了颇有实用价值的内容。沙漠中白天的温度通常会高达40℃，而夜晚的温度又陡降至0℃以下。然而，在这种极端的气候下，白蚁却能利用造型独特的蚁穴，让数量庞大的蚁群能够在狭小的空间内惬意地生活。其秘密在于蚁穴内部有极其复杂的采暖和通风系统，白蚁可根据外部温度的变化，经常开启和关闭蚁穴的气口，使得蚁穴内外空气对流——冷空气从底部的气口流入塔楼，同时热空气从顶部流出，如此可保证蚁穴内的空气新鲜，使内部温度维持在30℃左右。蚁穴的特殊结构也为人类的建筑设计提供了很好的灵感和启示。实际上，借助蚁穴的结构特征，人类曾经建造了众多独特的建筑，如津巴布韦哈拉雷的约堡东门购物中心。利用仿生科技构筑的生态建筑，不仅能够实现节能增效，而且也十分有利于环保，减少建筑的碳排放（图3-4-5）。

图3-4-5　各类白蚁巢穴及其结构[②]

"风蚀蘑菇"造型在风沙强劲的沙漠中十分常见，这种独特的形态是由于长期的风力侵蚀所致。在风沙的长期作用下，岩石下部岩性较软的部分逐渐被侵蚀，从而形成了顶部大于下部的"蘑菇"形态。由于这种形态特征非常适宜于沙漠生态环境，因而"风蚀蘑菇"造型在沙漠地区频频出现。通过对这一独特形态的研究，使课题组发现了该形态的生成原因和形态规律，并为项目设计提供了很好的依据和借鉴。沙漠独特的气候条件也是课题组研究的主要内容。极端的干旱少雨、

---

① 图片来源：http：//www.nipic.com/show/4996608.html、http：//www.cfh.ac.cn/BioBook/desertplants/1/3.html
② 图片来源：https：//www.pinterest.com/pin/282249101618343624

巨大的温差效应、强劲多变的风沙、长久的强烈日照等等，这些都是在沙漠中构筑建筑时需要应对的难题。值得庆幸的是，生活在沙漠中的动植物也需要应对同样的气候条件，这便为课题组寻找解决办法提供了很好的捷径（图3-4-6）。

图3-4-6 "风蚀蘑菇"的各种造型[①]

在沙漠中建造大型建筑，与传统的建筑方式完全不同，从建筑材料与其运输，建筑结构与技术到建筑形态与功能等等，都需要从全新的角度去思考、去创新。如何充分利用沙漠地区的自然资源和环境，因地制宜、打破常规，依靠先进的科学技术建构全新的沙漠摩天楼，将是该项目亟待研究的重要内容。

在建筑技术方面，课题组放弃了对传统技术的研究，而是转而对太阳能3D打印技术产生了浓厚的兴趣。3D打印技术近些年来发展异常迅猛，最初它只局限在医学创伤修复领域里运用，后因其具有卓越的快速成型功能，又被广泛地应用到了产品制造领域，随着该技术的不断完善和提升，3D打印技术已开始涉足建筑和航天领域。用3D打印技术来打造建筑，不同于打印产品，课题组不需要也不可能将所要打印的"建筑"置入打印机中，而正好相反，需要将3D打印机置于需要打造的"建筑"之中，根据"建筑"的截面轨迹进行逐层打印，直至完成最终的建筑实体形态。太阳能3D打印技术，是指利用太阳作为能源，直接（熔融沉积制造）或间接（作为驱动能源）参与打印。

沙漠里最丰富的资源是沙子，若能将它直接转变成建筑材料，将会大大节省建筑材料和运输成本。实验证明，沙子经过高温烧结后能够形成非常坚固的建筑材料。因此，如果将沙子作为3D打印机的原材料，通过

聚焦太阳光产生的高温来熔融沉积沙子，经过逐层堆积，就能成功地构筑所需的建筑形态。这种建筑技术和方式，完全改变了传统的建筑模式，它不仅带来了建筑形态和结构上的重大突破，而且也为建筑设计的创新提供了强大的支持和保障。

在沙漠地区，不仅风能十分丰富，而且阳光也特别充裕，如何充分利用这些清洁能源为将要构筑的建筑服务，正是课题组研究的关注重点。目前，风能和太阳能技术已日趋成熟，技术难度并不大。而另一些高新能源技术也在关注范围内。如："沙电"技术也在不断发展、完善，通过提取沙漠中的硅制成电池板，将太阳能转化为电能。另一项新能源技术是温差发电，利用沙漠表层和深层温度差，以及上升的热气流来将热能转化为可使用的电能（图3-4-7）。

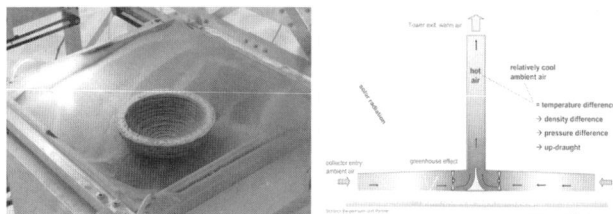

图3-4-7 太阳能烧结3D打印（左）与沙漠温差发电工作原理（右）

在目前水资源日益珍贵的大趋势下，提高水资源利用效率是建造生态人居建筑的重点。沙漠虽然处于荒漠化状态，但其地下水仍然有可利用的空间，沙漠深度地下的淡水可以直接利用，通过高压水泵提取，地下的盐水也可通过淡化技术加以利用。利用地面和高空之间的温差效应，可以将地面的热空气通过超高层建筑（摩天楼）输送到高空，经高空冷却后形成"冷凝水"，再通过建筑内部的导管引流到地面储存起来。该技术还能将建筑内部空调系统合二为一，从而大大提高了建筑设施的效能，大幅度地降低了能源消耗和碳排放。毋庸置疑，这恰好与课题组的设计项目不谋而合。

2. 方案发散阶段

根据项目前期的分析和研究确定了设计的方向，然后据此展开了设计方案的发散。这些发散的设计方

① 图片来源：http：//www.sohu.com/a/298696352_614277、https：//m.baidu.com/tc?from=bd_graph_mm_tc&srd=1&dict=20&src=http%3A%2F%2Fwww.360doc.com%2Fcontent%2F12

案有沙漠交通枢纽、沙漠科考站、沙漠旅游观光酒店、沙漠绿化站、沙漠居民社区等等，从中选择三个设计方案来进行介绍。

概念一：沙漠绿化站

该"绿化站"是基于撒哈拉沙漠环境而设计。撒哈拉沙漠年降水量平均只有 76mm，且大部分雨水还未到达地面就被蒸发了，这就是所谓的"旱雨"现象，由此可见，这里的生态条件非常恶劣。然而，殊不知在沙漠地下 200m 左右深处，却蕴含着丰富的地下水源，而且一直没被开发利用过。本设计方案正是利用了这一重要特征而展开的，设计灵感则是来自于沙漠中的奇特植物"梭梭"。"绿化站"其实是一个包括地上 100m 和地下 300m 的超高层建筑。其功能是将地下水抽取到地面进行灌溉，同时，地下水在"树冠"周围形成低温带，这样就可以让降雨直接到达地面。通过众多相同的"绿化站"连成片、形成群，便可整体降低沙漠地表的温度，并提供珍贵水源，进而逐步完成对沙漠的绿化改造。"绿化站"地下部分的设计，主要是通过根状分支的不断向下延伸来摄取地下水，在内部实现由下至上导热和外层隔热的目的，最大限度地减少地下水的损失。

概念二：沙漠交通枢纽

该"交通枢纽"由地上和地下部分共同组成。地上部分是建筑的主体，造型源于龙血树的形态，顶部由两个可以开合的球面体构成，表面排列着很多六边形小突起，每个小突起其实都是一个小的蓄水池。六边形小突起的顶端还安装了众多纤毛状细杆，其顶端植入了可溶性无毒盐类的凝结核，这些凝结核可以迅速锁住空气中的水汽，待其慢慢聚集后，顺流而下进入蓄水池，这便为建筑主体提供了珍贵的水源。建筑主体和周围道路均由沙土构筑而成，地上与地下轨道相互穿插在一起，形成了非常稳固却又畅通无阻的交通网络结构。该建筑主要作用类似于航站楼，是坐落于沙漠之中的交通枢纽中心。

概念三：沙漠旅游观光酒店

该"旅游观光酒店"是由 400m 高的地上建筑和 150m 深的地下建筑共同组成，地上建筑的顶部和上半部分的外表面覆有薄膜结构，这种"膜结构"具有吸水功能，能够收集海拔高度在 270~400m 大气中的水汽，储存后作为建筑的水源使用。270m 以下至地表部分为居住区。居住区由数百个椭圆形的舱室组成，每个舱室均可以拆卸和替换。整个建筑的中心是共享空间结构，由大小不同的圆柱形空间组成，这种格局可以方便客人往来客房与公共空间。同时，这些圆柱体又是建筑的设备间，可以架设各种管道，以满足不同的功能。建筑地下部分的结构形态借鉴了沙漠植物的根茎结构，这些形态也符合空气流动的规律，起到了通风导流的作用。这些结构能将气流聚集并集中导入至底部的风力发电设备，从而为建筑提供急需的动力能源。

3. 方案完善阶段

由于最后确定的设计方案是以沙子为原材料，并通过 3D 打印技术来完成建筑的主体结构，这便为建筑形态的创新带来更多的可能性和挑战性。于是项目组决定选用参数化设计来进行模型构建。参数化图解在当代建筑方案设计中得到广泛的应用，其主要方法是在参数化建筑设计中，将影响设计的主要因素看成参变量，把某些重要的设计要求作为参数，然后通过计算机系统（即算法）作为指令，构筑参数关系，并用数字语言描述参数关系形成软件参数模型，随着输入参变量数据信息变化，实现生形目标，得到建筑方案雏形。参数化设计不像传统的设计方法，其表面肌理很难通过手绘草图的方式呈现出来，所以在模型制作过程中，操作的精确性可能会不如以往，建模过程中会有很多随机性和不确定性，这无疑增大了设计难度，但是整体感觉是可以把握和反复调整的。

参数化的使用主要体现在两处：一是底座部分层状堆叠模型的建构。这部分吻合了 3D 打印的特点，利用参数化使其空间分布总体上较为规整；其二是顶部的吸水网罩的造型。这些外表看似凌乱的管线实际上分布非常均匀，线的走向基本一致，这种设计不仅保证了样式上的美感，更能让凝结后汇聚的水流沿管线向下流淌，进入下面的储水区域。

项目组采用建模软件 Rhinoceros 中的可视化操作插件 Grasshopper 来构建数字模型。第一版模型，参考了沙漠地区植物、动物巢穴以及沙土地貌的特征，例如雅丹地貌、风蚀蘑菇等受风力影响且特征较为突出的自然形态。这一版本模型基本上奠定了整体设计的基调，并且开始尝试参数化设计，为接下来的模型完善打下了坚实的基础。

在第一阶段模型基础之上，第二阶段模型开始加入结构的要素，例如内外分层，层与层之间的连接结构，以及功能的要素，如居住空间的分布、延伸等。这一阶段逐渐把模型的形态丰富起来，并且向建筑靠拢（图3-4-8）。

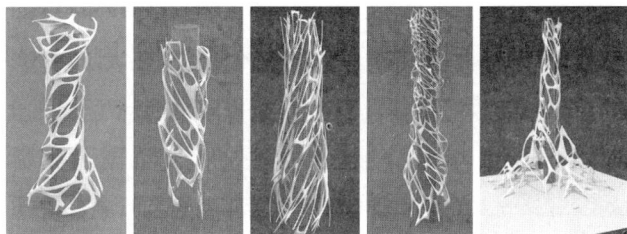

图3-4-8 第三阶段模型

在确定基本结构后，第三阶段的设计开始探索更加符合沙子自身面貌且具有视觉冲击力的形式。课题组引入了"沙漠风暴"的概念，调整表面肌理，使之呈现出螺旋上升的趋势，让模型看起来更有动感，宛如沙漠当中刮起的龙卷风一般，使其形态更有张力，从而赋予了建筑以动态的生命特征。从功能角度看，这样的设计也可以使得建筑本身稳定地屹立于风沙之中，最大限度地减小风阻，化解迎面袭来的风沙的巨大冲击力，同时镂空的部分可以疏导一部分风沙，亦是起到了结构支撑、外立面保护和丰富建筑造型的作用，在设计美感和建筑功能优化之间尽可能达到完美结合。

模型设计的最后阶段，形态愈加丰富和完整，结构的分化也越发明确。顶部的层级结构可以用来吸收空气中的水分，一层一层向下传递，最终到达建筑的内部，以此来解决沙漠地区的建筑供水问题。此外，建筑下层的形态，进一步贴合沙丘的形态特征，强化了螺旋的趋势，看似无序，实则有序（图3-4-9）。

最终的形态在第四阶段的基础上依然做出了较大的调整。建筑的主体部分依然采用了层状堆叠的方式。整体造型更有视觉冲击力，并能给人以重复而不单调、

图3-4-9 参数化设计

繁复却很协调、变化且有章法的独特美感，同时，该造型也非常符合沙子烧结和3D打印技术的特征。在地面上网状连接的道路，既是单体建筑之间的重要"纽带"，又具有固沙和构筑建筑根基的作用。在设计过程中，贯穿了很多数理、仿生和可持续发展的设计思想（图3-4-10）。

图3-4-10 SAND BABLE 的最终模型与效果图

五、设计呈现

该项目取名为"SAND BABLE"，BABLE 是《圣经》中的"通天塔"之意。"通天沙塔"其实具有两层含义：一是物理层面的含义，强调建筑在技术和材料方面的创新性以及高耸的造型特征；二是精神层面的含义，强调建筑承载着人们对美好生活的愿景和期盼。

"通天沙塔"是一个可供科学考察和休闲观光的生态建筑群。"建筑群"可划分为两个部分：地上部分由众多独立的建筑单体构筑，形成了错落有致的"沙漠社区"；地下和地表部分由建筑群相互连接，形成了多种功能的"管网系统"。其主要模块包括雷达机房，沙漠气象研究实验室，绿洲研究实验室，污水处理控制中心，能源信息实验室，科研室，生活休闲区，观光平台，停机坪等。建筑的地上部分由上往下主要是观光区、

科考区、居住区，地下部分由上往下分别为居住层和太阳能加热设备。建筑在地面附近有网状联结的公路，地下部分也是由仿生的"根系"结构相互连接，形成错落有致的沙漠建筑社区，这种结构不仅能够防风固沙，还可以解决建筑单体间的交通运输、能源共享等问题（图 3-4-11）。

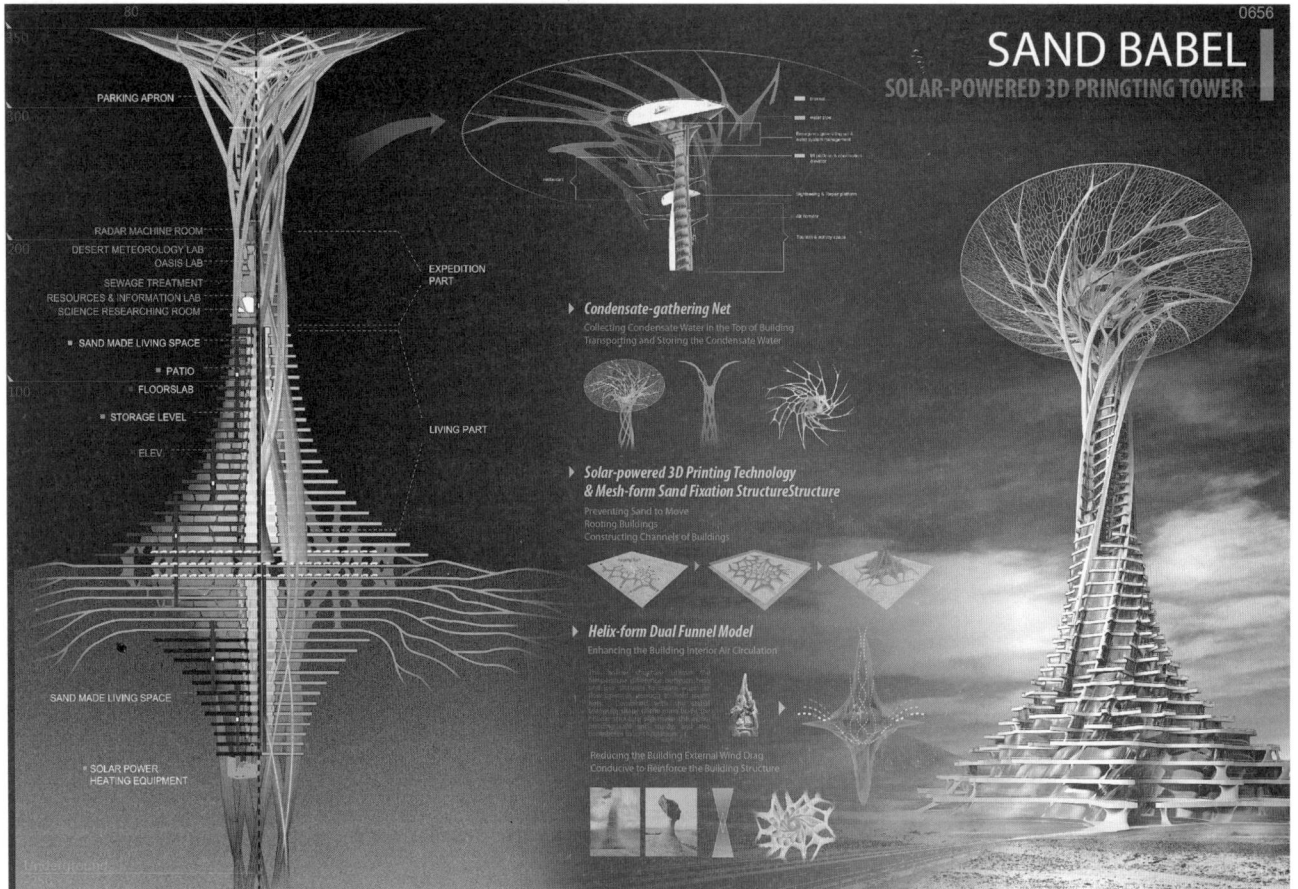

图 3-4-11　SAND BABEL 构成示意图

本章结语

本章研究案例只是基于"第三自然"的一些探索和研究,而针对未来"智慧形态"的探索具有非常宽广的发展前景,但也有更艰难的道路要走。之前说过,一个新的技术可能只能流行一两年,或许在本书出版之时,"参数化设计"、"3D 打印"以及"人工智能"这些技术名词都已成为明日黄花。但是基于"未来"的探索,对于"未知"的好奇心以及智慧的火花将永远不会熄灭。

协同创新设计需要跨学科的研究平台做依托,设计形态学便是托起原型创新的重要平台。这就好比撑杆跳运动员永远会比普通跳高运动员跳得更高,因为他们手中有根"撑杆",这根撑杆就是帮助运动员跨越自身跳高极限"平台工具"。反思课题组的设计研究过程,何尝不是同样的道理,如果可以拥有优质的研究平台,就能跨越障碍,朝着更高的目标前进。

生活在信息爆炸的年代,信息和资讯几乎可以唾手可得,甚至也可以快速掌握最新技术。然而,作为设计研究者必须头脑清晰,心有定力,否则很容易被一些新技术、新思潮带偏,以致迷失自我。所以,拥有扎实的学科基础,才能使得我们知道自己的根基,明确自身的学科边界。

附录：

项目与竞赛

一、珊瑚万花筒

1. 项目背景

浩瀚的海洋，神秘而宽广，它占据了地球约71%的面积，是陆地面积的2.4倍。海洋是生物生长、繁殖的重要海域，也是人类拓展新家园的适宜场所。

由于传统能源日趋枯竭、环境污染问题凸显，新能源的开发迫在眉睫。利用海洋的资源优势，采用潮汐发电和海藻发电已不再是人类的梦想。此外，新型环保建材也受到关注。利用珊瑚的附着特性，构筑新型生物建筑体，不仅缓解了建材的匮乏和运输困难，也为珊瑚等海洋生物的生长和繁殖创造了新的生态环境。

2. 设计理念与基本思路

"珊瑚万花筒"是一组矗立于海洋之中的生态摩天楼，它不仅为人类提供了工作和生活的奇妙场所，也为海洋生物创建了生长和繁殖的理想环境。该建筑主体由三个"U"形单元体组成，主要承担人类在此空间里工作和生活，以及因此所需的采光、通风、发电、海水净化以及直升机停靠等设施。中央"珊瑚形"结构为建筑的交通枢纽，能够为人员和物资提供快速、便捷的运输通道，为船舶、潜艇提供接驳码头，并兼顾观光、休闲之功能。建筑由陶瓷、玻璃、合金等复合材料构筑而成。表面多孔且呈网状构造的陶瓷主体，不仅为珊瑚虫的生长提供了载体，也为建筑表面增添了坚固的活性保护层。经纳米涂层处理的玻璃可以借助光导纤维将阳光导入海洋深处，从而为海洋生物创造惬意的生长、繁殖环境，形成与人类共享的美好生态乐园。

图 4-1-1　珊瑚万花筒

（1）"U"形建筑单元

"U"形建筑单元由水上和水下两部分组成。水上部分主要为"U"形建筑单元，提供采光、通风和逃生之功能。水下部分是"U"形单元的主体，上半部分（70%）为工作和生活区，下半部分（30%）为设备区和逃生通道。

"U"形建筑单元通过海藻发电、潮汐发电等手段来获得清洁能源，并利用海水淡化和生物制氧等技术来获取人类赖以生存的淡水和氧气。

"U"形建筑单元的主体由复合陶瓷材料构成，并采用了泰森多边形结构，整体具有一定的柔性，可以缓解海水的冲击。高强度钢化玻璃幕不仅为建筑提供了安全、通透的空间，也为人类和海洋生物的互动创造了条件。

（2）中央交通枢纽

"中央交通枢纽"的造型宛如巨型"珊瑚"，是由复合陶瓷材料、高强度钢化玻璃以及钛合金构筑而成，其功能是为建筑内人员和物资的运输以及管线的架设提供快速、便捷的通道，为来往的船舶、潜艇提供接驳码头，同时兼顾观光和休闲的功能。其有机形态是根据人员流量、交通便捷、安全疏散等因素，通过参数化设计而成，不仅形态更加优化，而且更符合其功能需要。中央交通枢纽还能为海洋生物的栖息提供理想的空间，使之与人类形成共生格局。

（3）珊瑚活性建筑表皮

该建筑的网状表皮均由复合陶瓷材料构成，由于表面富含微孔，珊瑚极易附着其上，因此，建筑表面就形成具有活性的珊瑚礁保护层。珊瑚的聚集也为其他海洋生物的栖息创造了条件，并形成与人类共享的生态环境。

（4）"裙边"潮汐发电

"U"形建筑上的一层层"裙边"结构，是一组组潮汐发电设备。"裙边"的边缘较薄，根部较厚，可以随着水流的变化而改变自身形态，其功能是将潮汐引起的海水"涌动"转变成电能，为建筑提供可持续的清洁能源。

（5）"网状"光导纤维

建筑的"网状"结构内部密布着光导纤维，可以将水面上的阳光导入建筑内部以提供"自然采光"。被导入深海的阳光还能大大改善建筑周围的海水环境，并为海洋生物的栖息创造必要的生存条件（图4-1-2）。

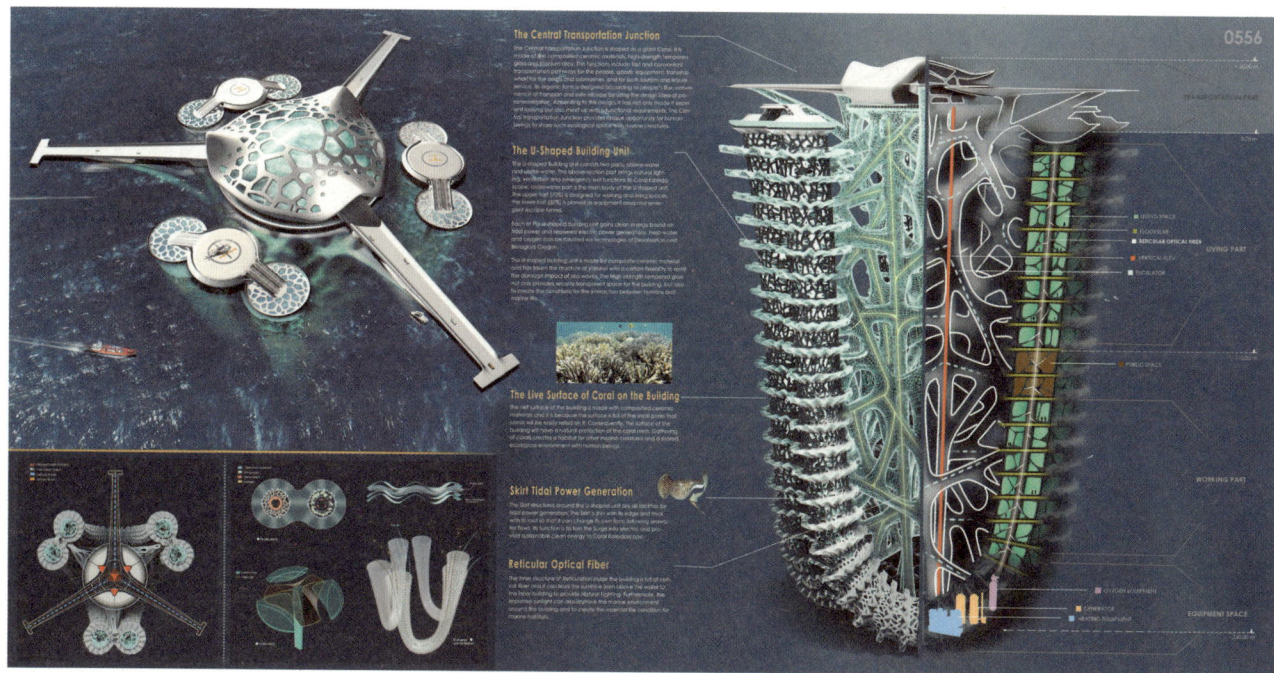

图4-1-2 珊瑚万花筒

二、地球之环

1. 项目背景

随着人类对太空探索的不断深入，大量的航天器及其碎片逐渐占据了地球同步轨道的有限空间。数量众多却功能基本相似的航天设备不仅导致了资源的巨大浪费，而且在有限的空间中，彼此相撞的概率也被提高。而因为相撞等原因而产生的设备碎片、太空垃圾，一方面会造成空间污染，另一方面会严重威胁到其他航天器的运行安全。目前，太空中有超过3万种不同类型的航天器，其中包括300多颗地球静止卫星。但是，这些地球同步卫星仍然无法满足各个国家快速增长的使用需求。因此，如何有效整合空间资源、充分利用空间、有效地清理太空垃圾，以实现空间资源的共享和可持续利用，已成为人类社会的巨大挑战。

2. 设计理念与基本思路

根据以上这些背景与趋势，提出"地球之环"概念。其是一个超级空间站，位于地球同步轨道之上，主要用于航空航天领域的研究。"地球之环"是由独立的大型空间站单元组合形成的环形空间站组。它可以实现

能源生产、物资运输、港口货运、氧气生产和水资源供给等功能的高效集成和利用。

依据不同用户的需求，"地球之环"分为多个功能区，主要有工作区、休闲区、娱乐区、农业区和旅游区。成体系的运输管道会连接这些功能区。此外，它还具有针对太空垃圾的回收、处理、整合以及再利用的功能，其中，可能包括破碎的卫星，废弃的空间站和设备碎片。空间站组的环形结构，使"地球之环"自身始终有二分之一是面向太阳的，因此空间站能够通过使用太阳能来维持空间站所需的可持续的能量。"地球之环"不仅为人类在太空中创造了一个新的家园，而且为航空航天研究及探索建立了一个理想的、可共享的空间站组。

3. 建筑结构

施工结构："地球之环"有三层。外层是结构层，由结构框架和太阳能电池板构建，一是抵抗来自太空垃圾的外部撞击和接收太阳能，二是可以支撑内部层。内层主要用于满足人们的日常工作和生活；因为足够宽敞，便可以为研究人员的日常工作与生活提供丰富的空间使用方式选择。而中间层位于外层和内层之间，用于加强"地球之环"结构。中间层安装有各种类型

图 4-2-1　地球之环效果图

的管道，并被用来存放废弃卫星和其他太空垃圾。"地球之环"的复杂结构由众多统一的标准单元模块构成，因此大大降低了生产成本和施工难度。

4. 基本功能

资源供应：太阳能与核能的结合使用方式让"地球之环"能够为空间站内的居民提供充足的能源，而有了稳定供给的大量能源作为保障，便可以制造出足够的水和氧气，满足居民的基本生存条件。

运输：运输系统由内部和外部运输系统两部分组成。对应长途太空旅行的是外部运输系统，用于人员和物流运输、外部研究设备维护通道和其他任务。而内部运输系统主要用于研究人员在建筑物内部以及功能区和站点之间的短距离运输。此外，每个功能区都有自己的可与外部通信的对接端口，用于接收来自地球的航天器。

太空农业："地球之环"为植物和作物的种植分配了空间，可以实现氧气和二氧化碳的循环，从而为研究人员提供了丰富的食物资源和绿色生活环境。卫星回收："地球之环"还安装了外围智能机器人，以有效捕获废弃卫星和碎片（图4-2-2）。

三、自生长塔

1. 项目简述

"自然是机械的隐喻"这种观点流行于16世纪科学革命时期，它概括了自然存在规律且可被分析。一直以来，精密天成的自然物始终在有条不紊地运转着，它们并不是依靠雕琢，而是生长。这给未来建筑的构建方式彻底转变提供了可能，如何用最原始的生命形式解决人造系统中复杂的问题？本书课题组通过创建"自生长塔"概念建筑来探索此问题。

2. 项目背景

生活垃圾的数量正在呈现惊人的趋势增长，垃圾的堆砌与处理成为占用大量资源的问题。建筑由基础区和生长区两大部分构成，基础区进行垃圾处理，以生产工程杆菌菌群繁殖所需催化剂与营养素。首先，建筑框架以及内部灌溉系统会逐渐被搭建，接着通过调节温度、酸碱度和垃圾中提取的酵母膏量，来组织工程杆菌菌落迅速且有序繁殖，直到形态稳定为止。建筑搭建过后，又将通过对于湿温度的改变来控制建筑固化和膨胀的状态，同时微生物菌落通过摄取营养以

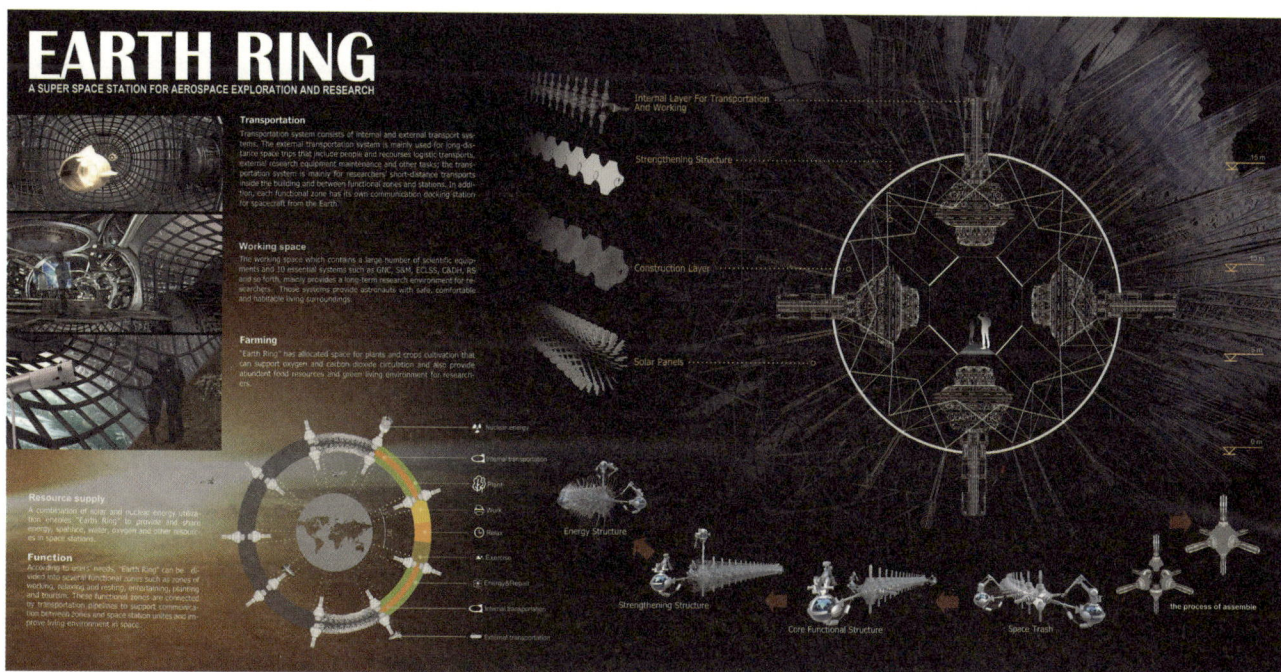

图4-2-2 地球之环构成示意

图 4-3-1　自生长塔效果图

进行生命代谢，获取有机物中能量后进行分解，这为作物生长提供了复杂而丰富的营养成分和足够的空间。

建筑在过去为自然所创建，被嵌入环境，在未来将会通过科技手段对其合理组织，逐渐被转变为自然生长并且创造环境。"自生长塔"概念建筑也是在这种对未来的合理构想下对建筑、合成生物学、计算机和增材制造的结合点可能性的探索。

3. 设计理念和基本思路

在微观自然世界中，各部件之间通过相互吸引和排斥，会自发形成有序且有组织的结构，它提供了一种组成较大结构的可控的自下而上的方式。"自生长塔"是一种通过培养微生物菌落来构建建筑的全新方法，课题组引入计算机设计环境，用于构建微生物菌落多向通道的增材制造结构，带入合成微生物来突显未来生物的功能。

自组装建筑的功能是垂直方向上的农场，在室内进行综合作物种植。建筑的微生物通过摄取营养进行代谢，获取从垃圾中提取的有机物中能量后进行分解，这为作物生长提供了复杂而丰富的营养成分和足够的空间，作物种类由室内不同空间的地形来决定。

微生物（主要指细菌）需要摄取营养以便进行生命代谢。异养微生物依靠有机物作为营养，从有机物的分解中获取能量。另一方面，在特定条件之下，微生物菌落会进行大量而快速的繁殖。人工对于微生物菌落繁殖条件的控制，以及生长过程中的干预，可以实现对于微生物菌落生长形态的控制（图 4-3-2）。

四、北极海湾中心

1. 项目简述

北冰洋是世界上最冷的大洋，据近年来研究表明，各种暖化趋势揭示北极气候也将会发生巨大的转变，北冰洋常年不化的冰盖将在可预测的未来消失。这表明，北冰洋将作为连接亚欧与北美三大洲北部最短航线所在，其地理位置非常重要。而通过俄罗斯北极区域的东北通道是连接欧洲和亚洲的捷径，在 2007 年夏季首次出现的无冰现象这一证据，又极大增加了未来北极区域贸易航线开通的可能性。

项目意图在夏季无冰期间，为人类在北极的船运业务提供便利与补给。建筑设计的理念主要是为北极

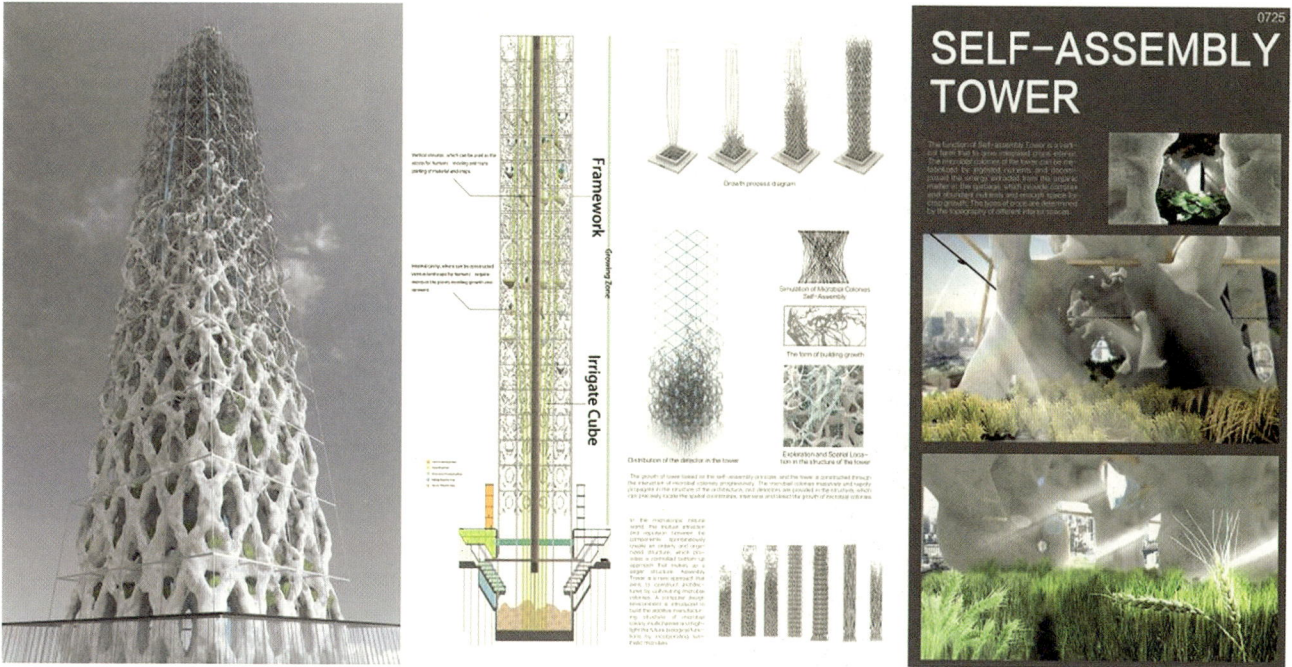

图 4-3-2　自生长塔效果图

通航后的运输提供便利，为远程航海的轮船提供食物，需要维修的轮船提供维修支援提供内部维修场地，为长时间航海的人们提供休息娱乐、舒缓的空间，提供住宿，建筑还能为北极的科考专家提供科考环境。

　　建筑位于北极冰盖附近，通过自身固冰功能，延伸与冰盖衔接，使建筑常年固定在冰盖附近的位置；在无冰期，建筑通过锚在海面驻停。北极呈极昼极夜，建筑能源需求大，根据环境的提供，建筑主要的能源来源于海洋潮汐，建筑底部设计摆动的触手将连续不间断和常年产生潮汐能，提供建筑需求的能源，北极海湾中心由三大部分组成，即基础层、平台层、主体建筑（图 4-4-2）。

图 4-4-1　北极海湾中心效果图

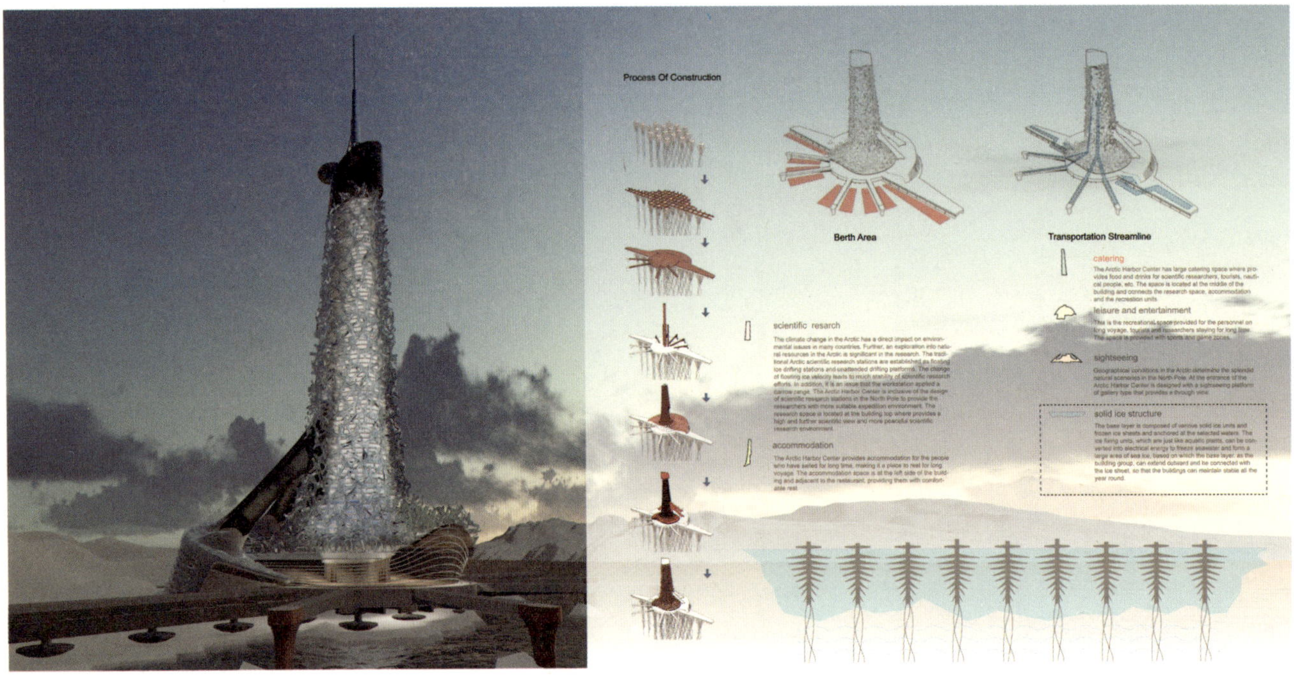

图 4-4-2　北极海湾中心构成示意

2. 建筑基本结构

基础层由固冰构件组成，根据选址，在一定的海域范围分布若干固冰单元构件，通过潮汐供能实现电能转化，供固冰单元进行海水冷冻，形成大面积海冰，作为建筑的基础。底部固冰结构遵循水生植物根茎的生长形态规律，为使固冰后结构更加稳固，固冰的能源来源于预置电能和潮汐发电。

平台层是在基础层形成以后建造的平台，包括加强钢筋、建筑平台和接驳海港，主要作为主体建筑的搭载平台和人活动的基础平面。加强筋下端与底部固冰单元构件连接，上端承托建筑平台；接驳港口则作为独立的延伸结构，采用独立的底部承托设计。

主体建筑是在建筑平台的基础上，一座集观景、住宿、休闲娱乐等功能于一体的摩天大楼。顶部结合了灯塔功能整合设计，强化海港的功能。

整体建筑又可以根据建筑构造分为水上部分和水下部分。水上部分高 450m，水下部分冰层厚约 50m，占水上部分的 1/9，横向面积为建筑平面面积，用以使建筑稳固以及后续的扩建提供可能。

五、时间之塔

1. 项目背景

广袤的大地，是孕育文明的摇篮，同时也埋藏和记录了历史，想揭示和研究一个地区的历史和文化很好的手段是考古。人类通过发掘、研究、展陈等手段将历史再现，但仍有更多的历史埋藏在地下未被发现。同时传统博物馆只展陈了最终结果，大多信息细节随环境改变被遗失。对于展品因为发掘后在展厅中展陈，改变了原有存放环境，展品也更不易保护。

人们需要通过博物馆了解更多信息，参观更多类型的收藏品（文物、矿石、化石等），甚至希望看到整个发现、研究、展陈的全过程，这样才能更全面地理解历史。同时展品在原始环境中保存性质稳定，有利于展品保护。

2. 设计理念

"时间之塔"是把探测、发现、保护、展览、科普、教育等功能集于一体的博物馆摩天楼。

该建筑分为地上和地下两部分。地下部分为建筑基础，同时还有对地质岩层、动物化石、墓葬文物等进

图 4-5-1 "时间之塔"博物馆

行探测、发掘、展览的功能。使展品在稳定的环境更易保存，参观者可以通过地下展厅观看发掘过程及存放环境，了解当地的地理、自然、人文等信息。地上部分为物质展品和非物质展览区域，拥有各类型主题展馆，剧场及演出场地。同时也设有餐饮、住宿、科研等功能区域。并兼顾观光、休闲之功能。

建筑材料就地取材，将地下通道施工所挖出的土方，进行研磨、处理作为地下及地上部分的构建材料。建筑的构建方式为向上向下同时生长。

3.建筑基本结构

（1）交通电梯

贯穿地上地下建筑的有三组主通道电梯，分别运送人、物、设备及建筑材料。同时也构成了建筑的主支撑结构。

（2）克莱因瓶结构

电梯和建筑每层进出口位置采用克莱因瓶的结构原理，组成了循环往复的形式，使人流动线被分开，令参观人员移动效率提升。

（3）地下螺旋观景通道

向地下延伸的螺旋型主观景通道，可通过墙面透明视窗看到展品及发掘、研究的过程。人们在视窗上进行触控交互，了解更多信息。

（4）地下蚁穴型展厅

根据探测结果通道向待发掘处延伸，将发掘区域整体包裹，并形成观景回廊和透明视窗，在发掘的同时供人参观，发掘、保护、研究与参观游览并行。展出环境变化小，有利于展品的保护。

（5）建筑表皮生物空气净化器

表皮采用煤矸石空心球多孔陶瓷材料，材料本身具有保温特性，材料可实现绿化的蓄水功能，通过雨水收集和滴灌方式灌溉；表面种植白鹤芋、马尾铁树、吊兰和芦荟等这样常见的植物，用来净化城市空气。

六、四维空间建筑探索

1.项目背景

这座摩天大楼旨在解决地面水平方向空间资源不足的问题。许多发达国家的大城市都在应对空间资源有限这一难题。随着科学技术的发展，科学家对多维空间的研究在逐步取得进展，未来极有可能实现四维空间

图 4-6-1 "四维空间"示意

技术。在人类的发展过程中,当二维空间的资源不足时,人类便试图将可利用空间伸展到三维,因此发明了摩天大楼。但将来人类极有可能面临三维空间资源不足的问题。因此,这一概念设计试图根据尺寸扩展定律,将人类生存空间扩展到更高的维度。

2. 设计理念和基本思路

XCube 的设计基于多维空间理论,可模拟四维空间;基于 Hypercube 进行空间折叠和空间共享。"XCube"这一组合词有两个含义:第一,利用未来技术构建多维空间;第二,矩阵代表了 Hypercube 的基本构造形式。

摩天大楼旨在解决空间资源不足的问题,建筑本身超出了其本质意义,作为一种未来主义建筑,XCube 的建造思路不再局限于增加高度。这一概念试图打破尺寸限制并将建筑扩展到更高的尺寸。四维空间技术的应用可以解决三维空间资源有限的问题。XCube 将建在人口增长多的城市,可以解决越来越多的年轻人在大城市蜗居这一问题,并缓解一般城市的人口压力。XCube 将通过自我建筑模式、空间折叠功能形式和自生家具的生活方式为居民带来便利和舒适;同时,它也满足年轻人对未来生活方式的追求。

首先,先来简单说明一下四维空间这一概念。在数学概念中,三维立方体用于在四维方向上移动单元并产生四维立方体,即超立方体。在 Hypercube 的四维空间中,没有边界的概念,空间形式可以随机改变。

3. 使用模式

XCube 的核心是一个 Hypercube 模块,其作为第一个拆分单元。根据需求,超立方体可以通过与细胞分裂类似的生长规则从底部转换并自组装 8 次,附着在建筑物表面上的太阳能薄膜电池可以为模块的生长和变形提供能量。

之后,居住在由八个空间组成的超立方体的居民,便可以分享七倍于自身所处单元体量的空间。施工进程也可根据不同使用者的日常安排,通过 DIY 合理布置每个乘员的超立方体形式和空间大小。此外,两个相邻的超立方体可以扩展到共享空间,这可以最大化提高空间利用率。

为了满足居民可能会变化的使用需求,居住空间的墙壁、地板和天花板可以成长,成为居民所需的家居用品。可变形的家庭环境使居民生活在空间框架之外,这与他们的日常生活无关。居民在每个空间的活动姿态不受空间外的实际方向的影响,仍然是正常的直立行走状态。

图 4-6-2 "四维空间"解构

XCube 可以使居民拥有功能齐全的生活空间，缓解超级城市土地资源短缺和房地产价格压力，打破城市发展空间的限制。未来，人们将生活在一个环境更美丽，商业更发达，生活更幸福的超级城市（4-6-2）。

七、生物空气净化塔

1. 项目背景

环境污染是目前人类发展面临主要的问题之一，中国经济社会不断发展，空气质量不断恶化，空气的

图 4-7-1 生物空气净化塔

污染途径是工厂废气的任意排放，大量燃烧化石燃料，汽车尾气的排放等，主要表现为有害气体和烟尘。工业废气的排放持续上升，高污染、高耗能行业的快速发展对环境造成了巨大的压力。近年来，中国大气污染防治力度不断增大，但部分城市的大气环境形势依然严峻，大气污染的区域性问题日趋明显。

仅北京一个城市，每年因环境污染造成的损失就高达约116亿元，其中空气污染对北京市造成的经济损失最为严重，高达约95.2亿元，占总污染造成损失的约81.75%。根据数据统计，超一半的被访者明确表示自己的生活不同程度上受到环境污染的影响，其中对被访者生活造成最大困扰的是空气污染问题，而北京空气污染严重的成因之一是周围工厂的空气污染物排放。

2. 设计思路和理念

空气污染指数并不为完全随机状态，而是存在空间聚集性，故生物空气净化塔建造于聚集型工业生产区或人口密集型城市中，将工业区与建筑物包围于运输网内，由太阳能驱动的室外空气净化系统过滤掉有害颗粒，并滤出清洁的空气。通过塔顶部的圆散形态与包围网收集污染气体，传输到塔内的空气净化处理器，提高区域空气质量；攀附于建筑上的植物起到配合空气净化处理器净化污染气体的作用，达到绿色防治城市区域空气污染的目的。同时，建筑作为地标性建筑，具有建筑观赏与环境保护的教育意义。

3. 建筑基本结构

生物空气净化塔塔体外部形态为引导植物生长的有机结构，使植物的生长布局能够发挥最大净化作用。顶部呈发散状态向外延伸，能够最大化地吸收与净化空气，引导气流顺利完成净化流程。生物空气净化塔主体由空气导流塔及玻璃集热棚两部分构成，导流塔塔体呈圆柱形，内部有过滤网，塔体下设置2台风机，集热棚位于塔体顶部。攀附于建筑外部的植物具有有效吸附、吸收空气中漂浮的有害物质功能，完成区域内自主循环净化污染气体的防治净化流程，其中绿植可以通过茎叶的气孔和保卫细胞的开启来吸收污染气体，其经过植物栅栏组织和海绵组织的扩散以及维管系统进行运输和分布，最终被植物代谢和转化。特种绿萝具有耐受性强的特点，可用于建筑景观设计。

生物空气净化器的运行主要为太阳能驱动空气的流动，具有覆盖面大、净化效果强、无辐射、成本低的特点，能够实现工业区域内的高空气质量（图4-7-2）。

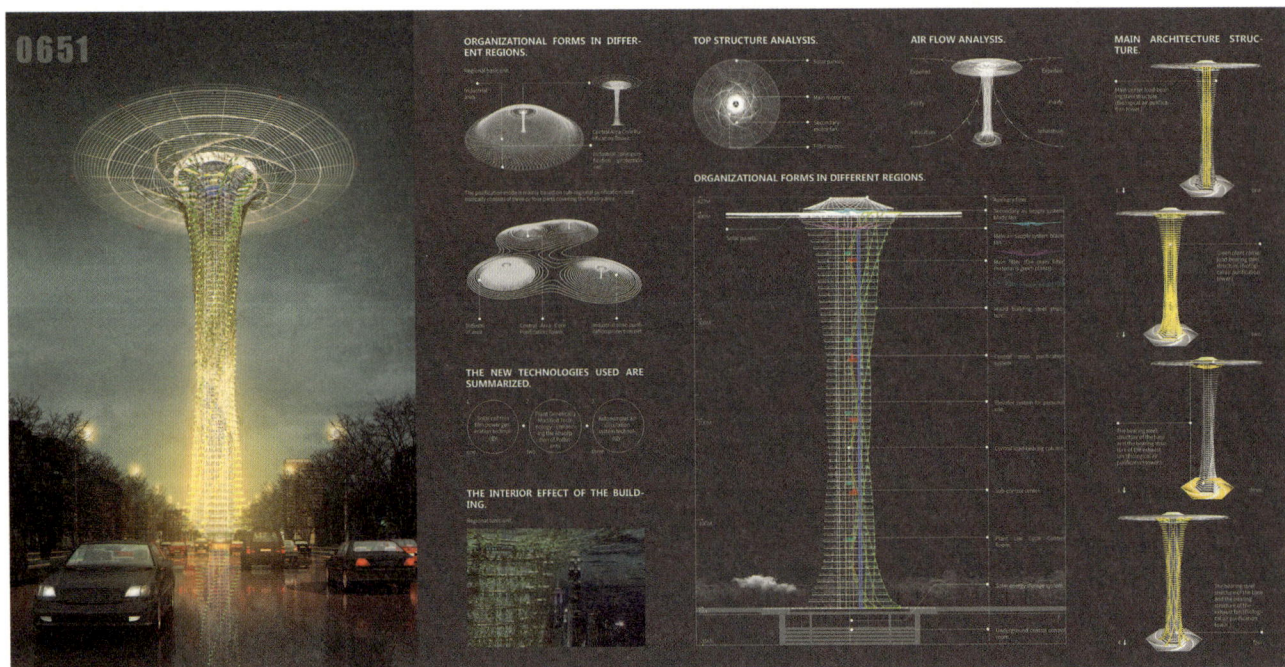

图4-7-2　生物空气净化塔解构

八、超级甲壳虫

1. 项目背景

矿难事故不仅造成人类生命财产的巨大损失，而且还对当地的经济和生态发展造成严重破坏。改善采矿现场和当地土地地质可以避免矿区发生灾害。

与此同时，中国每年产生近 10 亿吨废物、垃圾，其中包括约 4 亿吨家庭垃圾，5 亿吨建筑垃圾和 1000 万吨食物垃圾。此外，这个数字每年以 5%～8% 的速度增长。废物、垃圾占用了大量土地资源，对城市环境造成污染，也影响了人们的日常生活。

2. 设计理念和基本思路

"超级甲壳虫"是一个废弃物处理中心，位于废弃矿井的顶部，它由基座和主支撑结构、中间的中央综合加工车间、顶部的风力发电机和雨水收集设施组成。"超级甲壳虫"废物处理过程包括废物分类、焚烧、粉碎和无害化处理，剩余的废物将与水混合并倒入废弃的矿井中，经过脱水、干燥、捣实和压实过程后，注入的混合废浆可以填满空废弃的矿井，这将恢复原有结构的土地恢复构造应力。

"超级甲壳虫"是一种创新的解决方案，可以解决因需要用于废物处理和矿山后开采所需的回填土壤带来的挑战。它不仅有效地解决了这两个挑战可能带来的健康和安全问题，而且还通过回收和再利用废物，提高环境的可持续性。"超级甲壳虫"还展示了可持续生态设计的新设计思路和途径。（图 4-8-2）

"超级甲壳虫"运行的流程：

储存：运输的废物储存在"超级甲虫"基地的废物池中，然后干燥。

分拣：将储存的废物送至多层处理器，逐层提升物料分类、回收，然后存放在相应的加工车间。

焚烧：分拣过程后，剩余的废物被运往中央焚烧炉进行焚烧。

粉碎：焚烧后，不可燃废物被送到粉碎厂进行粉碎。

过滤：确保对土壤和地下水无害。

浇注：粉碎的废料与水混合。将混合浆料倒入废弃的矿井中。

脱水：从浆料中除去水分。

干燥：脱水后将浆料干燥。

夯实：将干燥的泥浆夯实到废弃的矿井中。

运输：废物通过重型卡车运输到"超级甲壳虫"。然后，卡车将从分拣过程中取出可回收的废料，并将其带到物料配送中心进行再利用。

图 4-8-1 "超级甲壳虫"

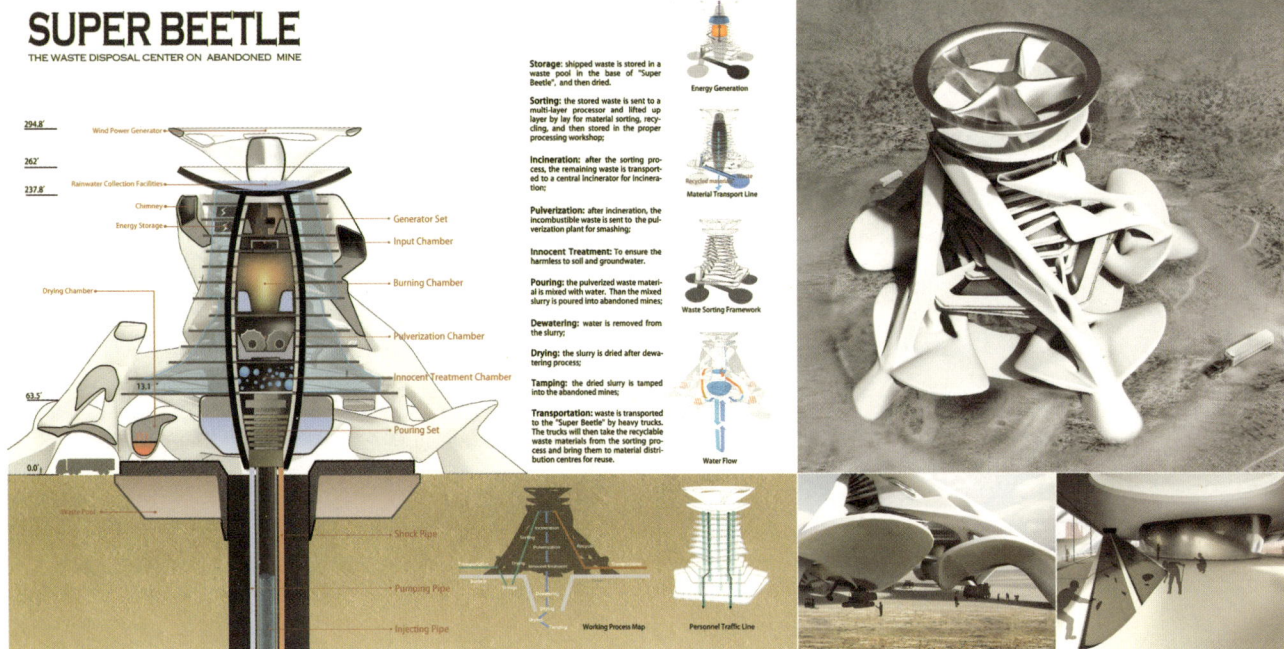

图 4-8-2 "超级甲壳虫"构成示意

九、绿色城市家具

如何在日益拥挤和高压、较少绿色空间的环境下开辟舒适、绿色的休闲空间，成为亟待解决的问题。这个设计是利用目前城市宝贵的土地资源，重建大城市摩天大楼的屋顶和公共区域的绿化带（图 4-9-1）。

这种设计的原始形式来自浮冰。一方面，设计理念是唤起人们保护极地冰川的意识，另一方面结合草原模式，最终希望不仅解决绿地有限的问题，而且符合生态友好可持续的设计理念。绿地区采用模块化设计。每个模块都是一个独立的子空间，可以容纳 3~5 个人，同时，模块可以灵活组合，因此可以塑造成一个公共区域，创建一个更大的交互空间。模块化设计的另一个优点是易于修理或更换，并且从自然中提取图案，最大限度地保证空间的实用性。

这款家具适合所有年龄段的顾客，可根据任何舒适的位置进行定制。此外，本书课题组不仅要设计家具或公共设施，还要创造一种新的社会风格（图 4-9-3）。

图 4-9-1 方案设计背景——"绿色"的"浮冰"

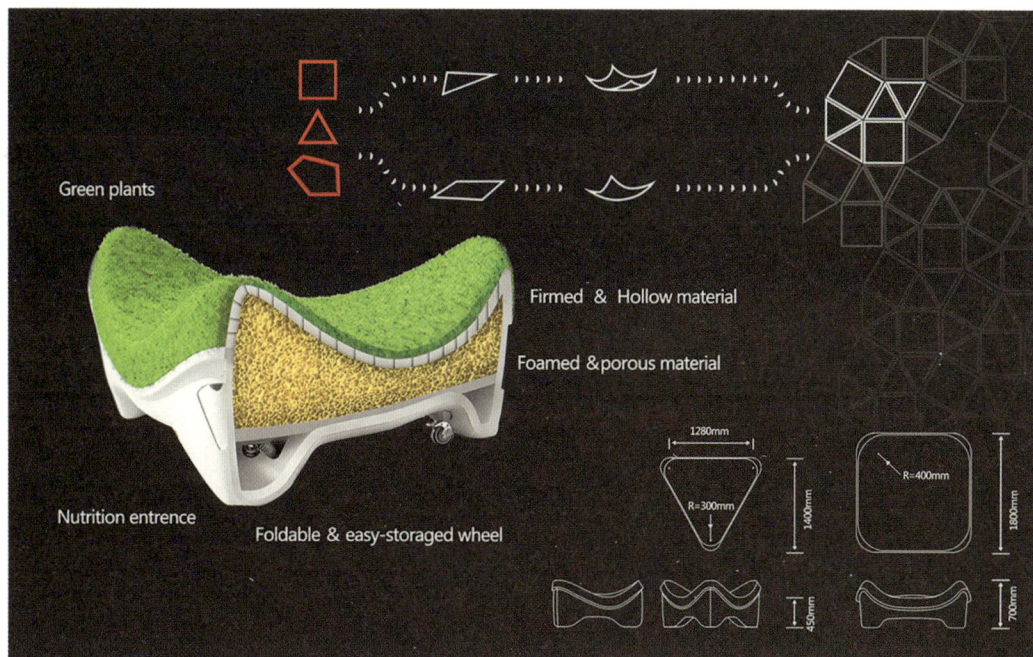

图 4-9-2　绿色城市家具之座椅结构

图 4-9-3　座椅使用场景

十、禅修磁悬浮坐垫

这一概念设计源于对人们坐姿行为的反思。冥想是佛教文化中的一种修炼方式和常见做法。冥想者需要盘坐在地上，保持他们的脊椎和头部直立达几个小时。由于其对血液循环的压迫，这种坐姿方式易导致腿部、腰部和颈部的慢性疾病。

基于这种背景，本书课题组提出了一种椅子的概念设计，它由一系列单独小球组成，用来支撑必须支撑的身体部位。每个单独小球的球体内都配有红外传感器，可以自动识别人体并感知需要支撑的部位。每个单位小球包含一个传感器、一个控制器、一个电磁铁和一个功率放大器。传感器可以检测出小球相对于参考点所产生的位移和人体关键部位所受到的压力。然后，微处理器将检测到的位移转换成控制信号，由功率放大器将该信号转换为控制电流，而控制电流将对小球施加磁力，促

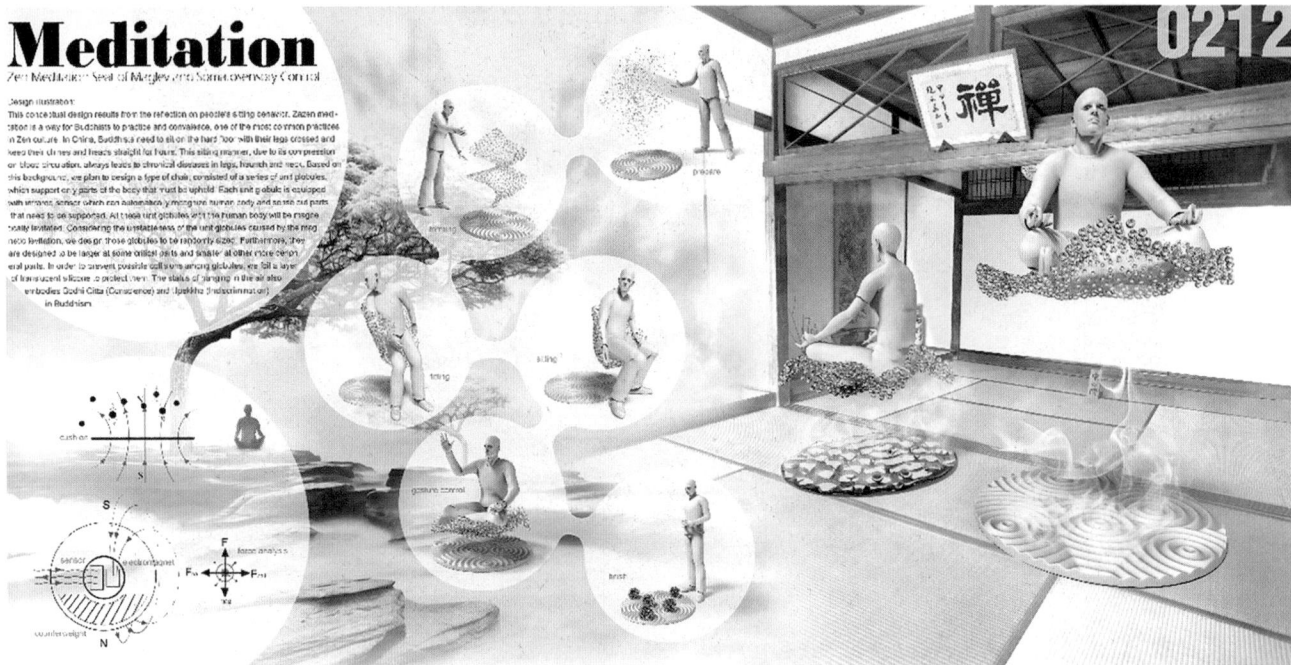

图 4-10-1　禅修磁悬浮坐垫效果图

使其回到平衡位置，使整个系统可以保持平衡；所有这些与人体坐姿一致的单位球将处于磁悬浮的状态。而考虑到由磁悬浮引起单个小球的不稳定，这些小球被设计为随机大小。例如，在某些关键部件处的小球体积较大，而在其他更周边的位置处则较小。为了防止小球之间可能发生的碰撞，因而在球体表面覆上一层硅胶膜，起到保护球体的作用。所产生的雾气源于传统中草药的熏烧，置于产品的底部，对人体具备一定的理疗作用。

十一、会呼吸的灯

"会呼吸的灯"整体造型好似人造的"树"，排列于城市中又俨然如"森林"。顶端部分既像缓缓伸展的"树叶"，又似展翅翱翔的飞鸟。设计灵感源于植物的呼吸和光合作用，将污染气体吸入后经臭氧空气净化装置净化后排出，整体造型舒展、自然（图 4-11-1）。

城市汽车废气严重影响了我们的生存环境。"会呼吸的灯 -1"的设计灵感源于植物的呼吸和光合作用，它以太阳能、风能为动力，将污染气体吸入后经臭氧空气净化装置净化后排出；同时顶端的 LED 照明装置提供高效的城市照明（图 4-11-2）。"会呼吸的灯 -2"

图 4-11-1　"会呼吸的灯"

是一个实现人与物交互感应的延展方案，扇叶中心摄像头可捕捉附近人的动态，通过体内的微处理，将图像动态地显示在扇叶上，实现人和物的"交互感应"（图 4-11-3，图 4-11-4）。

空气净化器的风口设计宛如密集排布的植物细胞，通过"呼吸"来完成空气的净化（图 4-11-5）、（图 4-11-6）。

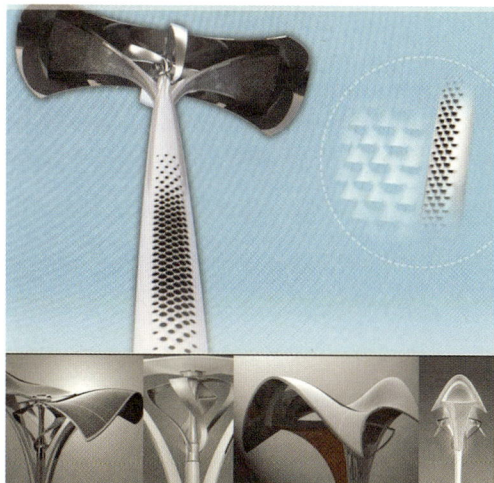

图 4-11-2 "会呼吸的灯"之 1

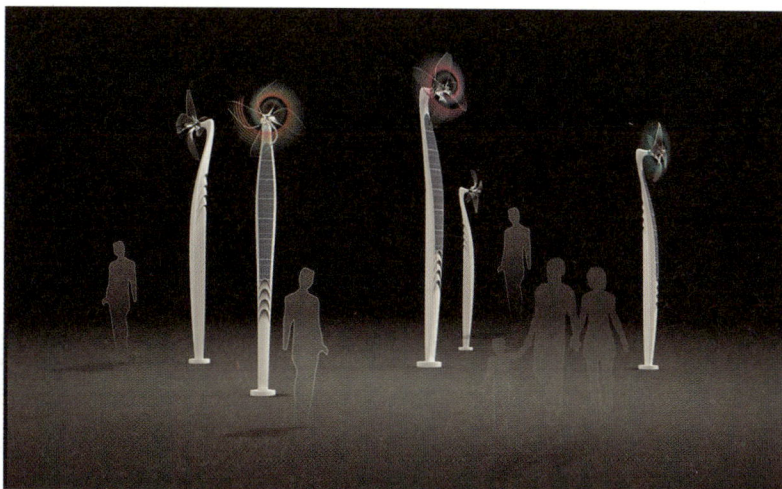

图 4-11-3 "会呼吸的灯"之 2-1

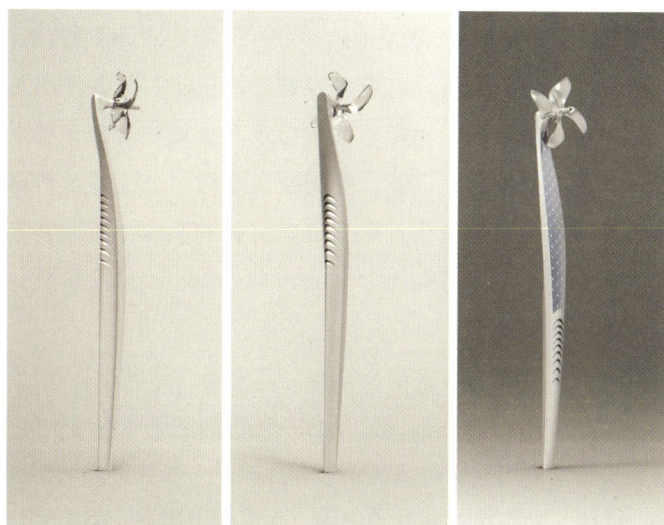

图 4-11-4 "会呼吸的灯"之 2-2

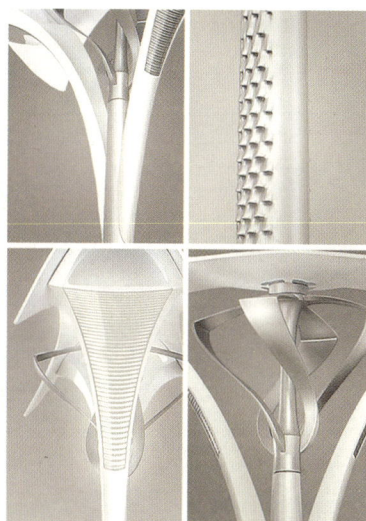

图 4-11-5 灯的构成

图 4-11-6 灯的不同形态

十二、"第三只眼"

视力变化多发生在中年和老年人身上。一副眼镜还不够同时，戴上近视和远视的眼镜较麻烦。本书课题组的眼镜设计可以轻松改变眼镜镜片的凹凸和度数（图 4-12-1、图 4-12-2）。

众所周知，人眼获得清晰视觉的方式是通过改变附着在其上的睫状肌拉伸的晶状体的形状。课题组从这个原则中得到了灵感并提出了这个新想法。镜片由膜材料制成，含有一定量的液体。金属记忆材料用于制作能够记住两种不同状态的框架。通过调节框架顶部和底部之间的距离可以改变透镜的直径，使得膜材料向内或向外

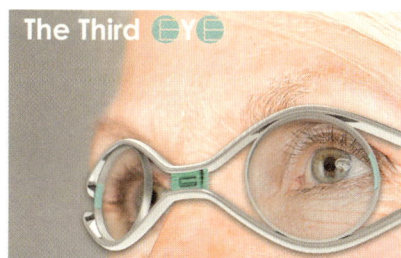

图 4-12-1 "第三只眼"

图 4-12-2 多麻烦！凹镜 + 凸镜，远视 + 近视

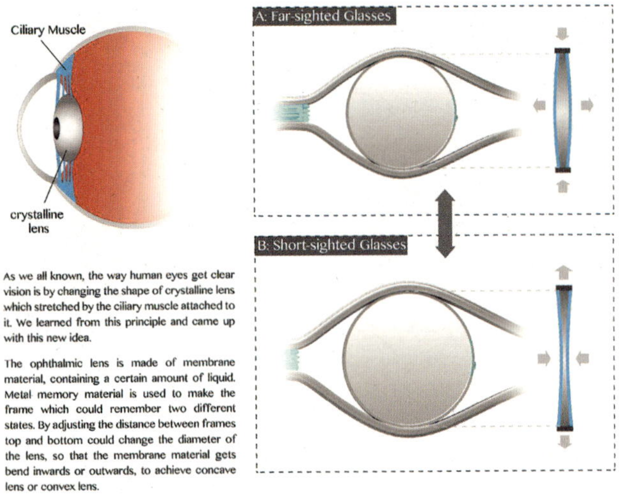
Ciliary Muscle
crystalline lens
A: Far-sighted Glasses
B: Short-sighted Glasses
As we all known, the way human eyes get clear vision is by changing the shape of crystalline lens which stretched by the ciliary muscle attached to it. We learned from this principle and came up with this new idea.
The ophthalmic lens is made of membrane material, containing a certain amount of liquid. Metal memory material is used to make the frame which could remember two different states. By adjusting the distance between frames top and bottom could change the diameter of the lens, so that the membrane material gets bend inwards or outwards, to achieve concave lens or convex lens.

图 4-12-3　凹凸可变，远近皆宜

弯曲，以实现凹透镜或凸透镜（图 4-12-3）。

在这两种状态之间转换是自然且易于操作的，按在框架的中间可以使它成为远视眼镜。如果按下框架前面的按钮，将返回近视眼镜（图 4-12-4）。

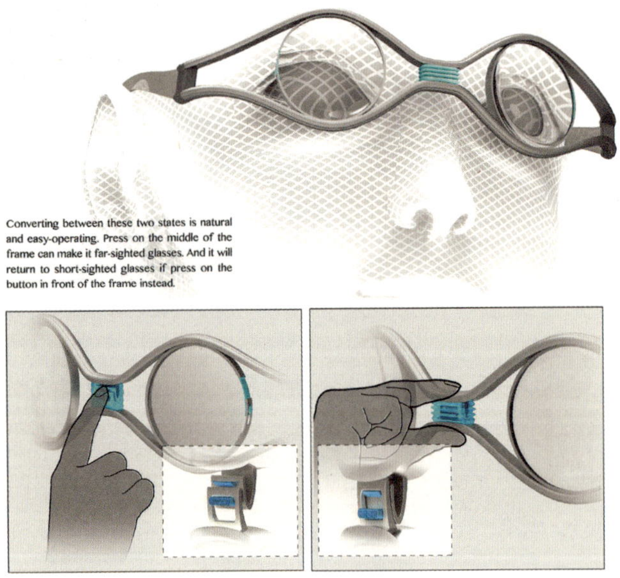
Converting between these two states is natural and easy-operating. Press on the middle of the frame can make it far-sighted glasses. And it will return to short-sighted glasses if press on the button in front of the frame instead.

图 4-12-4　改变视距的操作

十三、茗流

本设计是参与现代汽车设计大赛的作品。现代汽车设计大赛面向全国大学（包括港、澳、台地区）在校学生公开征集设计作品，期待每一位追求设计梦想的精英积极参与，与现代汽车“流体雕塑”的设计理念碰撞出绚丽的灵感火花，并用个性与激情的设计语言点亮现代汽车与中国汽车设计的明天。大赛的主题为“雕塑自然灵感之美（Naturally Sculpted Intelligent Beauty）”。现代汽车秉承“流体雕塑（Fluidic Sculpture）”的设计理念，即从自然的奇妙造化、强大生命力和美丽形态中汲取灵感，形成充满动感和智慧的设计。大赛旨在通过鼓励参赛者以“流体雕塑”设计理念为指导，从大自然中汲取设计灵感，以及结合全球最新汽车设计趋势，用多元化的设计语言创造出具有生命力的汽车设计作品。

本车色彩理念“白色生活——轻灵动感”。白色是自然界中最多的颜色之一，像天空，像石头，像水面，色彩性格本身低调含蓄、内敛。造型灵感来自于水中的石头。石头很硬，水流很软，水漫石，石沁水，相得益彰，颇有意境。最终，以被水包裹着的石头的场景作为造型的具体来源，并赋予抽象提炼。轮毂的造型灵感来源于水生植物——菱，菱的生长规律与分形特征严格遵循斐波那契数列，是大自然完美的杰作，所以将其提炼出来，并利用 Rhinoceros 的 grasshopper 参数化插件辅助设计。

本车专为接送明星设计，是一辆“跨界车”，采用纯电动力，倡导与自然、环保。内部的空间成环形排列，专为摄制组在车内的访谈需要而设计，营造更好的访谈环境，利于摄制和电视转播。本车可以衔接一个单轮的拖车，既可以作为一个单独的存储空间，也可以和车身主体连接，形成一个新的完整形态。车体后部设有可拆卸式的带轮货箱。明星在参加节目的过程中，往往要在当地生活一段时间，随身物品可能会较多，可拆卸设计便于更好地满足用户的个性化需求；如需携带大件物品时可以使用六轮模式；也可作家庭用车，拖车的部分可以用来装烤架甚至淋浴用等（图 4-13-1~ 图 4-13-3）。

十四、白天与黑夜

“白天与黑夜”是红点概念设计奖的获奖作品红点设计概念大奖于 2005 年创立，红点设计概念大奖是面向设计概念及原型的最具规模、最受认可的专业设计竞赛，并作为业界基准而为红点学院公布的红点设计

图 4-13-1 以流体雕塑为设计理念的小汽车

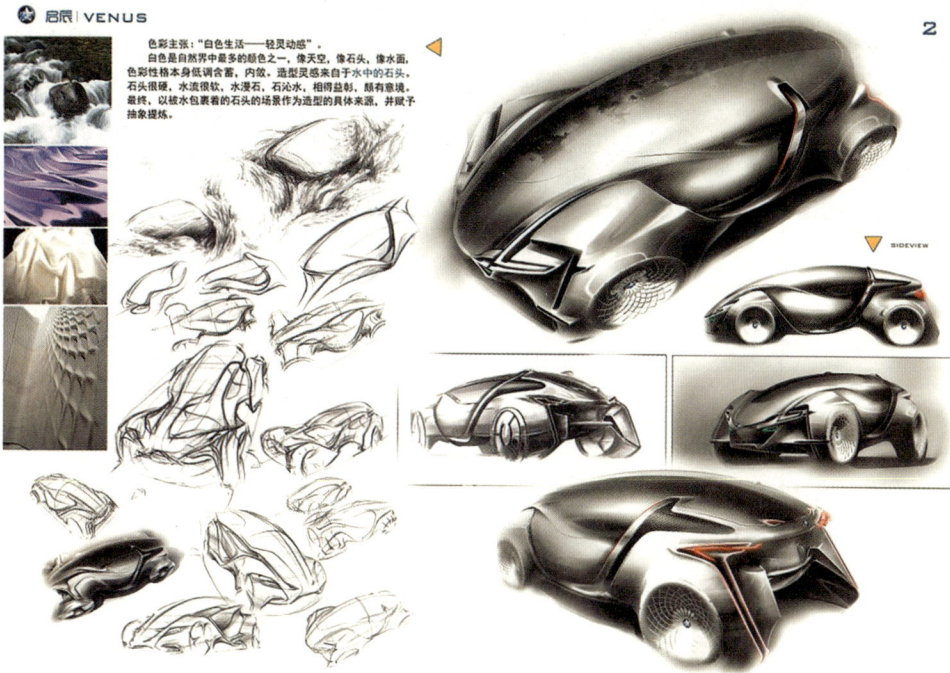

图 4-13-2 小汽车设计理念图析之一

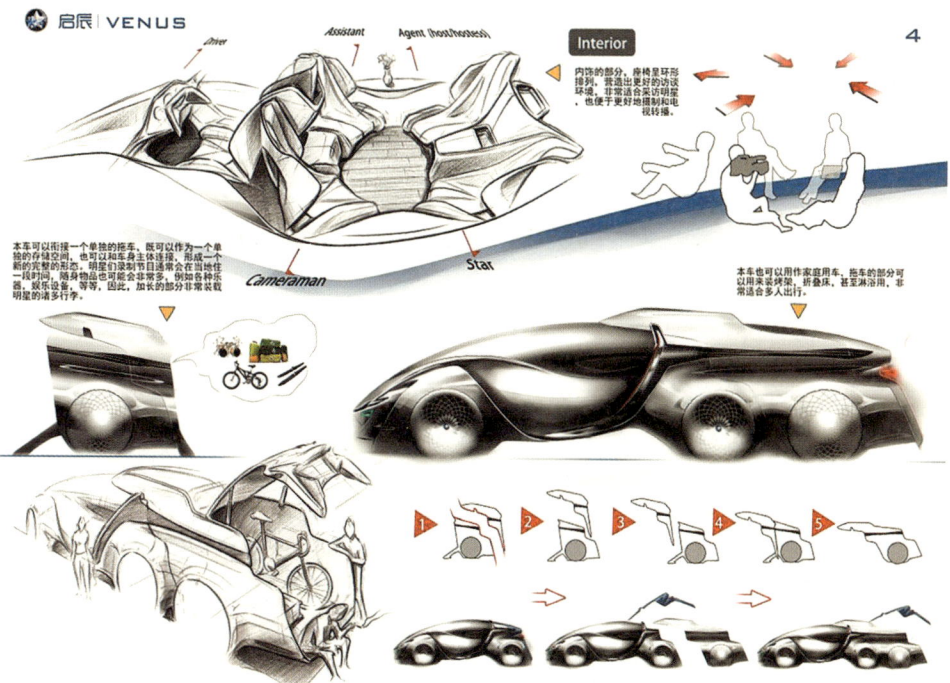

图 4-13-3 小汽车设计理念图析之二

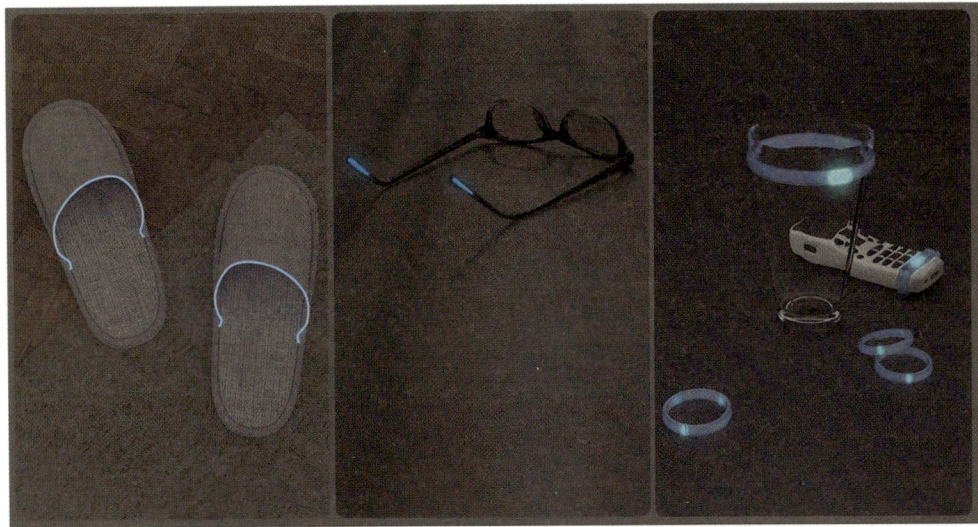

图 4-14-1 "白天与黑夜"设计作品（之一）

排名奠定基础办事处举办。对于参赛作品的设计概念从其设计特质出发、不带任何偏见地进行评价。以此为基础，红点创建了一个无与伦比的平台，广纳从公司企业到设计专业学生等各界人士的参赛作品。

当夜晚关灯后，人们在黑暗中很难找到需要用的物品，如手机、水杯、拖鞋等。如果开灯的话会打扰到其他的人。"白天与黑夜"的设计就解决了这个问题（图 4-14-1）。

"白天与黑夜"设计了一系列不同的在夜晚常用的物件，包括手环、水杯、拖鞋、眼镜等。将特定位置的部件换成夜光材料，这样让使用者在夜晚可以很容易地找到需要的物品而不打扰到别人。

这个设计还能在夜晚很好地识别不同物品，例如在拖鞋的鞋口加入夜光带，让使用者在夜晚轻易地穿进去；眼镜的末端加入夜光材料，可以不干扰用户夜间的视野；夜光的橡胶带也可以方便地用在不同地方（图 4-14-2）。

图 4-14-2 "白天与黑夜"设计作品（之二）

型技术"是国家 863 计划，国家 973 计划，国家自然基金委大力支持的独特制备工艺，被国家科技部列为 50 项重点产业化项目之一，荣获了 2004 年纽伦堡国家发明与新产品博览会金奖和国家科技发明二等奖。

CIM 远红外瓷珠是精选纯天然无机矿物原料，采用国际领先的 CIM 先进瓷珠科技制备而成的生物医学级纳米远红外陶瓷。通过它的远红外热力加热的人体，皮下血液循环得到促进的效力，较普遍加热方式能更持久地保持，从而起到更加有效的保健理疗效果。

针对人们容易发生病变的身体部位，全套产品分为：头部、腰颈、手腕、膝盖、脚踝五件，用户可根据自己的实际需求，针对病痛部位进行专项理疗或全身理疗（图 4-15-1）。

1. 膝盖与手腕

手腕和护膝采用搭扣式设计，方便穿脱和携带。

十五、"清慈"可穿戴远红外陶瓷理疗仪

"清慈"是基于清华大学的专利技术和设计创新的旅游科技产品。本产品采用了 CIM 远红外瓷珠技术（源自清华大学材料研究院"新型陶瓷和精细工艺"国家重点实验室专利技术），其制造工艺"陶瓷胶注射成

图 4-15-1 可穿戴远红外陶瓷理疗仪（之一）

既可以采用自带的充电式锂电池，也可以采用外置电源供电。外表面的聚酯纤维材料能提供良好的包裹性，使加热的效果更加显著。（图 4-15-2）

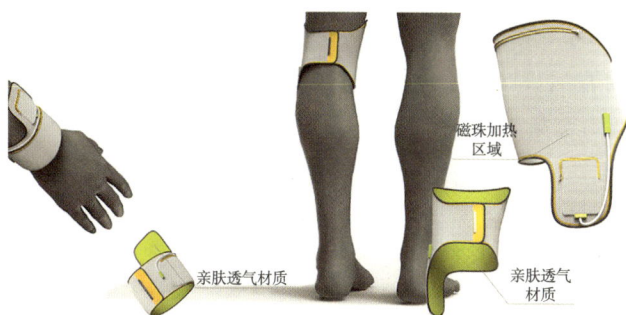

图 4-15-2 陶瓷理疗仪（之二）

2. 头与脚

头部的足疗仪对头皮表层穴位和毛细血管的理疗，旨在增进血管活性，预防血管疾病。连接方式采用搭扣设计，方便穿与脱，同时也能采用内外两种方式进行供电。脚部足疗仪的外部设计按照脚步的骨骼结构进行设计，针对脚腕和脚背进行理疗，镂空的轻量化超薄设计可以让使用者在日常行走时也能穿戴。（图 4-15-3）

3. 腰与颈

腰部与颈部理疗仪采用分体设计，可以单独为颈部脊椎和腰部进行理疗，各部分通过拉链进行连接，方便收纳。腰部理疗仪主要针对腰部穴位和肾脏进行护理，理疗区域充分发挥瓷珠的功效。腰部、脊椎、颈部三个部分一起完成从脊柱末端到脊柱最开端的理疗与护理。（图 4-15-4）

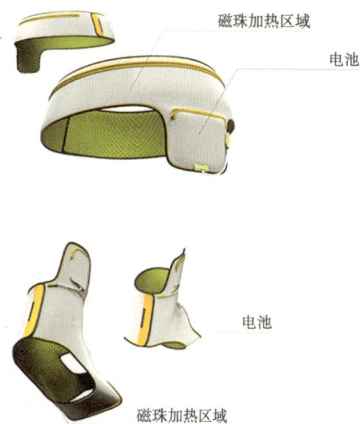

图 4-15-3 陶瓷理疗仪（之三）

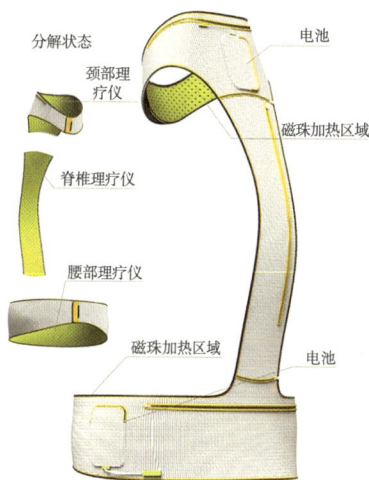

图 4-15-4 腰与颈

十六、"清花"系列陶瓷刀具

"清花"是基于清华大学材料研究院"新型陶瓷和精细工艺"国家重点实验室的专利技术的新一代刀具产品，其充分利用了陶瓷材料成型的特点，采用极简主义造型风格，再加上陶瓷刀具本身具有的润泽色彩和坚硬耐磨的特性，相得益彰。

利用陶瓷材料本身特性和清华大学的先进技术，结合人机工学和人文艺术，创造性地设计了全新的陶瓷刀具。该产品让清花的工科技术与艺术设计实现了跨界合作，也彰显了李政道和吴冠中先生倡导的"艺术与科学"精神。

1. "清花"陶瓷刀具

"清花"系列刀具外形优雅而简洁，配以柔美的点状抽象水墨花卉图案加以装饰。大小不一的点状花卉象征百花齐放、百家争鸣的学术氛围和人才培养的多样化、个性化模式。（图4-16-1）

图 4-16-1　清花陶瓷刀具

2."清花鱼"陶瓷刀具

"清花鱼"陶瓷刀具外形取自中国特有的锦鲤外形，配以"鱼"为主题的当代水墨画作，精致时尚、趣味横生。同时，该产品也包含了"年年有余"、"鲤鱼跳龙门"的祝福含义和"勇于追求、不断探索"的治学精神。（图4-16-2）

图 4-16-2　清花鱼系列陶瓷刀具

3."清花舟"陶瓷刀具

"清花舟"陶瓷刀具外形取自中国传统木舟造型，配合出自清华师生之手的写意水墨画作，意在表达校园文化远离喧嚣、淡泊宁静的氛围和清华学子自强不息、厚德载物的精神。（图4-16-3）

图 4-16-3　清花舟陶瓷刀具

十七、OLED 灯具设计

OLED 是一种有机发光二极管，又称有机电激光显示，采用有机材料涂层和玻璃基板，其具有自发光、轻薄、显示屏幕的可视角度大、节省电能等优点。因此，本方案采用 OLED 材料。

本设计方案通过头脑风暴的形式，对所需设计进行无限制的自由联想和讨论，以产生新观念或激发创新设想，发散思维和创意。头脑风暴包括 7 部分，初步发散、高频词汇提取、进一步发散、确定产品设计方向、造型要素及特点描述、确定产品设计定位。最终，确定产品的基本设计方向为：简约的、易用的、未来感的。

再者，对基本设计方向进行细化，其造型及产品设计定位如下：

图 4-17-1　OLED 灯具效果图

图 4-17-2　OLED 灯具实物图

● 简约的：线条简洁柔和，表面光滑无装饰，色彩素雅纯净，整体空灵。

● 易用的：结构巧妙、操作便捷、语义明确、趣味性。

● 未来感的：流线型和或几何型、整体扁平化、有节奏和韵律感、采用金属或高新材料、操作具有交互性。

十八、新型智能水质监测仪

经过前期的研究和大量的概念发散，最终我们选定"睡莲"作为水质监测仪造型的研究对象。"睡莲"属水生植物，依靠宽大的叶片，经过"光合作用"和"呼吸作用"不断地合成所需的能量和养分，同时排出废气和多余的水分。它怡然自得地漂浮在水面上，随波荡漾，这恰好与水质监测仪的工作情景极为贴近。若以此为设计灵感的来源，通过对其外观形态与内部结构关系的充分研究，总结出造型的规律，然后运用于"水质监测仪"

的设计中，定能获得好的效果。

"水质监测仪"的造型设计充分借鉴了"睡莲"的造型规律。展开的巨大"叶片"不仅为仪器提供了充足的浮力，也为太阳能电池的安置提供了理想的载体。中央含苞待放的"莲花"其实是一组风力发电装置，它与水下的探测仪融为一体，并与巨大的"叶片"巧妙地连接起来。此外，"叶片"的造型还汲取了苹果产品的"New Edge"设计理念，通过边缘渐薄和"切边"的处理方式，将"厚重"、"臃肿"的造型转变成"轻盈"的视觉效果。通过该造型手段，使得"水质监测仪"的主体能够紧贴水面，如"出水芙蓉"一般，亭亭玉立，充满未来感。

在风叶的结构处理方面，我们对水平轴的风叶和垂直轴的风叶进行了研究，发现水平轴的风叶，只能收集定向的来风，风能利用率低，且不易与整体结合；垂直轴风叶，可巧妙地解决该问题。它不仅能适应各方来风，增大风能的利用率，还能很好地与整体融合，特别是在风叶转动时，其视觉效果更加优美，宛如给"检测仪"赋予了"生命"。

除了仪器中央的风能发电装置，在宽大的"叶片"上还布满了光伏太阳能电池板，水下还有利用暗流发电的涡轮。风能、太阳能以及潮汐能的互补与利用，可以最大限度地实现仪器的能源自给，达到节能减排之

图 4-18-1　新型智能水质监测仪效果图一

图 4-18-2　新型水质监测仪效果图二

功效。这种取自自然、用于自然的设计理念，其实都源于"绿色设计"和"天人合一"的思想。

由于水质监测仪本身体积庞大、自重、风阻较大，并容易产生"笨重"之感，为此，我们在顶部的"风叶"和底部的"探棒"部分采用了参数化设计，使其呈现网状镂空效果。镂空的风能扇叶，既降低了风阻与自重，造型也变得新颖、前卫，并能与环境更好地融为一体。

十九、2008 年北京奥运会颁奖台设计——玉带祥云

云是吉祥和高升的象征，自古以来在中国被奉为是上天的造物。经过无数次的讨论，最后课题组决定将设计灵感主要集中在祥云的形象上。自 2006 年 12 月至 2008 年 1 月，颁奖台设计共历经 12 次深化修改和方案提交，最终于 2008 年 3 月 15 日确定获选方案。最后的版本整体造型动感活泼，前后错落有致，更加富于律动的美感，既蕴含运动员奋勇争先的精神，同时又体现奥运会的崇高与神圣，寓意吉祥如意。

1. 文化性：奥运会历来就被视为主办国民族文化品牌营销的重要国际场合，如何在颁奖台中融入中国本民族的特色，在中西文化中找寻平衡点，也成为课题组从始至终都在努力探讨的问题。中国特色其实是一个很

图 4-19-1　2008 年北京奥运会颁奖台立面效果

图 4-19-2　2008 年北京奥运会颁奖台透视效果

抽象的概念，中国五千年的文化、56 个民族都涵盖了极为丰富的文化元素，要在其中找寻出最具代表性和特色的中国元素是整个设计的难点。扇形、漆器、柱子、天坛、五星、竹子、莲花、三角形、桥梁、长命锁、家具、"回"字等众多极富中国特色的元素都曾经被作为颁奖台设计的主体，跃然纸上，设计稿多达百余份。最后，课题组决定将设计点落在祥云上。作为中国极具特色的纹样之一，祥云最早出现在周代中晚期的楚地，在中国传统文化中，祥云图形不但代表"渊源共生，和谐共融"的寓意，其文化概念在中国也具有上千年的时间跨度，可说是极具代表性的中国文化符号之一。其次，祥云与代表荣耀的颁奖台结合，相得益彰，有异曲同工之妙。为了表示对获奖运动员的最高礼赞和褒奖，"玉带祥云"颁奖台的主色调采用尊贵的明黄色。明黄在中国历史上是极为慎用的一种颜色，一般只有皇家才能使用，历来也是中国最神圣的色彩。其次也有特例，譬如为了与"水立方"内部环境协调形成完美的整体，水立方的颁奖台采用的是"青花"搭配蓝色系为主的设计方案。（图 4-19-3）

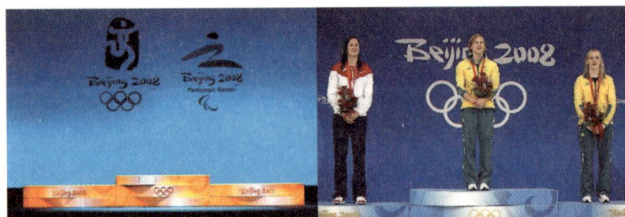

图 4-19-3　奥运会颁奖台使用场景

2. 安全性：颁奖台的安全性是国际奥委会考量的第一要素。颁奖台既要结实牢靠保证安全性，又要便于搬动和安装、拆卸。设计团队在颁奖台制作材料的选择上进行了一系列实验，包括了发泡铝，低发泡聚氨酯等，综合考虑到"绿色奥运"、"节俭办奥运"的要求，最后外壳材料选用了通用型玻璃钢，内部材料使用低发泡聚氨酯，这样有效地解决了颁奖台的重量和成本问题；玻璃钢表面附着了一层 5mm 厚的彩色胶衣，封闭了玻璃钢与外界空气接触的机会，避免产生污染利于环保；为保证颁奖台分体的牢固性，每层分体之间特设防滑膜和串联插柱来增加摩擦力和结构强度；往届的颁奖台几

乎都是空心结构,而"玉带祥云"颁奖台却是实心制作,经过实验测试,它的承重能力、强度和安全性能有了较大的提升。

3. 时间性：另外，时间成为整个设计团队最大的挑战之一。奥组委给的时间非常紧迫，有时当天下午通知修改，第二天清早就需要交稿。设计团队经常连续工作几个通宵，为了能交出一份满意的设计，前后设计团队共经过 12 轮方案提交。

4. 包容性：考虑到运动员的身高差异，冠军颁奖台下方还特设了一层阶梯，方便个子矮小的运动员上下颁奖台。残奥会的颁奖台后面增加了坡度比为 1 : 10（夹角小于 15 度）的坡道以方便运动员坐着轮椅上下。同时还在颁奖台前方特设了挡条，以防止运动员因不慎而冲出颁奖台。考虑到搬运需要，在每个分体上都设置了扣手槽。由于玻璃钢和低发泡聚氨酯的运用使颁奖台的重量大大减轻，最轻的 25 公斤，最重的也不过 38 公斤，两个工作人员就可以轻松搬运。

设计作为集工学、美学、经济学为基础的创新学科，是一个能带来高附加值的产业。通过这场盛会，奥林匹克烙上中国印，中国元素震撼了世界。

二十、2008 年北京奥运会火炬设计方案——龙凤呈祥（提案方案）

1. 提案方案设计说明

（1）原创性：特点突出、已获国家专利；

（2）可靠性：采用了成熟的技术，拥有多次全运会火炬制造经验，具备较好的安全性：防雨抗风性强，安装了火炬跌落自动熄灭装置；

（3）可比性：优于往届奥运火炬的燃烧技术。

燃烧器结合该火炬外部造型特征采用了防风、防雨设计，试验数据表明，该燃烧器能完全满足北京奥组委提出的防风防雨要求。（图 4-20-2）

2. 其他方案介绍

该设计灵感来自中国古代四大发明之一的"纸"，火炬的外观是一张卷纸的简约造型，中间饰以红色丝绸制作的"盘扣"作固定之用。纸边的丝绸镶边处理流

图 4-20-1　龙凤呈祥

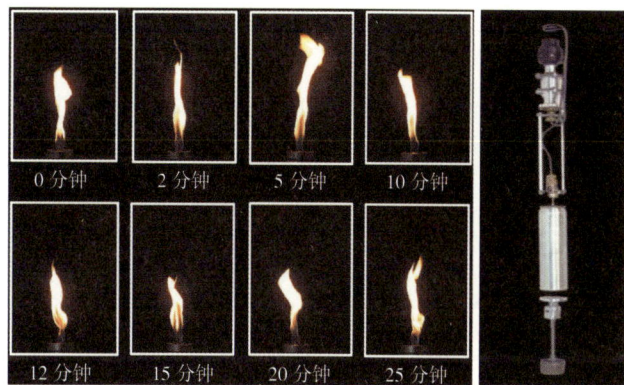

图 4-20-2　燃烧器实验效果图

露出一种"中国唐装"的韵味，极具东方风范。灯笼是该火炬主体结构的创意来源，灯笼乃中国传统工艺品，它是光明和喜庆的象征。火炬底部是红色的窗花剪纸和中国结的图案，是中国最喜庆的民间艺术之一。火炬表面装饰的本届奥运会标志"中国印"图形，不仅表达了中国人民对奥运节日般的热情，更让全世界人民与中国文化紧密相连与接触。

纸张的内部印制了火炬组装的中、英文说明，同时也印有本届火炬传递的路线图。用中国传统的"火纹"来塑造火炬的关键部分——火球为了弘扬中国的传统文化，火球的形状也能让人联想到宫灯、浑天仪、绣球等，因而更加强化了中国特色。火炬底部五环交叠的图形，象征全世界人民通过奥运火炬的传递变得更为融合，并与北京奥运会标志（中国印）相呼应，

图 4-20-3　其他方案效果图

五环图形还可作为印章使用，再加上每一位火炬传递手的签名，能为奥运会留下一份珍贵的财富。五环从底部向上继续延伸，演变成树干和树叶，最后托起的是火种（火球），这不仅体现了北京办绿色奥运的精神，也预示了中国传统文化与世界文化正通过奥运圣火的传递得以交融：和平、团结的奥运理念得以传播。（图 4-20-3）

二十一、广州亚运会颁奖台设计方案

第十六届亚运会主办城市——广州简称穗，又称为羊城，有着悠久的文化史，从秦朝开始，广州一直是郡治、州治、府治的行政中心，也是岭南文化的发源地和兴盛地。其地理特征三江并流汇入大海，海洋文化十分丰富。随着近几年广州的不断发展，造就了包容、务实、探索、求变的广州特质。其次，亚运会是一次激情的盛会，代表着"和谐亚洲"这个全亚洲人们共同追求的理念的体现，体现出了"激情、和谐"的亚运特质。同时，亚洲地理幅员辽阔，山水相连，文化呈现出多元性和传承性，体现出了多元、传承、博大、渊源的亚洲特质，因此，综合以上，我们确立出颁奖台整体设计理念："图形化、色彩化、水纹形态、雕刻形态、链接和传递的精神理念"。（图 4-21-1）

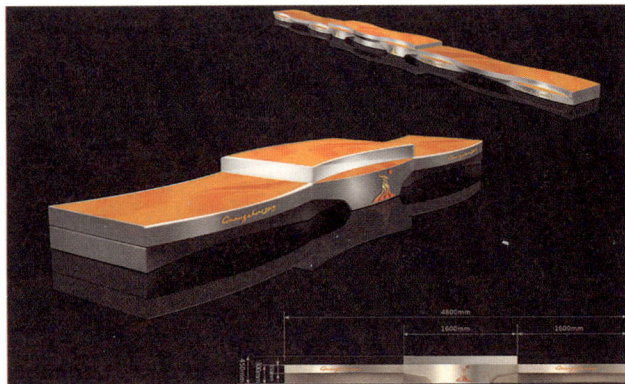

图 4-21-1　广州亚运会颁奖台

二十二、广州亚运会火炬设计方案——进取（提案方案）

第 16 届亚运会火炬设计既要做到与广州特有岭南文化相结合，还要能表达广州人民的美好愿望，并且要表现运动会应有的动感。因此，"进取"火炬采取了与会徽相统一的设计语义，以柔美上升的线条为主基调，抽象和具象相结合的设计思路。（图 4-22-1~图 4-22-3）

"进取"火炬的造型源于本届亚运会的标志和核心图形，色调采用本届亚运会主色调之一的橘黄色，与五羊会徽相呼应。火炬设计方便握持，燃烧时火焰和上升的橘黄色线构成一个和谐的整体。"进取"火炬在形

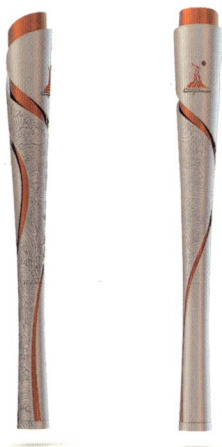

图 4-22-1　广州亚运会火炬

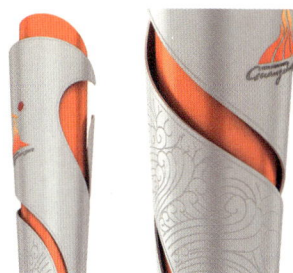

橘黄色内壳（亚运会主色调）采用氧化等工艺手段

银白色外壳宛如两片"芭蕉叶"

设计采用内外层结构，使火炬在阳光照耀下更有立体感火炬内筒

表面采用水纹雕刻，象征广东精湛的雕刻艺术

采用橘黄色吸光材料使火炬在黑暗的环境中依然清晰可见。

间隙部分形如奔腾的江水汇入大海

火炬手柄部分充分考虑人机尺度，使火炬手在传递火炬的过程中把握更加稳固

火炬下端也采用中国传统水纹雕刻，使其看上去更加统一

图 4-22-2　广州亚运会火炬设计说明

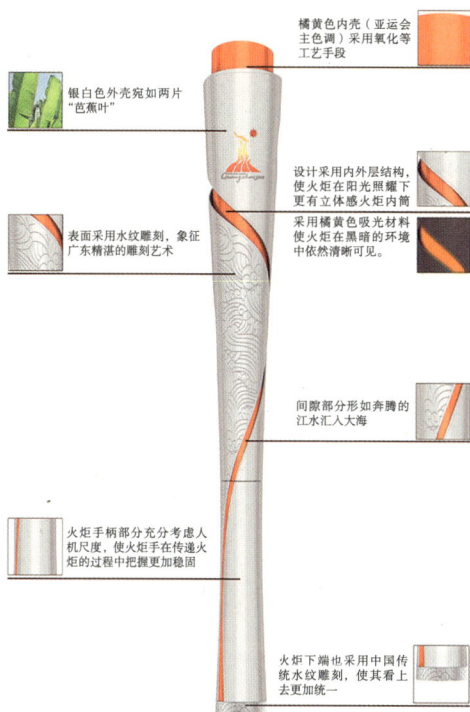

图 4-22-3　广州亚运会火炬效果图

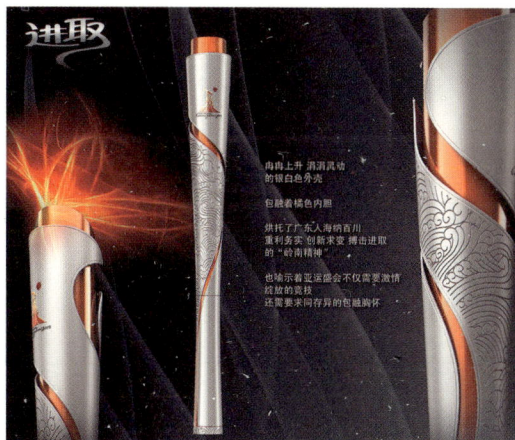

图 4-22-4　广州亚运会火炬局部

式上比较雅致，色彩相对较浅。橘黄色线喷涂发光材料，在举行点火仪式，灯光暗下来的时候，人们也可以看到火炬。（图 4-22-4）

火炬由两部分组成，冉冉上升的银白色外壳，包裹着橘黄色的内胆，橘黄色的线由下到上、由细到粗缓缓展开，象征着珠江逐渐延伸到大海，向世界扩延。火炬烘托出海纳百川、重利务实、创新求变的"岭南精神"，也喻示了亚运会不仅需要激情绽放、拼搏进取，也需要求同存异的包容。

二十三、亚洲沙滩运动会火炬设计——踏浪金沙（提案方案）

此次火炬设计以第三届亚沙会举办理念："海韵、阳光、激情、时尚"作为主题思想；以会徽、核心图形、体育图标等作为基本造型元素来源；重点突出海阳滨海旅游三元素：阳光、沙滩、大海，及此届亚沙会的口号："快乐在一起"。（图 4-23-1）

该火炬的设计灵感源于海浪和沙丘层叠交错的波纹形态，以及山东的剪纸艺术。火炬结构分为内外两层，

图 4-23-1　亚洲海滩运动会火炬设计——踏浪金沙效果图

内层为燃烧系统，顶端燃烧口造型采用亚沙会的核心图形，突出了亚沙会的特质；外层由自下而上逐渐放大的金属框架结构，造型宛如奔向沙滩的滚滚浪花，又似阳光下水中徐徐上升的气泡，喻示了海阳蒸蒸日上的发展势头。火炬的色彩由金、银、蓝组成，加上火焰的红色，恰好代表了亚沙会的环境要素——沙滩、天空、海洋和阳光。

二十四、第26届世界大学生火炬设计方案（提案方案）

世界大学生运动会（简称世大运或大运会）是一项供大学生运动员参加的国际综合性体育活动，第26届世界大学生运动会于2011年8月在中国深圳举行。

2009年6月，邀请中央美术学院、深圳工业设计行业协会等单位参加火炬设计，共收到9个单位的27套设计方案。课题组设计团队设计的两套大运会火炬造型方案也参与其中。（图4-24-1）

设计充分考虑了深圳作为经济特区与其国际化的城市属性，力图在大运会火炬设计体现出国际化和艺术性，与大运会会徽、主题口号、吉祥物、奖牌等视觉符号相得益彰，反映深圳作为"设计之都"的专业水准，体现"改革开放，青春时尚，创意无限，充满激情"的办会理念。

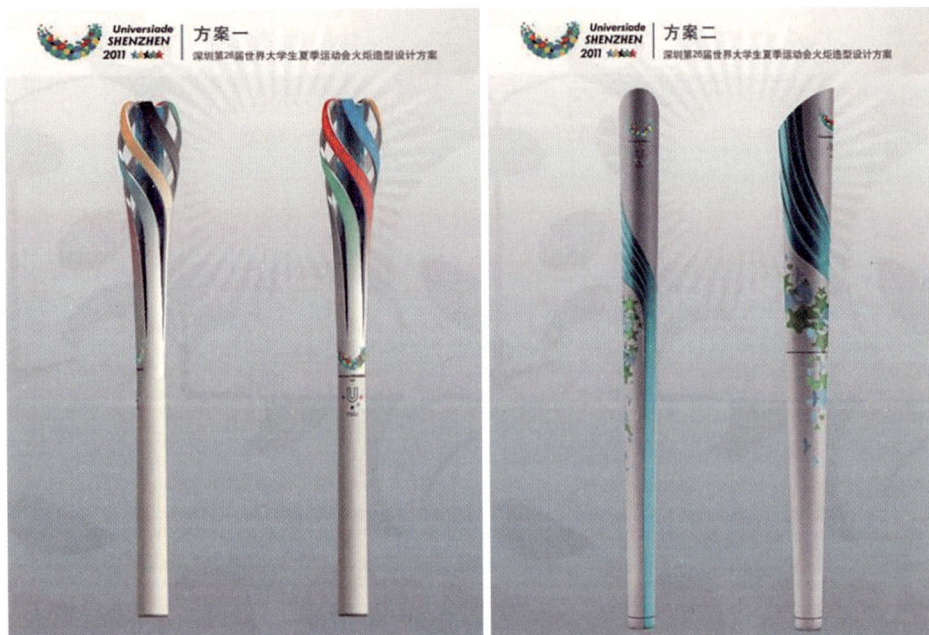

图4-24-1 第26届世界大学生火炬设计方案效果图

参考文献

[1] 吴志威, 周飞. 淡水龙虾螯的结构及力学性能的研究 [J]. 中国科学: 技术科学, 2011, 41 (03): 326-333.

[2] 赵静, 武宇红. 浅析无脊椎动物的骨骼 [J]. 生物学通报, 2010, 45 (3).

[3] 张欣茹, 姜泽毅, 柳翠翠, 杨怡菲, 张欣欣. 沙漠甲虫背部凝水分析 [J]. 应用基础与工程科学学报, 2006 (02): 275-281.

[4] 刘雪礼, 赵云峰. 五花八门的昆虫脚 [J]. 大自然, 1986.

[5] 杨万喜, 周宏. 中华绒螯蟹雌体腹肢外骨骼组织学初步研究 [J]. 东海海洋, 2000 (03): 29-33.

[6] Einat Zchori-Fein, Kostas Bourtzis, Manipulative Tenants: Bacteria Associated with Arthropods[M]. Cleveland: CRC Press Inc, 2011.

[7] Marc J. Klowden, Physiological Systems in Insects[M]. Salt Lake City: Academic Press Inc, 2013.

[8] (陳錦祥, 岩本正治, 倪慶清, 倉鋪憲, 齋藤憲司.) 甲虫上翅の積層構造とその力学特性 [J]. (J.Soc.Mat. Sci., Japan). 2001: 50 (5).

[9] (英) 达西·汤普森, (英) 泰勒·邦纳改编, 生长和形态 [M]. 袁丽琴译. 上海: 上海科学技术出版社, 2003.

[10] [法] 勒内·托姆. 结构稳定性与形态发生学 [M]. 成都: 四川教育出版社, 1972.

[11] 殷实. 形态设计之自然形态的视觉元素应用分析 [J]. 大舞台, 2012 (10): 152, 153, 44.

[12] 刘锡良, 朱海涛, 一种新型空间结构——折叠结构体系 [J]. 工程力学, 1996.

[13] Alessandro Minelli, Forms of Becoming The Evolutionary Biology of Development[M].Princeton: Princeton University Press, 2009.

[14] S.A. Wainwright, J.M. Gosline), W.D.Biggs, Mechanical Design in Organisms[M]. Princeton: Princeton University Press, 1982.

[15] Les Watling, Martin Thiel, Functional Morphology and Diversity[M]. Oxford, United king.dom: Oxford University Press Inc, 2013.1.

[16] 左铁峰. 仿生学在工业设计中的运用 [J]. 装饰, 2004 (05): 20-21.

[17] 任露泉, 田喜梅, 李建桥. 国际仿生工程研究动向与发展 [J]. 国际学术动态, 2011.

[18] 马惠钦. 昆虫与仿生学浅淡 [J]. 昆虫知识, 2000.

[19] 孙茂, 吴江浩, 微型飞行器的仿生流体力学——昆虫前飞时的气动力和能耗 [J]. 航空学报, 2002, 23 (5).

[20] 童华, 姚松年. 蟹、虾壳微观形貌与结构研究 [J]. 分析科学学报, 1997, 13 (3).

[21] 权国政, 王熠昕, 陈斌, 艾百胜. 昆虫体壁外感觉器的应力放大传感效应 [J]. 重庆大学学报, 2010, 33 (11).

[22] 孙雾宇, 佟金. 甲壳类昆虫生物材料性能、微观结构研究与仿生进展 [J]. 华中农业大学学报, 2005.

[23] 陈锦祥, 关苏军, 王勇. 甲虫前翅结构及其仿生研究进展, 复合材料学报 [J]. 2010, 27 (3).

[24] 饶冉. 基于昆虫 (体壁及翅) 形态结构的仿生学研究进展 [J]. 现代农业科技, 2012 (18).

[25] 王国林. 推土板的仿生分形设计 [J]. 农业工程学报, 2000 (5).

[26] 莫伟刚 . 新型大跨空间屋盖结构体系仿生（蜻蜓翅膀结构）研究 [D]. 浙江大学，2007.

[27] 戴维·皮尔逊 . 新有机建筑 [M]. 董卫 . 译 . 南京：江苏科学技术出版社，2002.

[28] 许艳青 . 谈仿生设计元素在建筑设计中的运用 [J]. 科技创新导报，2009（02）：46.

[29] 王勋陵，王静 . 植物形态结构与环境 [M]. 兰州：兰州大学出版社，1989.

[30] 陈维培，张思美，严素珍 . 水生被子植物的适应结构 [J]. 植物杂志，1981，3：15-16.

[31] 高信曾 . 几种水生被子植物茎结构的观察及其对环境的适应 [J]. 北京大学学报（自然科学），1957，04.

[32] 牛玉璐 . 水生植物的生态类型及其对水环境的适应 [J]. 生物学教学，2006（07）：6-7.

[33] 岑海堂，陈五一，喻懋林，刘雪林 . 翼身结合框结构仿生设计 [J]. 北京航空航天大学学报，2005（01）：
13-16.

[34] 刘旺玉，李静 . 风荷载下植物叶片自适应特性研究 [J]. 合肥工业大学学报（自然科学版），2011，6.

[35] 武文婷，孙以栋，何丛芊，等 . 植物非形态仿生在工业设计中的应用研究 [J]. 包装工程，2008（05）：128-
130+150.

[36] 刘建康 . 高级水生生物学 [M]. 北京：科学出版社，1999.

[37] 郑湘如，王希善 . 植物解剖结构显微图谱 [M]. 北京：农业出版社，1983：86-142.

[38] 杨继 . 植物生物学 [M]. 北京：高等教育出版社，2007：158-181.

[39] 特奥多·安德烈·库克 . 生命的曲线 [M]. 周秋麟，陈品健 . 译 . 北京：中国发展出版社：2009.

[40] 何炯德 . 新仿生建筑 [M]. 北京：中国建筑工业出版社，2009.

[41] 陆时万，等 . 植物学（上册）[M]. 北京：高等教育出版社，1991.

[42] Benoit B. Mandelbrot. The Fractal Geometry of Nature[M]. 陈守吉，凌复华 . 译 . 上海：上海远东出版社，
1998.

[43] 吴棣飞，姚一麟 . 水生植物 [M]. 北京：中国电力出版社，2011.

[44] Alejandro Bahamón, Patricia Pérez, Alex Campello. Inspired by nature：plants：the building/botany connection[M]. New York：W.W. Norton，2008.

[45] Goss, Julie. Biomimicry：Looking to nature for design solutions[J].Masters Abstracts International，2009.

[46] 赵家荣，刘艳玲，徐立铭，等 . 水生植物 187 种 [M]. 百通集团，吉林：辽宁科学技术出版社，2007.

[47] 赵家荣，刘艳玲 . 水生植物图鉴 [M]. 武汉：华中科技大学出版社，2009.

[48] 赵焕登 . 海洋植物 [M]. 济南：山东科学技术出版社，1982.

[49] 颜素珠 . 中国水生高等植物图说 [M]. 北京：科学出版社，1983.

[50] C.D.K 库克 . 世界水生植物 [M]. 王徽勤，游浚，王建波 . 译 . 武汉：武汉大学出版社，1993.

[51] 成水平，吴振斌，夏宜 . 水生植物的气体交换与疏导代谢 [J]. 水生生物学报，2003（7），27（4）：414-417.

[52] 张晓鹏 . 杨嘉陵，于晖 . 猫科动物脚掌肉垫缓冲力学特性分析 [J]. 生物医学工程学杂志，2012，29（06）：
1098-1104.

[53] Penny E. Hudson, Sandra A. Corr and Alan M. Wilson. High speed galloping in the cheetah（Acinonyx jubatus）and the racing greyhound（Canis familiaris）：spatio-temporal and kinetic characteristics[J]. The Journal of Experimental Biology 215, 2425-2434, 2012.

[54] Johnson, W., Eizirik, E., Pecon-Slattery, J., Murphy, W., Antunes, A., Teeling, E., & O'Brien, S. The late Miocene radiation of modern Felidae：A genetic assessment[J]. Science（New York, N.Y.），311

（5757），73–7，2006.

[55] 魏磊. 猫科动物线粒体基因组的研究 [M]. 合肥：安徽大学出版社，2014.

[56] 周波，王宝青. 动物生物学 [M]. 北京：中国农业大学出版社，2014，2.

[57] Fiona Sunquist and Mel Sunquist. The wild cat book[M]. Chicago：The University of Chicago, 2004.

[58] 赵旦谱. 非结构地形轮足式移动机器人设计与步态规划研究 [D]. 清华大学，2010.

[59] Day, Lisa M., & Jayne, Bruce C. Interspecific scaling of the morphology and posture of the limbs during the locomotion of cats.（Felidae）（Author abstract）[J]. Journal of Experimental Biology, 210（4），642–54, 2007.

[60] Michael A. Foss, DVM, Skamania County, etc. Cat Anatomy and Physiology[M]. Pullman, Whitman County：Washington State University, 2018.

[61] Taylor G, Triantafyllou G, Tropea M & Tropea Cameron. Animal Locomotion[M]. Oxford, United Kingdom：Oxford University, 2010.

[62] 孙汉超，叶成万，郑宝田. 运动生物力学 [J]. 武汉：武汉体育学院期刊社，1996，6.

[63] 宋雅伟，寇恒静，张曦元. 不同硬度鞋底在人体行走中的足底肌电变化 [J]. 中国康复医学杂志，2010，25（12）：1157–1160+1165.

[64] 宋雅伟，王占星，苏杨. 鞋类生物力学原理与应用 [M]. 北京：中国纺织出版社，2014.

[65] 郝卫亚. 人体运动的生物力学建模与计算机仿真进展 [J]. 医用生物力学，2011，26（02）：97–104.

[66] 伍拉德. 老虎与大型猫科动物.（外研社·DK 英汉对照百科读物）[M]. 张蕾译. 北京：外语教学与研究出版社，2002.

[67] 林静. 高超的猎手. 猫科动物（探究式科普丛书. 生命科学）[M]. 张蕾. 译. 北京：中国社会出版社，2012.

[68] 伯伊德 J. S. 犬猫临床解剖彩色图谱 [M]. 董军，陈耀星. 译. 北京：中国农业大学出版社. 2007，7.

[69] Miriam M. Morales, S. Rocío Moyano, Agustina M. Ortiz, Marcos D. Ercoli, Luis I. Aguado, Sergio A. Cardozo, Norberto P. Giannini. Comparative myology of the ankle of Leopardus wiedii and L. geoffroyi （Carnivora：Felidae）：functional consistency with osteology, locomotor habits and hunting in captivity[J]. Zoology, 2018, 126.

[70] Lewis, M., Bunting, M., Salemi, B., & Hoffmann, H.（2011）. Toward Ultra High Speed Locomotors：Design and test of a cheetah robot hind limb. Robotics and Automation（ICRA）[C]. 2011 IEEE International Conference on, 1990–1996.

[71] Bertram, J., & Gutmann, A.（2009）. Motions of the running horse and cheetah revisited：Fundamental mechanics of the transverse and rotary gallop[J]. Journal of the Royal Society of London Interface, 6（35），549–559.

[72] 王受之. 世界现代设计史 [M].1 版. 北京：中国青年出版社，2002.

[73] R A·拜格诺. 风沙和荒漠沙丘物理学 [M]. 钱宁、林秉南. 译. 1 版. 北京：科学出版社，1959.

[74] 朝仓直巳. 艺术·设计的立体构成 [M]. 林征、林华，译. 1 版. 北京：中国计划出版社，2010.

[75] 柳冠中. 事理学论纲 [M]. 1 版. 武汉：中南大学出版社，2006.

[76] 吴翔. 设计形态学 [M]. 1 版. 重庆：重庆大学出版社，2008.

[77] Paola Antonelli. Supernatural：The Work of Ross Lovegrove[M]. New York：Phaidon Press, 2004.

[78] Albrecht Bangert. Colani : 50 years of designing the future[M]. London : Thames & Hadson，2004.

[79] 北京大学、南京大学等大学地理系 . 地貌学 [M]. 1 版 . 北京：人民教育出版社，1979.

[80] Wan-Ting Chiu & Shang-chia Chiou, Discussion on Theories of Bionic Design[A], IASDR2009 : International Association of Societies of Design Research 2009 Conference，2009/10/18-22, COEX, Seoul，2009.

[81] 田一平 . 中国住宅厨房抽油烟机现状及发展方向的研究 [A]. 中国环境科学学会 . 中国环境科学学会 2009 年学术年会论文集（第四卷）[C]. 中国环境科学学会：中国环境科学学会，2009：3.

[82] Alan D Howard & John L Walmsaley. Simulation Model of Isolated Dune Sculpture by Wind [J].Department of environmental sciences university of Virginia & Atmospheric environment service downsview，1985 .

[83] Peter Collins. Changing Ideals in Modern Architecture[M]. Canada. Faber and Faber Ltd. 1965.

[84] 韩启祥，王家骅 . 沙丘驻涡蒸发式稳定器低压性能的试验研究 [J]. 推进技术，2001（01）：40-42+76.

[85] El. 海格 . 可持续工业设计与废弃物管理：“从摇篮到摇篮”的可持续发展 [M]. 段凤魁，贺克斌，马永亮译 . 北京：机械工业出版社，2010.

[86] R. D. Straughan and J. A. Roberts, "Environmental segmentation alternatives : a look at green consumer behavior in the new millennium," [J].Journal of consumer mar- keting, 1999，16（06）：558-575.

[87] S. O. Adeosun, G. Lawal, S. A. Balogun, E. I. Akpan, et al., "Review of green polymer nanocomposites," [J].Journal of Minerals and Materials Characterization and Engineering,2012,11（04）: 385.

[88] K. Satyanarayana, "Recent developments in green composites based on plant fibers-preparation, structure property studies," [J]. Journal of Bioprocessing & Biotechniques, vol.2015.

[89] María Guadalupe Lomelí Ramírez, Kestur G. Satyanarayana, Setsuo Iwakiri, Graciela Bolzon de Muniz, Valcineide Tanobe, Thais Sydenstricker Flores-Sahagun. Study of the properties of biocomposites. Part I. Cassava starch-green coir fibers from Brazil[J]. Carbohydrate Polymers，2011，86（4）.

[90] Lakshmi S. Nair, Cato T. Laurencin. Biodegradable polymers as biomaterials[J]. Progress in Polymer Science，2007，32（8）.

[91] N. Hong, T. Honda, R. Yamamoto, Classification of ecomaterials in the perspectives of sustainability[C]. Proceedings of Eco-Design, 2003, 706-709.

[92] 北京工业大学，聂祚仁，王志宏 . 生态环境材料学 [M]. 北京：机械工业出版社，2004.

[93] 周尧和，孙宝德 . 生态材料学—材料科学发展新趋势（摘录）[J]. 铸造工程，2001（1）：1-3.

[94] 王渝珠，韩景平 . 生态材料——21 世纪的包装材料 [J]. 中国包装，1995（6）：50-52.

[95] L.A. Dobrzaski, Engineering materials and material design. Principles of materials science and physical metallurgy, WNT, Warszawa – 2006（in Polish）.

[96] [日] 黑川雅之 . 设计与死 [M]. 何金凤译 . 北京：电子工业出版社，2013.

[97] M. R. Islam1, G. Tudryn2, R. Bucinell3, L. Schadler 4 & R. C. Picu1，Morphology and mechanics of fungal mycelium[J]. scientifisreports，12 October 2017.

[98] Fricker, M., Boddy, L. & Bebber, D. In Biology of the fungal cell[J]. 309 – 330 . Springer, 2007.

[99] Glass, N. L., Rasmussen, C., Roca, M. G. & Read, N. D. Hyphal homing, fusion and mycelial

interconnectedness[J]. Trends in microbiology 12, 135–141（2004）.

[100] Muhammad Haneef1，2，Luca Ceseracciu1，Claudio Canale1，Ilker S. Bayer1，José A. Heredia-Guerrero1 & Athanassia Athanassiou1，Advanced Materials From Fungal Mycelium：Fabrication and Tuning of Physical Properties[J]. scientifisreports，24 January 2017.

[101] Holt G A, Mcintyre G, Flagg D, et al. Fungal Mycelium and Cotton Plant Materials in the Manufacture of Biodegradable Molded Packaging Material：Evaluation Study of Select Blends of Cotton Byproducts[J]. Journal of Biobased Materials & Bioenergy, 2012（6（4））：431–439.

[102] Karana，E.，Pedgley，O.，Rognoli，V.（2015 a）On Materials Experience[J]. Design Issues：Volume 31，Number 3 Summer 2015，17.

[103] 向威. 材料对产品设计的影响及其应用研究 [J]. 美术大观，2009（12）：97.

[104] 江湘芸. 设计材料及加工工艺 [M]. 北京：北京理工大学出版社，2003.

[105] Stefano Parisi.Camilo Ayala Garcia.Valentina Rognoli.Conference：10th International Design Conference on Design & Emotion 2016At：Amsterdam，NL.September 2016.Designing Materials Experiences through Passing of Time. Material–Driven Design Method applied to Mycelium–based Composites.

[106] Lai J, Walczyk D, Mcintyre G, et al. Manufacturing of biocomposite sandwich structures using mycelium–bound cores and preforms[J]. Journal of Manufacturing Processes, 2017, 28：50–59.

[107] Haneef M，Ceseracciu L，Canale C，et al. Advanced Materials From Fungal Mycelium：Fabrication and Tuning of Physical Properties[J]. Scientific Reports, 2017.

[108] Satyanarayana K G, Arizaga G G C, Wypych F. Biodegradable composites based on lignocellulosic fibers—An overview[J]. Progress in Polymer Science, 2009, 34（9）：982–1021.

[109] Sauerwein M. Revived Beauty：Researching aesthetic pleasure in material experience to valorise waste in design[J]. 2015.

[110] Stefano Parisi, Camilo Ayala Garcia, Valentina Rognoli, Designing Materials Experiences through Passing of Time. Material–Driven Design Method applied to Mycelium–based Composites, September 2016.

[111] Lelivelt, R.J.J.；Lindner, G.；Teuffel, P.M.；Lamers, H.M. The production process and compressive strength of Mycelium–based materials, First International Conference on Bio–based Building Materials[C].22–25 June 2015, Clermont–Ferrand, France.

[112] 李砚祖. 造物之美：产品设计的艺术与文化 [M]. 北京：人民大学出版社，2000.

[113] Hayes, Michael.（2013）Developing and Deploying New Technologies–Industry Perspectives[C]. Boeing presentation at the US Manufacturing Competitiveness Initiative Dialogue on Additive Manufacturing, Oak Ridge National Laboratory, Oak Ridge, Tennessee.

[114] 倪欣，兰宽，田鹏，刘涛. 建筑表皮与绿色表皮 [J]. 绿色建筑，2013（3）：6–9.

[115] 沈海泳，王珊珊. 陶瓷艺术在城市景观设计中的应用 [J]. 陶瓷科学与艺术，2011（7）：22–24.

[116] 吕瑞芳，苏振国，刘炜，杨金龙. 煤矸石空心球多孔材料的制备及性能研究 [J]. 机械工程学报，2015，1（2）：71–77.

[117] 沈海泳，王珊珊. 陶瓷艺术在城市景观设计中的应用 [J]. 陶瓷科学与艺术，2011（7）：22–24.

[118] 惠婷婷，王俭. 煤矸石砖在生态建筑中应用的市场潜力 [J]. 环境保护与循环经济，2010（8）：65-67.

[119] 刘宁，刘开平，荣丽娟. 煤矸石及其在建筑材料中的应用研究 [J]. 混凝土与水泥制品，2012，9（9）：74-76.

[120] 孙峰. 煤矸石在建材生产中的应用及材料特性 [J]. 建筑，2012，（12）：70-72.

[121] 惠婷婷，王俭. 煤矸石砖在生态建筑中应用的市场潜力 [J]. 环境保护与循环经济，2010（8）：65-67.

[122] 侯哲，张喆. 浅析企业品牌与产品 DNA[A]. 中国机械工程学会工业设计分会、辽宁省机械工程学会.2013国际工业设计研讨会暨第十八届全国工业设计学术年会论文集 [C]. 中国机械工程学会工业设计分会、辽宁省机械工程学会：中国机械工程学会工业设计分会，2013：4.

[123] 李洪刚. 企业产品 DNA 与识别特征的设计研究 [D]. 沈阳航空工业大学，2008：25-26.

[124] 汪振城. 视觉思维中的意象及其功能——鲁道夫·阿恩海姆视觉思维理论解读 [J]. 学术论坛，2005（02）：129-133.

[125] 巫建，王宏飞. 产品形态与工业设计形态观的塑造 [J]. 设计艺术，2006（01）：40-42.

[126]（美）鲁道夫 – 阿恩海姆. 视觉思维—审美直觉心理学 [M]：滕守尧译. 北京：光明日报出版社，1986.

[127] 宁海林. 阿恩海姆视知觉形式动力理论研究 [M]. 北京：人民出版社，2009.

[128] 后藤武，佐佐木正人，深泽直人. 不为设计而设计 = 最好的设计 [M]. 台北：漫游者文化出版社.

[129]（美）鲁道夫 – 阿恩海姆. 艺术与视知觉 [M]. 孟沛欣译. 长沙：湖南美术出版社，2008.

[130]（美）鲁道夫 – 阿恩海姆. 艺术心理学新论 [M]. 郭小平，翟灿译. 北京：商务印书馆，1996.

[131] James J.Gibson. The Ecological Approach to Visual Perception[M]. Psychology Press，1986.

[132] Henle，Mary，ed. Documents of gestalt psychology[M]. Berkeley and Los Angeles，1961.

[133] 顾大庆. 设计与视知觉 [M]. 北京：建筑工业出版社，2002.

[134] George Dickie. Art and the Aesthetics[M]. Cornell University Press，Ithaca and London，1971.

[135]（英）威廉. 立德威尔，克里蒂娜. 霍顿，吉尔. 巴特勒. 设计的法则 [M]. 沈阳：辽宁科学技术出版社，2010.

[136] 秦波. 完形心理理论对产品形态的作用与意义 [J]. 包装工程，2005，02.

[137] 宁海林. 现代西方美学语境中的阿恩海姆视知觉形式动力理论 [J]. 人文杂志，2012，03.

[138] 王倩. 贡布里希的秩序感理论研究——兼与阿恩海姆的比较及其发展 [J]. 科教文汇，2008.

[139] [美] 列维·史密斯. 艺术教育：批评的必要性·前言 [M]. 成都：四川人民出版社，1998.

[140] 李辉，喇凯英. 浅析产品设计中的功能与形态 [J]. 中国科技信息，2007，15.

[141] DONALD·A·NORMAN. 情感化设计 [M]. 付秋芳，程进三译. 北京：电子工业出版社，2005.

[142] 李彬彬. 设计效果心理评价 [M]. 北京：中国轻工业出版社，2005.1.

[143] 苏珊. 朗格. 情感与形式 [M]. 刘大基，傅志强，等译. 北京：中国社会科学出版社，1986.

[144] 柳沙. 设计艺术心理学 [M]. 北京：清华大学出版社，2006.

[145] R.L. 格列高里. 视觉心理学 [M]. 彭耽龄，等译. 北京：北京师范大学出版社，1986.

[146] 李月恩，王震亚，徐楠. 感性工程学 [M]. 北京：海洋出版社，2009.

[147] KevinHeis.Direeted Researeh Report on Synesthesi[J]. ArtandMedia.2008（6）.

[148] 金剑平. 数理·仿生造型设计方法 [M]. 武汉：湖北长江出版集团，湖北美术出版社，2009，3.

[149] 李乐山. 工业设计心理学 [M]. 北京：高等教育出版社，2004.

[150] 张宪荣，等 . 工业设计理念与方法 [M]. 北京：北京理工大学出版社，2001：23-26.

[151] 汤广发，李涛，卢继龙 . 温差发电技术的应用和展望 [J]. 制冷空调与电力机械，2006（06）：8-10，3.

[152] 张腾，张征 . 温差发电技术及其一些应用 [J]. 能源技术，2009，30（01）：35-39.

[153] 严李强，程江，刘茂元 . 浅谈温差发电 [J]. 太阳能，2015（01）：11-15.

[154] 赵建云，朱冬生，周泽广，王长宏，陈宏 . 温差发电技术的研究进展及现状 [J]. 电源技术，2010，34（03）：310-313.

[155] 杨昭 . 关于温差发电系统的几点探究 [J]. 科技创业家，2014（06）：117.

[156] 王男，王佩国 . 参数化设计在产品造型设计中的应用研究 [J]. 设计，2014（07）：37-38.

[157] 徐卫国 . 参数化设计与算法生形 [J]. 世界建筑，2011.06.

[158] 李牧 . 基于参数化设计的汽车造型设计应用初探 [J]. 艺术科技，2013，26（04）：198.

[159] 李士勇 . 非线性科学与复杂性科学 [M]. 哈尔滨：哈尔滨工业大学出版社 . 2006.

[160] 包瑞清 . Grasshopper 参数化模型构建 [M]. CaDesign.cn 设计 . 2013.

[161] 孟祥旭，徐延宁 . 参数化设计研究 [J]. 计算机辅助设计与图形学学报 . 2002.

[162] Essia Z., Nadia G.-M., Atidel H.-A. Optimization of Mediterranean building design using genetic algorithms [J]. Energy and Buildings，2007.

[163] Walkenhorst O., Luther J., Reinhart C., et al. Dynamic annual daylight simulations based on one-hour and one-minute means of irradiance data [J]. Building and Environment，2002.

[164] Perez R., Seals R., Michalsky J. All-weather model for sky luminance distribution-Preliminary configuration and validation [J]. Solar Energy，1993.

[165] Tregenza P.R., Waters I.M. Daylight coefficients [J]. Lighting Research & Technology，1983.

[166] [法] 勒内·托姆勒内·托姆，结构稳定性与形态发生学 [M]. 1972.

[167] 殷实 . 形态设计之自然形态的视觉元素应用分析 [J]. 大舞台，2012.

[168] 刘锡良，朱海涛 . 一种新型空间结构——折叠结构体系 [J]. 工程力学，1996.

[169] Alessandro Minelli. Forms of Becoming The Evolutionary Biology of Development[M]. Princeton University Press，2009.

[170] S.A. Wainwright, J.M. Gosline, W.D.Biggs.Mechanical Design in Organisms[M]. Princeton：Princeton University Press，1982.

[171] 吉尔德勒兹 . 福柯 – 褶子 [M]. 于奇志，杨洁译 . 湖南文艺出版社 . 2001.

[172] 李后强，汪富泉 . 分形理论及其发展历程 [J]. 自然辩证法研究 . 1992.

[173] 王世进 . 分形理论视野下的部分与整体研究 [J]. 系统科学学报，2006.

[174] 文志英，井竹君 . 分形几何和分维数简介 [J]. 数学的实践与认识，1995（04）：20-34.

[175] 埃森曼，P.，彼得埃森曼图解日志 [M]. 陈欣欣，何捷译 . 北京：中国建筑工业出版社 . 2005.

[176] 任军 . 当代建筑的科学之维 [M]. 南京：东南大学出版社 . 2009.

[177] 高宣扬 . 法国现当代思想 50 年 [M]. 北京：人民大学出版社 . 2005.

[178] 麦永雄 . 后现代湿地：德勒兹哲学美学与当代性 [J]. 国外理论动态，2003（07）：38-42.

[179] 徐卫国 . 褶子思想，游牧空间——关于非线性建筑参数化设计的访谈 [J]. 世界建筑，2009（08）：16-17.

[180] 李建军 . 拓扑与褶皱——当代前卫建筑的非欧几何实验 [J]. 新建筑，2010（03）：87-91.

[181] 游牧思想——吉尔·德勒兹，费利克斯·瓜塔里读本 [M]. 陈永国编译. 长春：吉林人民出版社，2004.

[182] 麦永雄. 后现代多维空间与文学间性——德勒兹后结构主义关键概念与当代文论的建构 [J]. 清华大学学报（哲学社会科学版），2007（02）：37-46.

[183] 耿幼壮. 如何面对绘画——以德勒兹论培根为例 [J]. 文艺研究，2006（04）：116-124.

[184] 刘杨，林建群，王月涛. 德勒兹哲学思想对当代建筑的影响 [J]. 建筑师，2011（02）：18-24.

[185] Greg Lynn.Folds, Bodies and Bolbs[M]. Brussels：La Lettre Volee.1999.

[186] Ansell Pearson.Germinal Life[M].London：Routledge.1999.

[187] 袁烽. 从数字化编程到数字化建造 [J]. 时代建筑，2012（5）：10-21.

[188] 伍德伯里，孙澄，姜宏国，殷青. 参数化设计元素：Elements of parametric design[M]. 北京：中国建筑工业出版社，2015.

[189] Reas C, Mcwilliams C, LUST. Form + code：in design, art, and architecture[J]. Design Briefs, 2010.

[190] 马德朴，建造崇高性——后数字时代的建筑寓言 [M]. 上海：同济大学出版社，2017.

[191] 李飚. 建筑生成设计 [M]. 南京：东南大学出版社，2012.

[192] 陈永国. 德勒兹思想要略 [J]. 外国文学，2004（4）：25-33.

[193] Schumacher P. Parametricism：A New Global Style for Architecture and Urban Design[J].Architectural Design, 2009, 79（4）：14‐23.

[194] Pearson M. Generative Art[M]. Manning, 2011.

[195] L March, The architecture of form[M].Cambridge University Press, 1976.

[196] 金百利·伊拉姆，李乐山. 设计几何学 [M]. 北京：中国水利水电出版社，2003.

[197] 袁烽. 建筑数字化建造 [M]. 上海：同济大学出版社，2012.

[198] 袁烽. 从图解思维到数字建造 [M]. 上海：同济大学出版社，2016.

[199] Shiffman, Daniel. The nature of code[M]. 2012.D.Shiffman, 2012.

[200] Tedeschi A, Lombardi D. The Algorithms–Aided Design（AAD）[J]. 2018.

[201] 尼尔里奇. 建筑数字化编程 [M]. 上海：同济大学出版社，2012.

[202] 李晓岸，徐卫国. 算法及数字建模技术在设计中的应用 [J]. 新建筑，2015（5）.

[203] 尼尔里奇. 集群智能——多智能体系统建筑 [M]. 上海：同济大学出版社，2017.

[204] Reynolds C W. Flocks, herds and schools：A distributed behavioral model[J]. Siggraph, 1987, 21（4）：25-34.

[205] 齐东旭. 分形及其计算机生成 [M]. 北京：科学出版社，1994.

[206] Reas C, Fry B, Maeda J. Processing：a programming handbook for visual designers and artists[M]. Commonwealth of Mass achusetts MIT Press, 2014.

[207] 祁鹏远. Grasshopper 参数化设计教程 [M]. 北京：中国建筑工业出版社，2017.

[208] AllenB.Downey，唐尼，赵普明. 像计算机科学家一样思考 Python[M]. 北京：人民邮电出版社，2016.

[209] 包瑞清. 学习 Python：做个有编程能力的设计师：Python+Python forRhinoceros+Python for grasshopper：programming allows designers more creative[M]. 南京：江苏凤凰科学技术出版社，2015.

[210] Turing A M, F. R S. The chemical basis of morphogenesis[J]. Bulletin of Mathematical Biology, 1990, 52（1-2）：153-197.

[211] Kondo Shigeru，Miura Takashi. Reaction–diffusion model as a framework for understanding biological pattern formation.[J]. Science，2010，329（5999）.

[212] Allen R. Sanderson, Robert M. Kirby, Chris R. Johnson, et al. Advanced Reaction–Diffusion Models for Texture Synthesis.[J]. Journal of Graphics Gpu & Game Tools，2006，11（3）：47–71.

[213] Grasshopper VB workshop@Harvard GSD，Fall 2012 Part II[EB/OL] https：//woojsung.com/2012/11/11/grasshopper–vb–workshop–harvard–gsd–fall–2012–part–ii/.

[214] Sims K. Evolving virtual creatures[C]. Conference on Computer Graphics and Interactive Techniques，SIGGRAPH. DBLP, 1994：15–22.

[215] 谢亿民，黄晓东，左志豪，等. 渐进结构优化法（ESO）和双向渐进结构优化法（BESO）的近期发展 [J]. 力学进展，2011，41（4）：462–471.

[216] Hemmerling M, Nether U. Generico：A case study on performance–based design[C].XVIII Conference of the Iberoamerican Society of Digital Graphics – SIGraDi：Design in Freedom.2014：126–129.

[217] Loop C. Smooth subdivision surfaces based on triangles[J]. Masters Thesis University of Utah Department of Mathematics，1987.

[218] Catmull E, Clark J. Recursively generated B–spline surfaces on arbitrary topological meshes[J]. Computer–Aided Design，1978，10（6）：350–355.

[219] 尹荣荣，李树屏. 常见运动鞋特性及运动生物力学在制鞋的应用 [J]. 湖北体育科技，2015（6）：523–526.

后记：基于设计形态学的协同创新设计

尽管设计形态学是一门新兴的学科，但与其他学科交流沟通并不困难。究其原因，其实60%以上的学科都与"形态"有着或多或少的关联，而联系最多的要数生物、数学、材料和力学等学科。也就是说，借助"形态"这一研究对象（研究平台），设计形态学应该能与60%以上的学科进行学科交叉与融合。此外，通过"设计形态学"研究带动的设计原型创新，也与传统设计形成了鲜明对比，并具有很强的互补性。由此可见，设计形态学的发展前景可谓天高任鸟飞，海阔凭鱼跃。

在当今社会与科技快速发展的时代，"创新"几乎渗透到社会的各个领域，若再以"创新"来诠释设计已显得十分苍白。那么，设计的属性该如何界定呢？其实，设计还拥有另外一种属性，那就是"整合"功能。这好比乐队指挥，他们可能不是钢琴家、管弦乐手，甚至不会演奏乐器，但并不妨碍其通过指挥、协同不同器乐合成旋律优美的乐曲，而这正是指挥的价值所在。与其他学科相比，设计更需要与其他学科进行交叉融合。用乐队指挥来比喻设计，并不是盲目自大，而是基于设计的属性和责任。指挥是要为听众提供高品质音乐的第一责任人。设计师也同样承担着如此重任，如：建筑造得不好，受到质疑的首先是建筑设计师，而非材料商和技术工程师。然而，现实中设计的地位又往往很尴尬，因为其他学科都有各自的归口行业作支撑，唯独设计像流浪汉一样游离于各行业之间……因此，设计必须寻找自己的定位，为自己应有的价值和意义正名。

目前，被国内外学术界公认的创新途径有三种：技术主导的创新、设计主导的创新和用户主导的创新。"用户研究"是设计中经常使用的方式，借助各种调研手段去发现用户的"需求"或"问题"，再通过设计创新来妥善解决。这种创新方式针对性较强，实施起来也很便利。然而，这种创新却是基于用户认知的创新，严格来说，它应该属于改良性创新，由于投入少、见效快，因而也深受商家青睐。美国用户研究专家，IIT设计学院院长帕特里克（Patrick）认为：用户研究的目的是为了验证设计研究人员的创新设想。与用户主导的创新不同，技术主导的创新和设计主导的创新都是激进式（革命性）的创新，通常都会带来人们生活方式的显著变化，如：人工智能（AI）、移动互联网，智能手机、无人驾驶汽车等。这两种创新的优点很突出，但缺点也很明显。技术主导的创新通常不与用户直接发生关系，通常产出（或提供）的是"中间产品"，而设计主导的创新由于缺乏技术的有力支持，因而设计的想象力与发展进程都受了一定的制约。因此，要想让三重创新都能扬长避短，最佳之策就是将其整合化一，构筑功能复合的"协同创新设计"。

"协同创新设计"并非将三者进行简单叠加，而是在设计思维的引导下，协同"技术"和"用户"共同进行创新和价值评估，以实现最终目标需求。那么，如何利用设计思维进行协同创新设计呢？应该说有不少切实可行的方法和途径，但基于"设计形态学"的

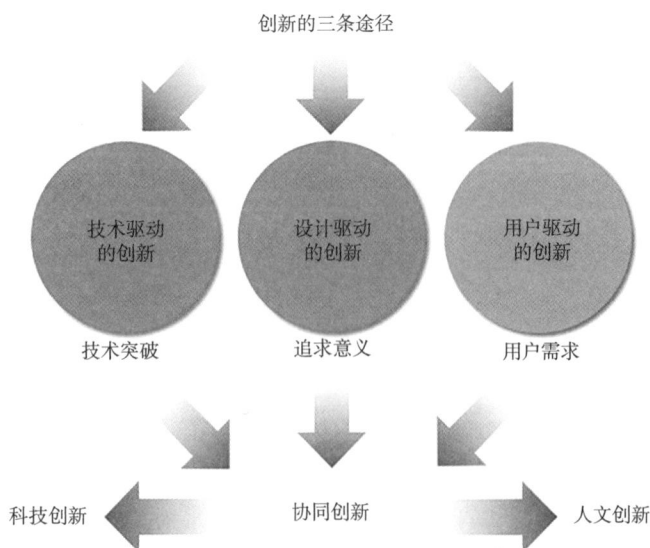

创新的三条途径

技术驱动的创新 — 技术突破

设计驱动的创新 — 追求意义

用户驱动的创新 — 用户需求

科技创新　协同创新　人文创新

协同创新设计，其特色和成效则更为显著。由于设计形态学在整合其他学科知识上具有先天优势，而且前期针对"形态"研究的思路、方法与理工科极为相似，这样很容易在研究过程和成果上达成共识。后期的设计应用阶段又具有主导作用，能够将创新成果与用户需求很好地结合一起，构成一个完整的"协同创新设计"闭环。

随着设计形态学与其他学科交叉融合的不断深入，一些传统设计从未涉足的领域逐渐揭开了神秘面纱，展现了令人兴奋的瑰丽前景。如：基于材料分子层面的"微观设计"可以通过物理、化学手段来改变分子的状态，以实现不同功能需要，甚至可以创造材性可控的智能材料；借助生物基因技术的"生物设计"可以通过基因的编辑重组，大大提升生物原有功能，甚至产生新的功能，以满足人类和环境需求，化解全球面临的难题；利用数学、计算机和智能控制技术的"运动与生成设计"可以通过运动规律的研究与生成设计的结合，创造新的数字运动形态以服务于人工智能；针对脑科学及脑机接口技术的"人工智能设计"，可以在人类大脑原有功能基础上，通过人工智能技术突破医学重大难题，为老年痴呆、中风和渐冻症等患者带来福音……

最后，在本书结尾仍需强调以下几点内容，以引起读者的思考与共鸣。

1."形态"是设计形态学研究的核心内容

本书以"形态"为核心，一切研究皆围绕"形态"而展开。首先，无论是"自然形态"、"人造形态"，还是"智慧形态"，"形态"都是绝对的主角，而且相互间还存在共性，甚至在一定条件下还可以相互转化。其次，"形态"也是各学科交流、碰撞的"契合点"，各学科均可从不同角度诠释"形态"的内涵和特质，并在此基础上进行跨学科的研究和讨论。此外，"形态"也是重要的"载体"，不仅能够满足必需的功能，而且还能承载精神、文化和宗教等附加信息。研究和揭示"形态"内在的本质规律，正是"设计形态学"研究的最主要目的。

2."设计思维"将贯穿设计形态学研究的全过程

"设计思维"是设计形态学研究的轴线，它贯穿整个研究过程的始终。"设计形态学"研究不仅是在一个环节复杂的流程中进行，更是在众多要素交织的系统中实施和完成。以"设计思维"为轴线构筑的"设计形态学"理论体系和方法论，正是"形态学"研究的重要理论依据和行为准则。"设计思维"不仅对跨学科知识整合具有重要的指导作用，而且在具体的研究过程中还起到了引领方向、透过现象看本质、抓住问题的关键并及时形成研究成果等重要功能。更重要的是，"设计思维"还能在设计应用阶段对原创性设计的研究与创新起到关键性的指导作用，从而也为设计的研究与应用建构了一个完整的"设计生态圈"。

3. 相关学科知识的整合与创新是设计形态学研究的基础

本书的研究并不是为了追求知识创新，而是致力于知识结构的整合与创新，即：将相关的知识进行"解构"，然后按照"设计形态学"的目标和需求去"重构"新的知识结构，进而建立新的理论体系和方法论。因此这种创新不是知识的创新，而是知识结构的创新。由于有了其他跨学科知识的融入，"设计形态学"的知识结构将更加全面、完整，在研究过程中能有更多资源和相关成果作为支点，并能借助更科学的方法进行复杂的研究与设计工作。此外，由于融合了多学科知识，来自不同学科背景的学者、专家有了共同语言，这便很好地促进了学术的交流和学科的交叉。

4. 建构本学科体系是设计形态学研究与应用的终极目标

毋庸置疑，建构完整的学科体系是"设计形态学"研究与应用的终极目标。通过课题团队近十年的研究探索，"设计形态学"研究已取得了令人十分欣喜的成果，不仅在设计理论及方法研究上取得了重大突破，在科研项目上有了长足进步，而且还在研究生教育和人才培养方面创建了新模式，积累了丰富的教学实战经验。"设计形态学"这一新学科横空出世，不仅给我国乃至世界设计领域增添了新的光彩，更为"设计学"与其他学科交流创造了良好的契机和学术平台。众所周知，新学科创建很艰难，跨学科、基础性新学科创建更难，因此，对设计领域来说，"设计形态学"理论体系的创建是一项颇具挑战但有重大意义的研究工作。

图书在版编目（CIP）数据

设计形态学研究与应用／邱松等编著．—北京：中国
建筑工业出版社，2020.1（2022.1重印）
ISBN 978-7-112-24739-4

Ⅰ．①设… Ⅱ．①邱… Ⅲ．①造型设计－美术理论
Ⅳ．①J06

中国版本图书馆CIP数据核字（2020）第022123号

责任编辑：李成成
责任校对：王 瑞

设计形态学研究与应用
邱 松 等 编著
＊
中国建筑工业出版社出版、发行（北京海淀三里河路9号）
各地新华书店、建筑书店经销
北京雅盈中佳图文设计公司制版
北京中科印刷有限公司印刷
＊
开本：880×1230毫米 1/16 印张：10¾ 字数：312千字
2019年12月第一版 2022年1月第二次印刷
定价：**58.00**元
ISBN 978-7-112-24739-4
　　　（35279）